Teste de Aptidão Física para Idosos

Teste de Aptidão Física para Idosos

Roberta E. Rikli, PhD
C. Jessie Jones, PhD
California State University, Fullerton

Manole

Título do original em inglês: *Senior Fitness Test Manual*

Tradução: Sonia Regina de Castro Bidutte

Revisão científica: Cássio Mascarenhas Robert Pires
Especialização em Ciências do Esporte (Unicamp) com ênfase em Treinamento Desportivo e Grupos Especiais (Unimep)
Mestrado em Ciências Fisiológicas (UFSCar)

Preparação e revisão: Depto. Editorial da Editora Manole

Editoração eletrônica: Depto. Editorial da Editora Manole e
JLG Editoração Gráfica Ltda. - ME

Capa: Depto. de Arte da Editora Manole

Dados Internacionais de Catalogação na Publicação (CIP)
(Câmara Brasileira do Livro, SP, Brasil)

Rikli, Roberta E.
Teste de aptidão física para idosos / Roberta E. Rikli, C. Jessie Jones; [tradução de Sonia Regina de Castro Bidutte]. -- Barueri, SP : Manole, 2008.

Título original: Senior Fitness Test Manual.
Bibliografia.
ISBN 978-85-204-1921-2

1. Aptidão física para idosos - Testes - Manuais
2. Exercícios físicos para os idosos - Testes - Manuais
3. Idosos - Saúde e higiene - Manuais I. Jones, C. Jessie.
II. Título.

07-10602 CDD-613.704460287

Índices para catálogo sistemático:
1. Aptidão física para idosos : Testes :
Manuais : Promoção da saúde 613.704460287
2. Idosos : Testes de aptidão física :
Manuais : Promoção da saúde 613.704460287

1ª edição brasileira - 2008

Direitos em língua portuguesa adquiridos pela:
Editora Manole Ltda.
Avenida Ceci, 672 - Tamboré
06460-120 - Barueri - SP - Brasil
Fone: (011) 4196-6000 - Fax: (011) 4196-6021
www.manole.com.br
info@manole.com.br

Impresso no Brasil
Printed in Brazil

Este livro é dedicado aos nossos idosos
preferidos, nossos pais Alfred, Edith e
Florence, com amor e gratidão, por serem
modelos tão bem-sucedidos de envelhecimento.

Sumário

Capítulo 4 Aplicação do Teste

Capítulo 5 Resultados do Teste

PREFÁCIO

O Teste de Aptidão Física para Idosos descrito neste livro foi desenvolvido para atender à necessidade da existência de uma bateria de testes de fácil aplicação para avaliar a aptidão física de idosos. Embora a aptidão física tradicionalmente seja considerada uma preocupação de jovens e não de idosos, ela é crucial na velhice. Níveis adequados de força, resistência e agilidade são essenciais para qualquer atividade na velhice, seja para praticar um esporte ou apenas realizar tarefas da vida diária, como subir escadas ou levantar da cadeira ou da banheira sem assistência. De fato, estudos sugerem que é possível reduzir a fragilidade física normalmente associada com envelhecimento, se houver uma preocupação maior com atividade e aptidão física de idosos e, principalmente, se os pontos fracos puderem ser detectados e tratados a tempo.

Em todos esses anos, entretanto, a maior parte dos testes para avaliar a aptidão física visava a população jovem e não os idosos. O FITNESS-GRAM desenvolvido pelo Cooper Institute for Aerobics Research para crianças em idade escolar (Cooper Institute for Aerobics Research, 1999) e o YMCA Fitness Test Battery (Golding, Myers, & Sinning, 1989), que tem normas para faixas etárias divididas em décadas para adultos somente até 65 anos, são exemplos disso. Os testes destinados a idosos eram deficientes em um ou mais componentes importantes da aptidão e se restringiam à capacidade de fornecer medidas em escala contínua de uma ampla faixa de níveis de capacidade funcional, sobretudo em ambiente não-laboratorial.

A falta de uma bateria de testes para adultos acima de 65 anos rapidamente tornou-se evidente para nós quando começamos a desenvolver um programa para aptidão física de idosos há alguns anos no Ruby Gerontology Center, da California State University, em Fullerton. Obviamente, as avaliações formavam parte importante desse estudo com múltiplos objetivos que deveria fornecer programas de exercício para idosos e oportunidades de pesquisa sobre envelhecimento, além de treinamento educacional dos alunos. Começamos o processo de desenvolvimento, validação e normatização de um teste que atendesse às nossas necessidades, ou seja, um teste que avaliasse a maior parte dos componentes da aptidão física de idosos (força dos membros superiores e inferiores, resistência aeróbia, flexibilidade dos membros inferiores e superiores e agilidade/equilíbrio) de acordo com a faixa etária. O Teste de Aptidão Física para Idosos (TAFI) foi desenvolvido e normatizado como parte do *LifeSpan Project* realizado na California State University.[1]

O TAFI constitui um método simples e econômico de avaliação dos parâmetros físicos relacionados com mobilidade de adultos entre 60 e 90 anos ou mais. Especificamente, o teste mede os atributos físicos (ou seja, força, resistência, flexibilidade, agilidade e equilíbrio) necessários à realização de atividades diárias na velhice. Além da facilidade de aplicação e pontuação, o teste é seguro e agradável aos idosos, atende aos padrões científicos quanto à credibilidade e validade e é acompanhado por padrões de desempenho estabelecidos com base em mais de 7 mil homens e mulheres entre 60 e 94 anos.

Uma das partes mais importantes do TAFI são os seus padrões normativos, relatados em tabelas de percentil, que possibilita a comparação de escores entre indivíduos de mesma idade e gênero. Além disso, o TAFI tem padrões de critério (pontos de referência) que indicam os escores-limite nos itens do teste, que estão associados com perda da mobilidade funcional e com o risco de perda da independência física na idade avançada.

Outra característica valiosa do TAFI é a capacidade de discriminar idosos ativos de sedentários. Os dados do nosso estudo nacional revelaram que as pontuações em todos os itens do teste dos idosos fisicamente ativos (exercício equivalente a um mínimo de 30 minutos de caminhada em ritmo rápido no mínimo três vezes por semana) foram melhores do que as dos indivíduos inativos ou com baixos níveis de atividade física. De fato, o estudo forneceu evidências de que o exercício regular poderia ter evitado pelo menos metade do declínio normalmente associado com envelhecimento. Em outras palavras, os idosos sedentários apresentam uma taxa de declínio físico duas vezes maior que a das suas contrapartes ativas.

O TAFI pode ser usado por profissionais da área de saúde e aptidão física que precisam obter informações sobre a condição física de idosos para fins de pesquisa ou de aplicação prática. As exigências mínimas do teste quanto a equipamento, espaço e pessoal técnico facilitam o seu uso em clínicas e abrigos para idosos, bem como em residências. Além disso, o teste é seguro e dispensa autorização médica para a maior parte dos idosos. Os múltiplos usos do teste incluem dados de pesquisa para estudos sobre envelhecimento e exercício que ajudam na identificação dos pontos fracos responsáveis por problemas de mobilidade, na elaboração de programas de exercícios adequados aos clientes e na avaliação do progresso de cada um. Com a ajuda de um companheiro, o TAFI também é auto-aplicável. Entretanto, este livro não trata de procedimentos e cuidados para uso individual.

---

[1]O *LifeSpan Project*, realizado pelas autoras Jessie Jones e Roberta Rikli, foi possível em parte graças ao financiamento e apoio de PacifiCare/Secure Horizons, grande organização de manutenção da saúde com sede em Santa Ana, Califórnia. O projeto de duas fases, com duração de aproximadamente seis anos (de 1994 a 2000), consistiu no desenvolvimento e na validação dos itens do teste para o Teste de Aptidão Física para Idosos e na análise dos resultados obtidos em um estudo de âmbito nacional para estabelecer as normas e os padrões de desempenho para idosos. Inicialmente o projeto era chamado de *LifeSpan Assessments* ou *Fullerton Functional Fitness Test*.

Embora a bateria de testes e seus vários componentes tenham sido descritos anteriormente em várias publicações científicas (Dugas, 1996; James, 1999; Johnston, 1999; Jones, Rikli e Beam, 1999; Jones, Rikli, Max e Noffal, 1998; Rikli e Jones, 1998; Rikli e Jones, 1999a; Rikli e Jones, 1999b), a grande demanda por material de uso mais fácil nos convenceu da necessidade desse recurso adicional. No curto período que se seguiu à publicação do teste e à sua apresentação em várias conferências e oficinas, centenas de pesquisadores, profissionais da saúde e instrutores de programas de exercício enviaram muitos pedidos de informações e material suplementar. Além disso, já foram publicadas histórias envolvendo o uso do teste em mais de 100 revistas e jornais populares, como *Los Angeles Times*, *Washington Post*, *Wall Street Journal* e a revista *Family Circle*, entre outros. Também fomos informadas de que o TAFI está sendo usado em países como Austrália, Brasil, Canadá, China, França, Japão, Noruega, Portugal, Espanha e África do Sul, além dos EUA. O Teste de Aptidão Física para Idosos parece atender a uma importante demanda no campo da saúde e da aptidão física, o de providenciar um instrumento válido e de fácil uso para avaliar a capacidade física dos idosos. Como os programas de aptidão e atividade física estão em franca ascensão em centros para idosos do mundo todo, os instrutores de programas precisam avaliar a condição dos seus clientes e acompanhar o progresso.

O conteúdo dos capítulos deste livro será discutido em "Como Usar Este Livro".

AGRADECIMENTOS

O *Teste de Aptidão Física para Idosos* foi desenvolvido pelo esforço conjunto de muitos indivíduos e organizações. Primeiramente, queremos expressar nossos profundos agradecimentos às centenas de pessoas das comunidades próximas à California State University, em Fullerton, que participaram dos vários estudos deste projeto – especialmente os coordenadores e participantes dos testes realizados no Ruby Gerontology Center, Leisure World, Morningside Retirement Center, Senior Centers de Fullerton e Arcádia, bem como do San Diego Adult Education Program. A participação dessas pessoas desempenhou um papel importantíssimo nos ajustes para atender a padrões internacionais.

Nossa gratidão também se estende às centenas de supervisores, coordenadores e voluntários por seu esforço, dedicação e atenção aos detalhes do nosso estudo para estabelecer as normas do teste. Queremos expressar também nossos sinceros agradecimentos aos mais de 7 mil idosos de todas as partes dos EUA que participaram dos testes e ajudaram a estabelecer os padrões.

Nosso reconhecimento especial aos patrocinadores, *PacifiCare/Secure Horizons*, pelo interesse em apoiar a pesquisa desenhada para melhorar o processo de envelhecimento e pela inestimável ajuda durante a fase de planejamento e todas as fases promocionais do projeto. Certamente, um projeto com essa magnitude e com essa duração não teria sido possível sem o seu generoso suporte financeiro.

Também agradecemos os membros do painel de especialistas por suas valiosas idéias e contribuições durante a fase de desenvolvimento do projeto. Os membros são todos especialistas em exercício e vivem no sul da Califórnia: William "Bill" Beam, Scott Duncan, Diane Edwards, Laura Gladwin, Blanche Lamar, Charlene Schade e Greg Welch. Além disso, uma das partes mais gratificantes deste projeto foi a oportunidade de interagir com o grupo de notáveis professores, pesquisadores, diretores de programa e médicos que compuseram nosso painel de especialistas. A revisão especializada dos procedimentos de teste foi fundamental para a qualidade do Teste de Aptidão Física para Idosos. Os membros do painel nacional de especialistas (com os títulos por ocasião do painel) foram:

David M. Buchner, MD, MPH
Department of Health Services and Department of Medicine
University of Washington

Wojtek Chodzko-Zajko, PhD
Editor, Journal of Aging and Physical Activity
Kent State University

Janie Clark, MS
President, American Senior Fitness Association
New Smyrna Beach, FL

Loretta DiPietro, PhD
Department of Epidemiology and Public Health
Yale University School of Medicine

Robert Dustman, PhD
Director, Neuropsychology Research
V.A. Medical Center, Salt Lake City

William J. Evans, PhD
Director, Noll Physiological Research Center
Pennsylvania State University

Lawrence A. Golding, PhD
Editor, ACSM Health and Fitness Journal
University of Nevada, Las Vegas

Sheldon Greenfield, MD
Tufts University School of Medicine
Boston, MA

Jack M. Guralnik, MD, PhD
National Institute on Aging
Bethesda, MD

William J. Haskell, PhD
Professor of Medicine
Stanford University

Vivian Heyward, PhD
Professor, Exercise Science
University of New Mexico

Karl Knoph, EdD
President, Fitness Educators of Older Adults Association
Sunnyvale, CA

Jan Montague, MS
Director, Maple Knoll Village Wellness Center
Cincinnati, OH

James R. Morrow, Jr., PhD
Chair of Kinesiology, Health Promotion, and Recreation
University of North Texas

Debra J. Rose, PhD
Director, Motor Behavior Laboratory
Oregon State University

Kay Van Norman, MS
Program Director, Young at Heart
Montana State University

Shelley Whitlatch, MS
Tucson Medical Center Fitness Center
Tucson, AZ

Nossos sinceros agradecimentos também ao grupo de especialistas da Human Kinetics que colaborou no desenvolvimento e na publicação deste livro de testes e de outros materiais afins. Obrigado a Rainer Martens por sua visão e direção no tocante ao novo programa *Active Seniors*, a Judy Wright e Anne Cole pelo constante apoio e inestimável ajuda na preparação do manuscrito e a Doug Fink e Ernie Noa por toda paciência e ajuda.

E, por fim, queremos agradecer o corpo docente, os funcionários e os alunos da California State University em Fullerton, que, durante os seis anos do projeto nos ajudaram de muitas maneiras. Esperamos que os esforços de toda a equipe sejam recompensados pela certeza de que contribuíram de modo significativo para aumentar o conhecimento sobre aptidão física e para melhorar a qualidade de vida de muitos idosos do presente e do futuro.

Créditos

Figura 2.1 Reimpresso com permissão de R. Rikli & C. Jessie Jones, 1999. "Development and validation of a functional fitness test for community-residing older adults", *Journal of Aging and Physical Activity* 7 (2): 129-161.

Figura 2.2 Reimpresso com permissão de R. Rikli & C. Jessie Jones, 1999. "Development and Validation of a functional fitness test for community-residing older adults", *Journal of Aging and Physical Activity* 7 (2): 129-161.

Tabela 3.1 Adaptado com permissão de R. Rikli & C. Jessie Jones, 1999. "Development and Validation of a functional fitness test for community-residing older adults", *Journal of Aging and Physical Activity* 7 (2): 129-161.

Tabela 3.2 Reimpresso com permissão de R. Rikli & C. Jessie Jones, 1999. "Development and Validation of a functional fitness test for community-residing older adults", *Journal of Aging and Physical Activity* 7 (2): 129-161.

Tabela 3.3 Reimpresso com permissão de R. Rikli & C. Jessie Jones, 1999. "Development and Validation of a functional fitness test for community-residing older adults", *Journal of Aging and Physical Activity* 7 (2): 129-161.

Tabela 3.4 Reimpresso com permissão de R. Rikli & C. Jessie Jones, 1999. "Development and Validation of a functional fitness test for community-residing older adults", *Journal of Aging and Physical Activity* 7 (2): 129-161.

Tabela 3.5 Reimpresso com permissão de R. Rikli & C. Jessie Jones, 1999. "Development and Validation of a functional fitness test for community-residing older adults", *Journal of Aging and Physical Activity* 7 (2): 162-181.

Figura 3.1a-g Reimpresso com permissão de R. Rikli & C. Jessie Jones, 1999. "Development and Validation of a functional fitness test for community-residing older adults", *Journal of Aging and Physical Activity* 7 (2): 162-181.

Tabela 5.1 Reimpressa com permissão de R. Rikli & C. Jessie Jones, 1999. "Development and Validation of a functional fitness test for community-residing older adults", *Journal of Aging and Physical Activity* 7 (2): 162-181.

Tabela 5-6 Reimpressa com permissão de G. Borg, 1998, *Borg's Perceived Exertion and Pain Scales* (Champaign, IL: Human Kinetics). A escala aparece na página 120.

Como Usar Este Livro

Este livro contém as informações sobre os objetivos do Teste de Aptidão Física para Idosos (TAFI) e a maneira como ele foi cientificamente validado, além de explicar os procedimentos para a sua aplicação e para a interpretação e uso do escore. Para maior clareza dos fundamentos dos testes e dos procedimentos, os capítulos devem ser lidos na ordem em que se apresentam. Levando-se em conta, entretanto, que alguns leitores podem demonstrar mais interesse por determinadas partes do material do que por outras, cada capítulo contém um resumo do conteúdo apresentado.

Os Capítulos 1 e 2 fornecem informações básicas do teste e uma visão geral do seu conteúdo. Especificamente, o Capítulo 1 introduz os testes do TAFI, explica por que a aptidão física é importante tanto para idosos como para jovens e discute as suas características e sugestões de uso.

O Capítulo 2 estabelece o fundo conceitual para os testes e explica a sua relação com as teorias e os modelos tradicionais que descrevem o declínio físico na idade mais avançada. Os testes podem ser usados para avaliar os principais componentes fisiológicos da aptidão funcional de modo a evidenciar os pontos fracos da aptidão física para que possam ser tratados antes de causar limitações funcionais graves. Além disso, o capítulo faz uma análise dos parâmetros físicos importantes para a mobilidade funcional (p. ex., força, resistência, flexibilidade, agilidade, equilíbrio e composição corporal) e apresenta os critérios usados para selecionar os itens que avaliam esses parâmetros. A elaboração do teste privilegiou a seleção de protocolos que atendessem aos padrões científicos e, ao mesmo tempo, fossem econômicos e fáceis de aplicar no ambiente de comunidade (não-laboratorial). No final do Capítulo 2 há um breve resumo dos itens de cada teste da bateria do TAFI.

O Capítulo 3 apresenta a documentação científica de validade, confiabilidade e padrões de desempenho dos testes. As regras básicas pré-definidas para inclusão de itens na bateria do TAFI foram: conformidade com os critérios de no mínimo dois ou três tipos de validade (i. e., conteúdo, critério ou interpretação) e confiabilidade de teste e reteste de 0,80 ou mais. Este capítulo também descreve o estudo realizado nos EUA que utilizou mais de 7 mil adultos idosos com vida independente (idades entre 60 e 94) para fornecer o padrão de desempenho em conformidade com normas e critérios. Os padrões normativos formam a base para a comparação de escores entre indivíduos de mesma idade e gênero. Os escores de critério indicam o mínimo de capacidade física necessário ao desempenho das funções mais comuns da vida diária.

Enquanto os Capítulos 1 a 3 fornecem o fundamento e a documentação científica do TAFI, os Capítulos 4 e 5 contêm as instruções essenciais para os usuários – preparação e aplicação dos testes, bem como interpretação e uso dos resultados.

O Capítulo 4 traz uma lista de procedimentos e assuntos que precisam ser abordados antes do dia do teste. Essa lista é acompanhada por folhas de instruções, formulários e equipamento que fazem parte da preparação para o teste. Além disso, há instruções para exercícios de aquecimento que os participantes devem fazer no dia do teste e descrições dos testes oficiais e dos protocolos de escore de cada item do TAFI. Para os que pretendem aplicar o teste a classes ou grupos de indivíduos, a seção Diretrizes para Testes em Grupo no final do capítulo é especialmente importante. O capítulo traz também sugestões para a organização do ambiente de teste, organização e administração do grupo e informações sobre seleção e treinamento de assistentes voluntários.

O Capítulo 5 explica como interpretar os resultados dos testes e como usar as informações para motivar os participantes a aumentar o nível de atividade e a melhorar o desempenho. Além disso, o capítulo contém várias tabelas e gráficos de desempenho, a fim de que os indivíduos possam comparar o seu desempenho com o de outros de mesma idade e gênero, bem como o escore mínimo para manutenção da mobilidade funcional. Esse capítulo apresenta também sugestões para o uso dos resultados dos testes para ajudar os clientes a estabelecer metas e a elaborar programas eficazes para melhorar sua condição física. Embora a discussão profunda sobre programas de exercício para idosos não faça parte do objetivo deste livro, ele fornece um breve apanhado geral das opções de exercícios e atividades, além de uma lista de outros recursos.

Os Apêndices, na parte final do livro, contêm modelos de formulários, tabelas e gráficos apresentados de maneira a facilitar a sua reprodução para uso nos programas. O Apêndice N traz uma lista de outros recursos que podem ser úteis na elaboração de programas de exercício para idosos. Por fim, as tabelas de conversão de medidas do Apêndice O convertem medidas do padrão norte-americano em medidas do padrão métrico.[1]

[1] N.E.: Todas as medidas em libras, polegadas, pés, jardas e milhas do original em inglês foram convertidas para quilogramas, centímetros e metros para esta edição. Por esse motivo, diversas medidas aparecem fracionadas.

capítulo

I

TAFI: Introdução

Identificação das Necessidades Específicas dos Adultos Idosos

Embora a aptidão física tenha sido tradicionalmente considerada uma preocupação mais de jovens do que de idosos, esse modo de pensar está mudando rapidamente. Com o aumento da média de expectativa de vida, a capacidade de desfrutar um estilo de vida ativo e independente na velhice dependerá em grande parte da manutenção do nível pessoal de aptidão física. Em geral, a promoção da saúde e a prevenção de doenças decorrentes do estilo de vida (cardiopatias, obesidade, diabete, etc.) são as principais metas da maior parte dos testes de aptidão física para jovens. No caso dos idosos, cujos problemas crônicos de saúde, em geral, já estão instaurados, a preocupação com a prevenção de doenças cede lugar à preocupação com a mobilidade funcional – capacidade de continuar a fazer as coisas desejadas e necessárias para ter uma vida saudável, ativa e independente.

O Teste de Aptidão Física para Idosos (TAFI) descrito neste manual consiste de uma bateria de testes que mensura a capacidade física de idosos para realizar as atividades normais da vida diária. O teste é considerado de aptidão funcional, em oposição ao teste de aptidão física relacionado à saúde, em virtude de o seu objetivo ser a avaliação das características físicas necessárias à mobilidade funcional na idade avançada. Especificamente, define-se aptidão física funcional como *capacidade física de realizar as atividades normais da vida diária de forma segura e independente, sem fadiga injustificada.* À medida que o ser humano envelhece, quer continuar tendo força, resistência, flexibilidade e mobilidade para permanecer ativo e independente de modo a poder atender às próprias necessidades pessoais e domésticas, como fazer compras ou participar de atividades social, recreativa e esportiva. O TAFI é para uso de profissionais da área de saúde, aptidão física e envelhecimento que precisam de um instrumento de avaliação econômico e fácil de usar para medir a aptidão física de idosos em ambiente clínico ou de instituições. O teste foi elaborado para avaliar idosos de vida independente, com idade entre 60 e 90 anos ou mais, em uma ampla faixa de níveis de capacidade, abrangendo desde os frágeis limítrofes até os altamente aptos ou condicionados.

O Capítulo 1 fornece uma visão geral dos testes em relação às necessidades específicas dos idosos e introduz o TAFI. Os tópicos específicos são:

- Importância da aptidão física (e dos testes de aptidão física) na idade avançada.
- Fundamentos do TAFI.
- Qualidades exclusivas do TAFI.
- Usos do TAFI.

IMPORTÂNCIA DA APTIDÃO FÍSICA (E DOS TESTES DE APTIDÃO FÍSICA) PARA ADULTOS IDOSOS

A maioria das pessoas concorda que a qualidade de vida na idade avançada depende em grande parte de uma condição de saúde que lhes permita fazer as coisas que desejam, sem dor e durante o máximo de tempo possível. Com o aumento da expectativa de vida, a condição física ganha importância cada vez maior. Ironicamente, os inúmeros avanços tecnológicos nos últimos anos trouxeram benefícios contraditórios à expectativa e à qualidade de vida das pessoas. Enquanto a tecnologia médica contribui para aumentar a expectativa de vida, a tecnologia de automação ou de informática leva a estilos de vida cada vez mais sedentários e ao aumento do risco de problemas crônicos de saúde e de mobilidade. As estatísticas indicam que nos Estados Unidos os custos dos cuidados com a saúde associados com a inatividade induzida pela tecnologia aproximam-se de 1 trilhão de dólares por ano (Booth, Gordon, Carlson e Hamilton, 2000). Pouquíssimas carreiras ou atividades domésticas da atualidade proporcionam gasto energético que atenda às necessidades de atividade física das pessoas. Apertar um botão para abrir o portão da garagem, empurrar uma lata de lixo com rodas ou lavar o carro no lava-rápido, por exemplo, contribuem pouco para a força, a saúde e a mobilidade funcional das pessoas.

O relatório do Ministério da Saúde norte-americano sobre atividade física e saúde, de 1996, fornece um excelente panorama da relação entre os estilos de vida sedentários e o início de várias doenças crônicas que podem levar à fragilidade e à incapacidade física na velhice (*U.S. Department of Health and Human Services, 1996*). Além disso, a revisão do *Healthy People 2000* revela que, embora os índices de expectativa de vida tenham aumentado e os norte-americanos estejam vivendo mais, um número cada vez maior de pessoas acima de 70 anos está tendo dificuldade para realizar as funções essenciais do dia-a-dia, como vestir-se e tomar banho (*U.S. Department of Health and Human Services,* 1999). Infelizmente, parece que a expectativa de vida da população norte-americana cresce na mesma proporção que a expectativa de viver mais anos com limitações físicas graves. Sabe-se que muitos idosos, devido aos seus estilos de vida sedentária, estão sendo perigosamente colocados em seus níveis funcionais máximos durante atividades normais da vida diária. Subir escadas ou levantar da cadeira, por exemplo, são atividades para as quais os idosos fisicamente inativos empregam um nível de esforço próximo do máximo. Qualquer declínio adicional ou revés facilmente os faria passar da condição de independência para a de incapacidade física, exigindo assistência para as atividades diárias.

A boa notícia, no entanto, é que grande parte do declínio habitual da capacidade física relacionado à idade é passível de prevenção e até de reversão, quando se dá atenção apropriada aos níveis de aptidão e atividade físicas. Especificamente importantes são a detecção precoce da fraqueza física e as mudanças adequadas nos hábitos de atividade física. Até recentemente, entretanto, a maioria dos testes de avaliação do desempenho físico ou era voltada para os jovens (resultando em testes inadequados, inseguros ou difíceis para muitos idosos) ou para idosos mais frágeis, com o intuito de determinar o nível de cuidado ou de assistência necessário às atividades cotidianas. Os testes próprios para idosos mais frágeis são fáceis demais para os idosos mais saudáveis que apresentam índice funcional mais elevado, prejudicando a avaliação correta da sua aptidão física (Buchner, Guralnik e Cress, 1995; Rikli e Jones, 1997; Spirduso, 1995). O TAFI, no entanto, foi desenvolvido especificamente para avaliar e monitorar a condição física da grande população de idosos fisicamente independentes[1], de modo a detectar as possíveis fraquezas a tempo de serem tratadas e antes que se transformem em limitações do comportamento funcional.

> *"Os benefícios do exercício e da atividade física regular contribuem para uma vida mais saudável e independente dos idosos, melhorando muito a sua capacidade funcional e a sua qualidade de vida."*
>
> Consenso do ACSM –
> (*American College of Sports Medicine*, 1998a)

FUNDAMENTOS DO TAFI

Devido ao crescimento da população idosa, encontrar maneiras de ampliar a expectativa de vida ativa e de reduzir a incapacidade física tornou-se a meta de órgãos governamentais, pesquisadores em gerontologia e profissionais da saúde do mundo todo. A fragilidade física na velhice tem um custo muito elevado, tanto em termos de cuidados médicos como em termos da diminuição da qualidade de vida para os indivíduos.

[1] N.R.C.: a classificação funcional dos idosos segue uma escala progressiva – fisicamente dependentes, fisicamente frágeis, fisicamente independentes, fisicamente condicionados e os da elite física. Tal classificação baseia-se na capacidade de realização de uma infinidade de tarefas motoras que vão desde atividades básicas e instrumentais da vida diária, até as atividades avançadas e aquelas relacionadas às modalidades desportivas de alta intensidade.

As estatísticas indicam que os norte-americanos vivem uma média de 11,7 anos com incapacidades físicas crônicas que limitam as atividades cotidianas (*U.S. Department of Health and Human Services,* 1990). Números recentes mostram que o cuidado com pessoas que perderam a independência custa 26 bilhões de dólares anuais aos Estados Unidos, e esse valor deve aumentar drasticamente com o aumento da população idosa (*Alliance for Aging Research,* 1999). O custo anual dos cuidados com a saúde salta de 4.800 dólares para 36 mil dólares quando o idoso passa da condição de independente para a de dependente, aumentando ainda mais quando há necessidade de cuidados em tempo integral. Alguns especialistas acreditam que a incapacidade física dos idosos norte-americanos consumirá quase todos os recursos destinados aos cuidados com a saúde da nação, "liderando os gastos com saúde neste país" nos próximos 50 anos, a menos que se encontre uma maneira de reduzir ou retardar ao máximo a fragilidade e a perda da independência na idade avançada (*Alliance for Aging Research*).

Embora sejam muitas as enfermidades (mentais, visuais, etc.) que podem comprometer a independência das pessoas, os problemas de mobilidade física lideram a lista (*U.S. Department of Housing and Urban Development, 1999*). Felizmente, os estudos indicam que boa parte da perda da função física relacionada com o envelhecimento pode ser evitada, ou pelo menos reduzida, se houver maior ênfase no condicionamento físico ao longo da vida. Além disso, sabe-se que as melhoras são possíveis em qualquer idade, até mesmo para os portadores de problemas crônicos de saúde (Kaplan, Strawbridge, Camacho e Cohen, 1993; Lacroix, Guralnik, Berkman, Wallace e Satterfiled, 1993; Stewart et al., 1994). As pesquisas indicam claramente que nunca é tarde para melhorar a capacidade física e funcional; mesmo as pessoas com 90 anos ou mais perceberam os benefícios de um programa de exercício físico (Fiatarone et al., 1990).

No passado, em virtude da inexistência de testes de aptidão física para idosos, os profissionais da saúde tinham limitações para avaliar clientes e fazer recomendações com base em dados objetivos. Da mesma forma, os líderes de programas de exercício se baseavam no seu próprio julgamento para avaliar a condição física de idosos e para elaborar os programas. O TAFI foi desenvolvido para suprir a necessidade de instrumentos mais adequados para avaliar a condição física de idosos. Especificamente, ele foi projetado para avaliar a capacidade funcional da grande proporção de idosos não-frágeis (fisicamente independentes) e que ainda vivem na condição de independentes, mas que, devido ao declínio dos níveis de aptidão física, correm o risco de, em pouco tempo, perder a independência funcional.

Conforme indicado no *continuum* de função física apresentado na Figura 1.1, cerca de 70% da população de idosos se enquadra nessa categoria de independentes, porém com baixo nível de capacidade física. Na extremidade mais elevada do *continuum* estão cerca de 5% dos idosos com capacidade física e funcional de alto nível ou de elite, como os idosos atletas que continuam a fazer exercício vigoroso ou que talvez ainda participem de competições. Na extremidade mais baixa estão os indivíduos (representando cerca de 25% da população idosa) que se enquadram nos limites fronteiriços de fragilidade física e de dependência, exigindo assistência parcial ou total para as atividades diárias. Embora os testes possam ser adaptados para uso em idosos com maior índice de fragilidade, os programas voltados para a manutenção da independência e para a prevenção da fragilidade provocariam maior efeito na grande população intermediária. A qualidade de vida diminuirá e os gastos com a saúde aumentarão muito se os idosos independentes não avançarem ou retardarem o avanço para a categoria de dependentes.

CARACTERÍSTICAS EXCLUSIVAS DO TAFI

Apesar de haver outros testes de avaliação da capacidade fisiológica dos idosos, o TAFI se distingue dos demais, pois além de possuir características exclusivas foi elaborado para avaliar o desempenho físico de uma ampla faixa de idade e de capacidade física dos idosos. (Cresse et al., 1996; Guralnik, Ferruci, Simonsick, Salive e Wallace, 1995; Osness et al., 1996).

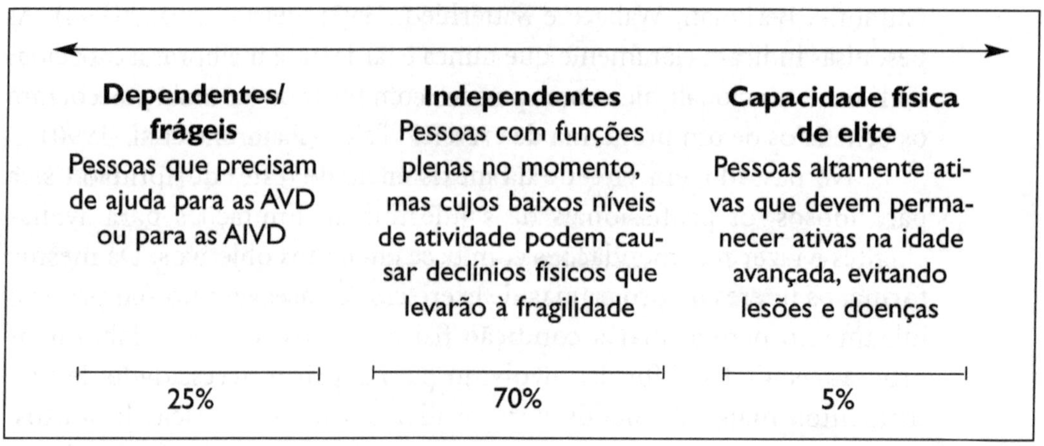

Figura 1.1 Porcentagem de idosos (acima de 70 anos) classificada em vários pontos ao longo do *continuum* de capacidade física (Spirduso, 1995). AVD refere-se às atividades básicas da vida diária, como comer, tomar banho e vestir-se. AIVD refere às atividades instrumentais da vida diária, como as necessárias à vida independente, como realizar tarefas domésticas, subir escada e fazer compras. Fonte: Spirduso, W.W. *Physical dimensions of aging*. Champaign, IL: Human Kinetics, 1995.

O TAFI é abrangente. Os testes que compõem o TAFI refletem um corte transversal dos principais componentes da aptidão física associados com a independência funcional na idade avançada, enquanto outros testes para idosos se concentram apenas em determinados aspectos da capacidade física. Por exemplo, o EPESE (Populações Determinadas para Estudos Epidemiológicos de Idosos), inclui apenas testes funcionais dos membros inferiores (Guralnik et al., 1994). Ele mede a força dos membros inferiores, equilíbrio e velocidade da marcha, mas não contém nenhuma mensuração da função dos membros superiores. A bateria de testes da AAHPERD (*American Alliance for Health, Physical Education, Recreation and Dance*), por outro lado, inclui um teste para mensurar a força dos membros superiores (flexão do cotovelo), mas não aborda a variável crítica da força dos membros inferiores (Osness et al., 1996). O TAFI inclui men-suração de força e flexibilidade dos membros superiores e inferiores, resistência aeróbia e agilidade/equilíbrio dinâmico. O Capítulo 2 inclui uma discussão dos principais parâmetros da aptidão física de idosos.

O TAFI fornece mensurações em escala contínua. Outra característica exclusiva do TAFI é que ele produz escores em escala contínua em todos os testes em uma faixa de níveis de capacidade que engloba desde os frágeis limítrofes até os altamente condicionados. Uma das limitações mais comuns dos outros testes é que alguns itens tendem a ser fáceis ou difíceis demais para uma grande parcela dos idosos asilados, resultando em efeitos "teto" ou "piso" nos dados mensurados (Rikli e Jones, 1997).

O efeito teto ocorre quando um teste é fácil demais para a maioria da população de interesse, resultando em um grande número de escores perfeitos. Nas populações do EPESE, por exemplo, cerca de 50% das pessoas que se submeteram ao teste obtiveram escores máximos (isto é, atingiram o valor-teto) em um teste de equilíbrio *in tandem*, eliminando a capacidade de discriminação de cada item para a metade dos participantes (Guralnik et al., 1994; Seeman et al., 1994). Em contrapartida, o efeito piso ocorre quando um teste é difícil demais para a população de interesse. Como muitos idosos não conseguem concluir a caminhada de 800 metros do teste da AAHPERD (isto é, não conseguem atingir os limites inferiores do teste), considera-se que, para algumas pessoas, ele tem efeito piso. Como o escore do teste de 800 metros corresponde ao tempo que se leva para concluir o teste, qualquer pessoa que não for capaz de percorrer a distância exigida (estimativa de 40% da população de idosos) deixará de marcar pontos (*Select Commitee on Aging*, 1992).

Os protocolos do TAFI, por outro lado, foram projetados para minimizar os efeitos teto e piso. O sistema de escore baseia-se na distância, por exemplo, o teste de caminhada (distância percorrida em 6 minutos) em oposição ao sistema de escore com base no tempo (o tempo que a pessoa leva para percorrer determinada distância, como 800 metros), possibilitando escore para todos os participantes. Mesmo os indivíduos fisicamente frágeis que conseguem caminhar apenas alguns centímetros em 6 minutos conseguem obter um escore, assim como os idosos alta-mente condicionados que conseguem percorrer vários metros no mesmo período.

O TAFI pode ser usado em ambientes de campo. Como as exigências de equipamento e de espaço dos itens do TAFI são mínimas, a bateria completa pode ser administrada em clínicas, em ambientes extralaboratoriais ou residenciais. Alguns testes, por outro lado, como o Teste de Desempenho Funcional e Físico em Escala Contínua (CS-PFP) desenvolvido por Cresse et al. (1996), requerem o uso de equipamento específico e, por isso, precisam ser realizados em laboratório ou em ambiente específico. Embora o ponto forte do CS-PFP seja a variedade de componentes das atividades da vida diária, como pegar ônibus ou transferir a roupa da máquina de lavar para a secadora, a padronização dessas tarefas exige que ele seja administrado em ambientes especiais com equipamentos específicos.

O TAFI é acompanhado de padrões de desempenho. Outra característica especialmente importante do TAFI é que ele é acompanhado de padrões de desempenho para uso na avaliação dos resultados. Especificamente, o TAFI tem normas de percentil por faixa etária dividida de cinco em cinco anos para homens e mulheres de vida independente, com idades entre 60 e 94 anos, em todos os itens do teste, possibilitando a avaliação do escore dos indivíduos em comparação com outros de mesma idade e gênero. Os dados das normas foram obtidos em um estudo norte-americano de âmbito nacional que envolveu 7 mil idosos voluntários de 267 locais de teste em 21 estados. As tabelas e as fichas apresentadas no Capítulo 5 indicam os escores do percentil para cada item do teste, juntamente com as faixas de escore consideradas acima do normal, normais ou abaixo do normal. Além disso, os escores de cada item do teste asso-ciados com perda de capacidade funcional auto-relatada pelos partici-pantes do estudo fornecem um tipo de padrão de critério ou ponto de referência que indica o aumento do risco de perda de independência. Consultar o Capítulo 3 para uma análise mais detalhada dos limiares de escore de risco.

USOS DO TAFI

O TAFI é apropriado para uso por profissionais da área de saúde e de aptidão física que buscam coletar dados para pesquisa ou aplicação prática. Esta seção trata de exemplos específicos de como o teste pode ser usado.

Realização da pesquisa. Como o TAFI tem confiabilidade e variabilidade documentadas, ele pode ser usado para fornecer dados seguros em várias circunstâncias: escores de referência para estudos longitudinais ou prospectivos, mensurações pós-teste para avaliação dos efeitos da intervenção e mensuração precisa para análises de correlação em estudos representativos. Além disso, por não ser exigente em termos de equipamento, tempo, espaço e especialidade técnica, o teste é especialmente útil para pesquisadores que precisam coletar dados de desempenho físico em ambientes fora de laboratórios ou até mesmo em residências. Sua capacidade de escore em escala contínua pode fornecer aos pesquisadores um conjunto de dados mais ricos do que forneceriam as mensurações que permitem apenas a separação dos escores por classificações ou categorias.

Avaliação de indivíduos e identificação dos fatores de risco. O TAFI pode revelar a classificação da capacidade física dos indivíduos em categorias acima do normal, normais e abaixo do normal em comparação com outros indivíduos de mesma idade e gênero. Os resultados do teste também podem revelar escores próximos do limite de risco de perda da independência funcional. Além disso, a realização do teste em ocasiões variadas e o acompanhamento dos escores ao longo do tempo podem monitorar alterações no desempenho. Os resultados revelam se houve melhora ou declínio – e em caso de declínio, se a taxa é inferior ou superior à dos idosos de faixa etária correspondente. A avaliação individual pode ajudar a identificar áreas específicas de fragilidade física que precisarão de atenção, caso seja possível evitar ou reduzir o declínio que leva à perda de função.

Elaboração de programas. Os programas de exercício individuais ou para grupos voltados para a melhora da mobilidade funcional devem se basear no máximo de informações possível, visando a maior eficácia do programa e a segurança do participante. O TAFI oferece informação sobre virtudes e fragilidades físicas, fornecendo assim, o conhecimento necessário para desenvolver programas de aptidão física que atinjam as necessidades específicas de indivíduos ou grupos. De fato, instrutores de programas que estão utilizando o TAFI relatam que a inclusão dos testes tem adicionado qualidade e significado aos seus programas.

> *"Os Testes de Aptidão Física para Idosos fizeram toda a diferença do mundo em nossos programas. Enfim, agora temos uma maneira de medir o progresso dos nossos clientes. Os testes são fáceis de administrar e as pessoas gostam de participar e ver como estão indo. Na realidade, elaboramos todo um programa de exercícios com base nesses testes – eles são muito funcionais, além de muito sensíveis."*

Maribeth Peniger, diretora do *Forever Fit Program* (Colorado)

Conscientização e definição de metas. A interpretação cuidadosa dos resultados do teste para os participantes pode ajudá-los a compreender melhor os níveis de aptidão física relacionados à mobilidade funcional. Baixo escore no teste de flexibilidade dos membros inferiores, por exemplo, geralmente indica falta de flexibilidade no grupo de músculos posteriores da coxa. Os instrutores ou terapeutas podem explicar aos clientes que a flexibilidade reduzida nos membros inferiores está associada com má postura, dor nas costas, problemas da marcha e possível aumento de risco de queda. Os resultados do teste também podem fornecer uma base importante para o desenvolvimento de metas individuais de curto e longo prazo. Um exemplo de meta de curto prazo seria melhorar o desempenho em 20% no final de um programa de 12 semanas, ou talvez passar do 25º percentil de determinada faixa etária para o 50º percentil. Um exemplo de meta de longo prazo seria conseguir percorrer 1.600 metros sem interrupção no próximo verão – meta que poderia ser especialmente importante para quem está planejando uma viagem para o exterior e precisa de mais confiança na sua capacidade de acompanhar o grupo turístico. As metas dos participantes devem sempre desempenhar um papel importante na elaboração de programas para idosos. Para a maioria das pessoas, a definição de metas pessoais tende a aumentar a motivação e a melhorar a adesão ao exercício. Consultar o Capítulo 5 para mais informações sobre definição de metas.

Avaliação de programas. Pesquisas anteriores indicam que os instrutores de exercício raramente realizam avaliações físicas dos seus clientes (Schroeder, 1995). Entretanto, cada vez mais esses profissionais estão sendo solicitados a fornecer evidências dos efeitos por meio de mensurações que documentem a eficácia do programa. Estes são alguns exemplos de possíveis metas de programa (que, por sua vez, podem fornecer a mensuração dos efeitos) para um grupo que acabou de ser montado. No final do programa de 12 semanas: (1) aumento dos níveis de aptidão física e mobilidade em pelo menos 75% dos participantes; (2) melhora de 20% na média de escore do TAFI obtida pelos participantes; (3) aumento do nível de energia e da sensação de bem-estar para desempenho das atividades diárias em mais de 50% dos participantes.

Outro exemplo de mensuração do efeito global ou de longo prazo poderiam ser os indícios de que, ao longo de um período de três anos, os participantes melhoraram ou mantiveram seus níveis de aptidão física, em comparação com pessoas que não fizeram exercício e que apresentaram os declínios na capacidade física característicos do envelhecimento.

> *"O Projeto Vida Útil (Teste de Aptidão Física para Idosos) tem sido muito importante para nós do estado da Geórgia. O Departamento de Serviços Relacionados ao Envelhecimento do estado da Geórgia exige que as metas e as mensurações dos resultados façam parte de todos os programas patrocinados. Usamos esses testes para fornecer uma forma mensurável de avaliar a evolução dos clientes nos programas de exercício que foram implementados, e estamos muito entusiasmados com os testes e seus resultados."*
>
> Tena Eddy-Pulley, diretora de *Fitness Programs*, Center for Positive Aging (Atlanta, Georgia)

Motivação de clientes. A maioria das pessoas tem uma curiosidade natural quanto à sua capacidade física em comparação com a de outras pessoas da mesma faixa etária e gênero. As tabelas e as fichas de desempenho do Capítulo 5 possibilitam ao participante a comparação do seu escore com o dos colegas, além do monitoramento das mudanças físicas ao longo do tempo. Outros participantes podem interessar-se por comparar seus escores com padrões específicos, como os escores do limiar de risco apresentados nas fichas de desempenho no Capítulo 5. Outras, ainda, principalmente as mais competitivas, podem se sentir motivadas para tentar o escore máximo da escala da sua faixa etária em todos os itens do teste. Novamente, as tabelas normativas fornecem as informações necessárias sobre a avaliação do desempenho individual comparada com a de outros indivíduos.

Melhora das Relações Públicas. O *Department of Health and Human Services* (Departamento de Saúde e Serviços Humanos) dos Estados Unidos estabeleceu uma meta nacional de saúde de aumentar o número de anos ativos e de reduzir a fragilidade física dos norte-americanos (1999). Os resultados de testes obtidos em intervalos regulares podem ser usados para avaliar o progresso individual ou para documentar a eficácia geral de um programa no tocante a essas metas. Esses resultados podem servir de base para um comunicado à imprensa relatando o sucesso de um programa em termos de atender às necessidades da comunidade local ou de uma agenda política particular. A divulgação positiva na mídia não é apenas um trabalho de relações públicas, mas é muito útil para atrair recursos para os programas e para atrair mais participantes.

RESUMO

O nível de aptidão física é importante em qualquer idade. À medida que a idade avança, entretanto, o foco deixa de ser a promoção da saúde e passa a ser a mobilidade funcional. A aptidão funcional é definida como capacidade física para realizar as atividades normais da vida diária com segurança e independência, sem fadiga injustificada. O TAFI foi desenvolvido para ser um método simples e econômico de avaliação da aptidão funcional em idosos com idades entre 60 e 90 anos. As características que o diferencia de outros testes são:

- Abrangência.
- Mensurações em escala contínua.
- Uso em circunstâncias de campo.
- Padrões normativos de desempenho.

Os profissionais da área de saúde e aptidão física podem usar os testes para:

- Realização de pesquisas.
- Avaliação de indivíduos e identificação dos fatores de risco.
- Elaboração de programas.
- Educação e estabelecimento de metas.
- Avaliação de programas.
- Motivação de clientes.
- Melhora das relações públicas.

O próximo capítulo descreverá os procedimentos usados para identificar os parâmetros relevantes da aptidão física, bem como os critérios estabelecidos para seleção dos itens específicos que avaliam esses parâmetros. Além disso, o capítulo traça um breve panorama dos itens do teste e seus protocolos de escore.

capítulo

2

PARÂMETROS DO TAFI

Definição dos Parâmetros de Aptidão Funcional

Durante o desenvolvimento do Teste de Aptidão Física para Idosos (TAFI), primeiramente tentou-se identificar os principais parâmetros de aptidão física associados com mobilidade funcional e depois selecionar protocolos específicos para avaliar esses parâmetros. Para isso, foram realizadas revisões da literatura sobre fatores relacionados à mobilidade funcional, bem como consultas sobre o conteúdo adequado do TAFI a um painel de renomados especialistas na área de gerontologia e de exercício físico. Para testar a clareza e a viabilidade dos protocolos para uso fora do ambiente laboratorial, o instrumento contou com a ajuda de um conselho consultivo formado por instrutores de exercício físico de comunidades locais.

Este capítulo contém informações gerais obtidas em revisões de literatura e em opiniões e dados fornecidos por um corpo de especialistas. O capítulo inclui:

- Fundamentos para a elaboração do teste.
- Contexto de aptidão funcional que ilustra a relação entre os parâmetros de capacidade física, comportamentos funcionais e metas de atividades.
- Critérios usados para selecionar os itens do teste que avaliam os parâmetros da aptidão física.
- Breve panorama dos itens do teste e seus protocolos de escore.

FUNDAMENTOS

O primeiro passo para o desenvolvimento do TAFI foi pensar no papel da atividade e da aptidão física no processo de incapacidade. Os modelos tradicionais que explicam o processo de incapacitação física (Nagi, 1965, 1991) descrevem quatro estágios principais da sua evolução: (1) doença/patologia, (2) comprometimento fisiológico, (3) limitação funcional e (4) incapacidade. Mais especificamente, o modelo (Figura 2.1a) indica que a patologia leva ao comprometimento fisiológico (declínio dos sistemas orgânicos, isto é, muscular, cardiovascular, neurológico etc.); o comprometimento fisiológico, por sua vez, leva às limitações funcionais (restrições nos comportamentos físicos, como levantar de uma cadeira, levantar objetos ou subir escadas) e a limitação funcional leva à incapacidade física (incapacidade de realizar as atividades normais da vida diária, como tomar banho, realizar tarefas domésticas ou fazer compras).

Embora sempre se pensasse que toda incapacidade física tivesse origem em alguma doença ou patologia, evidências recentes indicam que o estilo de vida sem atividade física também pode ser a causa primária de fragilidade na idade avançada, principalmente nas faixas etárias de 80 e 90 anos. A Figura 2.1b mostra que o modelo deve ser alterado (Chandler e

Hadley, 1996; DiPietro, 1996; Morey, Pieper e Cornoni-Huntley, 1998; Rikli e Jones, 1997). Na realidade, os dados indicam que a falta de atividade física se equipara à doença crônica como causa de incapacidade física, e que o aumento da atividade física está associado com níveis mais elevados de mobilidade funcional em pessoas com problemas crônicos de saúde e também nas que são relativamente saudáveis (Kaplan et al., 1993; Lacroix et al., 1933; Seeman et al., 1995; Stewart et al., 1994).

O mais importante para o teste de aptidão física, entretanto, é a evidência de que é possível modificar o declínio físico decorrente de doença ou de falta de uso por meio de avaliação adequada e de intervenção com atividade física. Estudos demonstram que o aumento da atividade física, mesmo quando iniciada em fase tardia da vida, resulta na melhora da aptidão física (força, resistência etc.) e no aumento da capacidade funcional (andar, subir escada, etc.) (Cress et al., 1991; Fiatarone et al., 1990; Fiatarone et al., 1994; McCartney, Hicks, Martin e Webber, 1996; Nichols, Hitzelberger, Sherman e Patterson, 1995; Pyka, Lindenberger, Charette e Marcus, 1994; Rikli e Edwards, 1991). No estudo de McCartney et al. (1996), os contínuos aumentos de força durante um programa de exercícios de dois anos foram acompanhados por contínua melhora das funções relacionadas, como andar, subir escada e andar de bicicleta.

A compreensão das causas que contribuem para o declínio físico (p. ex., doença e inatividade) e dos subseqüentes estágios que levam à fragilidade ajuda no planejamento de estratégias de prevenção e na elaboração de instrumentos de mensuração. O TAFI foi projetado especificamente para avaliar o desempenho no contexto fisiológico (muscular, cardiovascular etc.), permitindo sua avaliação e monitoração segundo parâmetros importantes. Essas medidas ajudam a reduzir declínios que levam a outras perdas, especificamente as que evoluem a ponto de afetar as funções exigidas na vida diária.

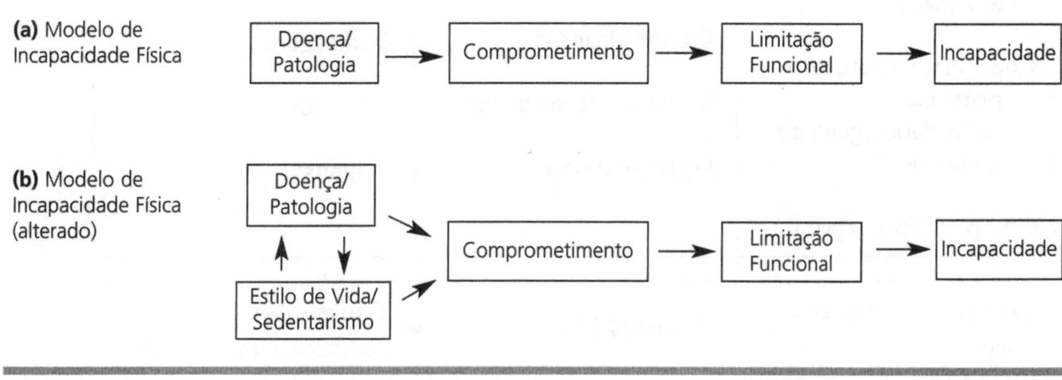

Figura 2.1 (a) Modelo de Nagi, de 1991, de progressão para a incapacidade e (b) versão alterada indicando que o estilo de vida sedentário pode ter efeitos semelhantes no processo de incapacitação. Reproduzido de Rikli e Jones, 1999.

> *"Mais de um terço das admissões em clínicas para idosos têm como principal causa problemas relacionados com mobilidade."*
>
> Departamento de Saúde e de Serviços Humanos dos Estados Unidos, 1991

PARÂMETROS DE APTIDÃO FUNCIONAL

O esquema de capacidade funcional do TAFI apresentado na Figura 2.2 constitui um ótimo guia para a definição de aptidão funcional e para a identificação dos parâmetros físicos que devem fazer parte de um teste dessa natureza. Com base nos modelos de incapacidade física descritos por Nagi, 1991; Lawrence e Jette, 1996; Rikli e Jones, 1997, e nas pesquisas sobre atividade e aptidão física de idosos, o esquema ilustra a relação evolutiva entre parâmetros físicos, capacidades funcionais e metas de atividade. As atividades habituais da última coluna da direita da Figura 2.2 (p. ex., necessidades pessoais, tarefas domésticas, compra ou viagem) dependem da capacidade de realizar as funções da coluna 2 (p. ex. andar, subir degraus, levantar e alcançar). Essas funções, por sua vez, exigem uma reserva adequada nos parâmetros físicos identificados na coluna 1 – força muscular, resistência aeróbia, flexibilidade, agilidade, equilíbrio – bem como um índice ideal, ou no mínimo passível de ser administrado, de massa corporal (relação entre altura e peso).

Parâmetros Físicos	Funções	Metas da atividade
Força/resistência muscular	Andar	Cuidados pessoais
Resistência aeróbia	Subir degraus	Compras
Flexibilidade	Levantar-se da cadeira	Tarefas domésticas
Capacidade motora potência velocidade/agilidade equilíbrio	Erguer/alcançar	Jardinagem
	Inclinar-se/abaixar-se	Esportes
	Jogging/corrida	Viagens
Composição corporal		

Comprometimento físico → Limitação funcional → Capacidade reduzida/incapacidade

Figura 2.2 Esquema de capacidade funcional. Indica os parâmetros fisiológicos associados com as funções exigidas para as atividades diárias básicas e avançadas. Reproduzido de Rikli e Jones, 1999.

Com base no esquema da Figura 2.2 e na pesquisa de apoio, os parâmetros físicos identificados como componentes da aptidão funcional são:

- Força muscular (membros superiores e inferiores).
- Resistência aeróbia.
- Flexibilidade (membros superiores e inferiores).
- Agilidade e equilíbrio dinâmico.
- Índice de massa corporal.

As seções a seguir apresentam uma breve discussão desses parâmetros e sua importância para a mobilidade funcional.

Força Muscular

Segundo os especialistas em aptidão física, a manutenção da força muscular deve ser a prioridade número um do trabalho com idosos (Evans e Rosenberg, 1991; Fiatarone e Evans, 1993; Haskell e Phillips, 1995; Nelson et al., 1994; Pendergast, Fisher e Calkins, 1993). O declínio da força muscular, que após os 50 anos atinge uma média de 15 a 20% por década (American College of Sports Medicine, 1998a; Shephard, 1997), pode produzir efeitos devastadores na capacidade de desempenho de atividades cotidianas, como subir degraus, caminhar ou levantar da cadeira ou da banheira. A força dos membros superiores é importante para carregar compras de supermercado, malas, netos ou animais de estimação, além de outras tarefas usuais. As estatísticas indicam que o declínio da força faz com que muitas pessoas comecem a perder a capacidade de desempenhar essas funções logo no início do processo de envelhecimento. Em uma amostra de representatividade nacional de mais de 6.000 idosos asilados acima de 70 anos, 26% não conseguiu subir sequer um lance de escada sem interrupção, 31% teve dificuldade para erguer 5 kg (um pacote de compras) e 36% relatou ter problemas para caminhar vários quarteirões (Stump, Clark, Johnson & Johnson e Wolinsky, 1997). Embora o comprometimento da força tanto dos membros inferiores como dos membros superiores esteja associado com a incapacidade de realizar atividades da vida diária (Fried, Ettinger, Lind, Newman e Gardin, 1994; Lawrence e Jette, 1996), a redução da força dos membros inferiores é previsor confiável de início de incapacidade física em idade mais avançada (Gill, Williams, Richardson e Tinetti, 1996; Guralnik et al., 1995; Lawrence e Jette, 1996).

Preservar a força e a função muscular também é importante por causa do seu papel na redução dos riscos de quedas e de lesões relacionadas com quedas (Bohannon, 1995; Brown, Sinacore e Host, 1995; Judge, 1993, MacRae, Feltner e Reinsch, 1994; Tinetti, Speechley e Ginter, 1988) e dos seus efeitos positivos sobre várias doenças relacionadas com a idade. A força muscular pode ajudar a reduzir a perda óssea, melhorar a utilização da glicose, manter a massa magra e prevenir a obesidade (Evans e Rosenberg, 1991; Haskell e Phillips, 1995).

Embora o declínio da massa muscular e da força possa ser atribuído a múltiplos fatores, como genética, enfermidade e nutrição, a variável mais importante relacionada à perda muscular de idosos é a falta de atividade física. Felizmente, as pesquisas atuais demonstram que o aumento de exercício possibilita, em qualquer idade, a recuperação da maior parte da força e da massa muscular perdidas, resultando na melhora da mobilidade funcional (Evans, 1995; Fiatarone et al., 1990; Fiatarone et al., 1994, McCartney et al., 1996). Como a manutenção da força muscular é importante durante o processo de envelhecimento, a sua mensuração (tanto nos membros superiores quanto nos inferiores) assume um papel importante na avaliação da aptidão física e na elaboração de programas para idosos.

Resistência Aeróbia

Atividades diárias, como caminhar, fazer compras, fazer passeios de férias ou participar de atividades esportivas ou recreativas, exigem um nível adequado de resistência aeróbia. A capacidade de trabalho e a quantidade de energia disponível estão relacionadas com a capacidade do corpo para usar o oxigênio. Embora a estimativa do $\dot{V}O_2$ máx (medida usual de consumo de oxigênio/capacidade aeróbia) necessário para manter a condição de vida independente seja de 15 a 18 mL x kg.min, em geral, os declínios associados com estilos de vida sedentários levam a números inferiores a essas estimativas antes dos 80 anos (Paterson, Cunningham, Koual e Croix, 1999; Shephard, 1997).

Ainda que a capacidade aeróbia tenda a um declínio de 5 a 15% por década após os 30 anos e a uma perda de 50% por volta dos 70, os estudos indicam que no mínimo metade desse declínio poderia ser evitado pela prática de atividade física (Hagberg, 1994; Jackson et al., 1996). A manutenção de um nível adequado de atividade aeróbia exerce efeito direto sobre a mobilidade funcional e indireto sobre a redução do risco de enfermidades, como doença cardiovascular, diabete, obesidade, hipertensão e alguns tipos de câncer (Departamento de Saúde e de Serviços Humanos dos Estados Unidos, 1996).

Da mesma forma que acontece com a força muscular, as pesquisas indicam que o aumento de atividade física pode levar a melhoras substanciais da resistência aeróbia de idosos (American College of Sports Medicine, 1998a). De fato, os dados atuais demonstram que o treinamento da resistência aeróbia em idosos pode levar a índices de melhora semelhantes aos obtidos por adultos jovens (Hagberg et al., 1989; Kohrl et al., 1991). Nitidamente, a resistência aeróbia é um importante componente da aptidão física de idosos.

Flexibilidade

A importância da flexibilidade em relação ao nível de aptidão física aumenta com a idade. A perda da flexibilidade (isto é, perda de amplitude de movimento da articulação) compromete a maior parte das funções necessárias à boa mobilidade, inclusive, curvar-se, abaixar-se, levantar objetos, alcançar, caminhar e subir degraus (Badley, Wagstaff e Wood, 1984; Konczak, Meeuwsen e Cress, 1992). Manter a flexibilidade dos membros inferiores, principalmente articulação do quadril e músculo coxofemural também é importante, por causa do seu papel na prevenção de lombalgias, lesões musculoesqueléticas, alterações da marcha e redução do risco de queda (American College of Sports Medicine, 1995; Grabiner, Koh, Lundin e Jahnigen, 1993; Kendall, McCreary e Provance, 1993; Liemohn, Snodgrass e Sharpe, 1988).

Nos membros superiores (região do ombro), a amplitude adequada de movimento é necessária para várias funções específicas, como pentear os cabelos, fechar um zíper nas costas, vestir ou retirar roupas pela cabeça, retirar uma carteira de um bolso traseiro ou colocar o cinto de segurança. A redução da amplitude de movimento da cintura escapular também pode resultar em dor e instabilidade postural (Magee, 1992), uma vez que essa redução é responsável por incapacidade significativa em cerca de 30% da população adulta saudável acima de 65 anos (Chakravarty e Webley, 1993). A flexibilidade de ambos os segmentos do corpo, que sofre declínio com a idade e que pode melhorar por meio de exercício (Hubley-Kozey, Wall e Hogan, 1995; Morey et al., 1991; Rikli e Edwards, 1991), constitui um aspecto importante da aptidão funcional de idosos.

Agilidade/Equilíbrio Dinâmico

Agilidade combinada (velocidade e coordenação) e equilíbrio dinâmico (manutenção da estabilidade postural durante o movimento) são aspectos importantes para várias tarefas comuns de mobilidade que exigem manobras rápidas, como subir e descer de ônibus de maneira satisfatória, desviar de um carro ou de outro objeto em movimento para não ser atropelado ou levantar-se a tempo de atender ao telefone, ir ao banheiro ou fazer algo na cozinha. Além disso, agilidade e equilíbrio dinâmico são necessários para a participação segura em muitos esportes e jogos recreativos.

Embora alguns possam argumentar que agilidade/equilíbrio dinâmico representem dois componentes diferentes de aptidão física e que devem ser avaliados separadamente, neste livro são tratados como medida composta, uma vez que devem trabalhar juntos para o desempenho satisfatório de muitas atividades diárias, como as mencionadas anteriormente. Estudos indicam que o desempenho em tarefas que combinam agilidade e equilíbrio dinâmico está relacionado à velocidade da marcha, a outras medidas de equilíbrio e a um índice composto que reflete as atividades do cotidiano e prediz a queda recorrente (Podsiadlo e Richardson, 1991; Tinetti, Wililiams e Mayewski, 1986). Dados do estudo recente realizado pelas autoras deste instrumento com a finalidade de estabelecer normas para o TAFI indicam que a taxa de declínio relativa à tarefa que envolve agilidade/equilíbrio dinâmico é semelhante a de outras variáveis e que o exercício físico é um fator importante na manutenção da agilidade e do equilíbrio (Rikli e Jones, 1999b).

Índice de Massa Corporal

A composição corporal, sobretudo a proporção entre gordura e massa magra, pode exercer impacto na saúde e na mobilidade funcional. Muitas pessoas com excesso de gordura corporal em relação à massa muscular não conseguirão preservar sua capacidade funcional (administrar seu corpo) tão bem como as pessoas que têm proporções normais de gordura e músculo. Por volta dos 30 anos, as pessoas começam a ganhar peso a uma taxa média de 500 gramas por ano até os 50 anos (para homens) e 60 anos (para mulheres), período em que ocorre uma estabilização por alguns anos e depois um declínio gradual no peso. Infelizmente, para a maioria das pessoas a diminuição do peso nas idades avançadas não se deve à perda de massa magra (músculo e osso). Ainda que o índice de massa corporal (IMC), ou seja, a proporção entre peso e estatura, não reflita diretamente a composição corporal, ele está mais relacionado com o peso do que com a estatura e, por isso, há anos vem sendo usado como indicação geral de administração saudável do peso (Shephard, 1997).

O IMC foi incluído no TAFI por causa do seu papel na manutenção da mobilidade funcional. Os estudos indicam que as pessoas que estão acima do peso (tipicamente devido ao excesso de gordura corporal) são mais propensas à incapacidade física do que as pessoas com índices normais de massa corporal. Da mesma forma, os pesquisadores estão descobrindo que as pessoas com IMC muito baixo também correm o risco de apresentar problemas de saúde e de mobilidade, provavelmente devido a uma perda associada de massa muscular e massa óssea (Galanos, Peiper, Cornoni-Huntley, Bales e Fillenbaum, 1994; Harris, Kovar, Suzman, Kleinaman e Feldman, 1989; Losonczy et al., 1995).

O índice de massa corporal pode ser determinado dividindo-se o peso em quilograma pelo quadrado da estatura em metro: IMC = peso (kg)/ altura (m^2). O IMC também pode ser calculado por meio da Tabela de Conversão do IMC no Apêndice F. Embora a faixa ideal de IMC para idosos não tenha sido determinada, valores entre 19 e 26 costumam se situar na faixa saudável, com IMC acima ou abaixo associado com aumento do risco de problemas de saúde e de mobilidade (American College of Sports Medicine, 1998b; Evans e Rosenberg, 1991; Galanos et al., 1994; Harris et al., 1989; Losonczy et al., 1995; Shephard, 1997).

Em suma, as pesquisas indicam que os parâmetros fisiológicos especialmente importantes para a mobilidade funcional na idade avançada são: força muscular (membros inferiores e superiores), resistência aeróbia, flexibilidade (membros inferiores e superiores), agilidade/equilíbrio dinâmico e composição corporal. A importância dessas variáveis com relação à saúde física e à mobilidade de idosos também foi documentada em várias revisões e relatórios (American College of Sports Medicine, 1997, 1998a; Bouchard, Shephard e Stephens, 1994; Buchner, 1995; Chandler e Hadley, 1996; Hurley e Hagberg, 1998; Morey et al., 1998; U.S. Department of Health and Human Services, 1996).

Após a identificação dos componentes fisiológicos representados na bateria de testes, o próximo passo foi selecionar protocolos específicos que pudessem mensurar esses parâmetros – protocolos confiáveis e válidos, e que atendessem outras metas da elaboração do teste, como facilidade de uso em campo (fora do ambiente laboratorial). A seguir, há uma lista de critérios estabelecidos para atender as diretrizes de seleção de itens do teste.

CRITÉRIOS DE SELEÇÃO DO TESTE

Ao selecionar os itens do teste para o TAFI, duas metas foram especialmente consideradas: (1) desenvolvimento de protocolos que atendessem aos padrões científicos em termos de confiabilidade e validade do teste e (2) desenvolvimento de testes de fácil aplicação e uso em clínicas, asilos e residências, locais nos quais é mais provável que se realize a maior parte da avaliação de idosos. Mais especificamente, com base em dados do painel de especialistas, foram estabelecidos os seguintes critérios para serem usados como orientação durante o desenvolvimento do teste. O teste deveria:

- Representar um corte transversal dos principais componentes da aptidão funcional, isto é, dos principais parâmetros fisiológicos associados com mobilidade funcional.
- Ter confiabilidade aceitável de teste e reteste ($\geq$ 0,80) (Safrit e Wood, 1995).
- Ter validade aceitável, com documentação de apoio para, no mínimo, dois desses itens: conteúdo, critério e validade da elaboração (discriminante). Para a validade aceitável de critérios, as correlações entre o item do teste e a mensuração do critério deveriam ser no mínimo 0,70 e preferencialmente acima de 0,80 (Safrit e Wood, 1995). Para a validade da elaboração/discriminante, as diferenças

relevantes no grupo deveriam ser significativas e acima de 0,01 (Baumgartner e Jackson, 1999). A validade do conteúdo (lógica) foi estabelecida por meio de revisão da literatura e do julgamento subjetivo dos especialistas que realizaram a revisão.

- Identificar as alterações habituais do desempenho físico relacionadas com o envelhecimento.
- Identificar as alterações físicas decorrentes de treinamento ou exercício.
- Avaliar o desempenho em escala contínua em uma ampla faixa de capacidades funcionais abrangendo desde baixa aptidão/fragilidade limítrofe até alta aptidão. A meta foi evitar efeitos teto e piso, a fim de que todos ou a maioria dos participantes pudessem obter um escore.
- Ser fácil de aplicar e de calcular o escore.
- Exigir o mínimo de equipamento e espaço para facilitar a sua aplicação em clínicas, asilos e residências.
- Ser seguro para que a maioria dos idosos asilados pudesse realizá-lo sem autorização médica.
- Ter aceitação social, com significado e motivação para os idosos.
- Ser razoavelmente rápido de aplicar, sendo que individualmente a aplicação do teste leva de 30 a 40 minutos e em grupos de 24 pessoas, de 60 a 90 minutos, usando-se assistentes voluntários treinados.

O desenvolvimento de itens que preenchessem os critérios anteriormente mencionados exigiu muitos testes de tentativa e erro, visando a adaptação e o refinamento dos protocolos para atender aos padrões de confiabilidade e validade e ao mesmo tempo atender a requisitos mínimos relacionados a tempo, equipamento e espaço. O envolvimento dos membros do painel de consultores foi especialmente útil durante a fase de elaboração do teste. Eles forneceram os programas para realizar testes-piloto e para obter feedback relativo à viabilidade dos protocolos para uso em campo. Por fim, foram selecionados sete itens para o TAFI, sendo um deles alternativo.

VISÃO GERAL DOS ITENS DO TESTE

A seguir, uma visão geral dos itens selecionados para inclusão no TAFI, com breve descrição do objetivo e do protocolo de cada um. Como parte da discussão sobre a validade do teste, o Capítulo 3 apresenta um fundamento adicional para cada um dos seus itens. E o Capítulo 4 apresenta descrições detalhadas dos protocolos.

Teste de Levantar da Cadeira

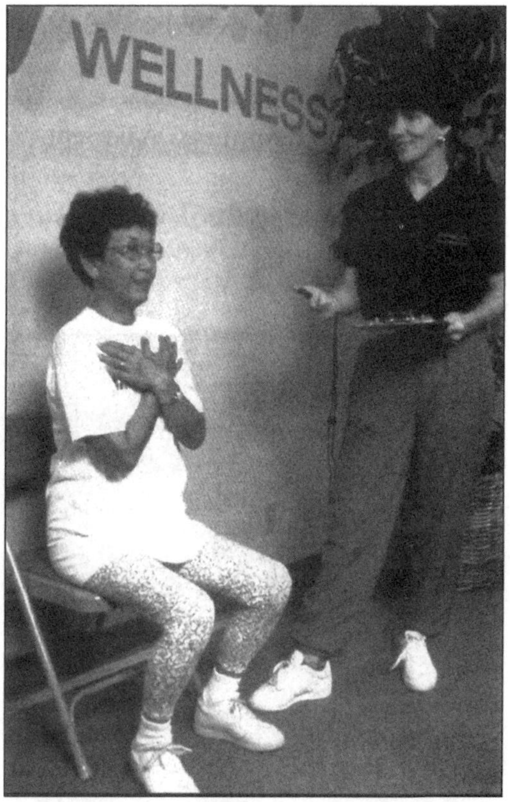

Objetivo: Avaliar a força dos membros inferiores necessária para a realização de várias tarefas, como subir degraus, caminhar, levantar da cadeira e sair da banheira e do carro. O aumento da capacidade para realizar esse exercício pode reduzir a chance de queda.

Descrição: Número de vezes que se consegue levantar da cadeira em 30 segundos com os braços cruzados sobre o tórax.

Teste de Flexão de Braço

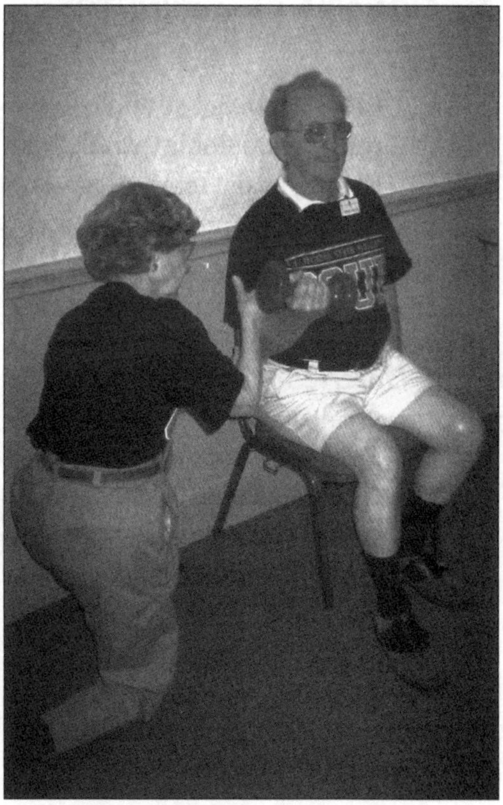

Objetivo: Avaliar a força dos membros superiores para desempenho de tarefas domésticas e outras atividades, como levantar e carregar pacotes de compras, malas e netos.

Descrição: Número de flexões do cotovelo durante 30 segundos, segurando peso – 2,27 kg para mulheres e 3,63 kg para homens.

Teste de Caminhada de 6 Minutos

Objetivo: Avaliar a resistência aeróbia, importante para caminhar, subir degraus, fazer compras, viajar etc.

Descrição: Distância em metros percorrida em 6 minutos em um percurso de 45,72 metros.

Teste de Marcha Estacionária de 2 Minutos

Objetivo: Substituir o teste de resistência aeróbia quando houver restrições de tempo, espaço ou clima que impeçam o teste de caminhada de 6 minutos.

Descrição: Número de passos realizados em 2 minutos, elevando um joelho de cada vez a um ponto central entre a paleta (rótula do joelho) e a crista ilíaca (osso ilíaco). O escore corresponde ao número de vezes que o joelho direito atinge a altura exigida.

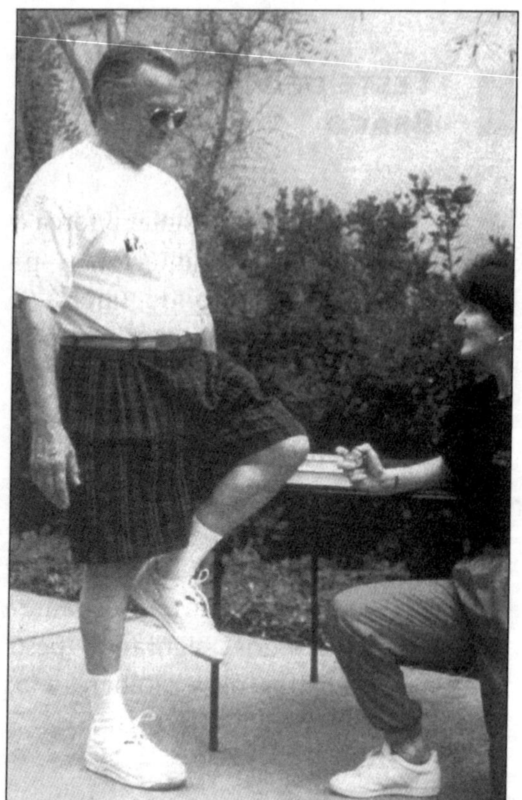

TESTE DE SENTAR E ALCANÇAR OS PÉS

Objetivo: Avaliar a flexibilidade dos membros inferiores, importante para a boa postura, padrões de marcha normal e várias tarefas de mobilidade, como entrar e sair da banheira e do carro.

Descrição: Posição sentada na parte dianteira do assento da cadeira, perna estendida, mãos tentando alcançar os dedos dos pés. O escore corresponde ao número de centímetros (positivo ou negativo) entre os dedos estendidos da mão e os dedos do pé.

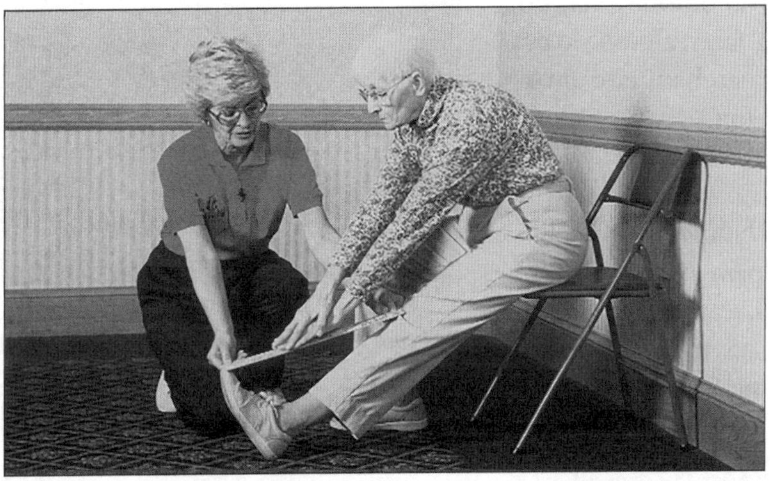

TESTE DE ALCANÇAR AS COSTAS

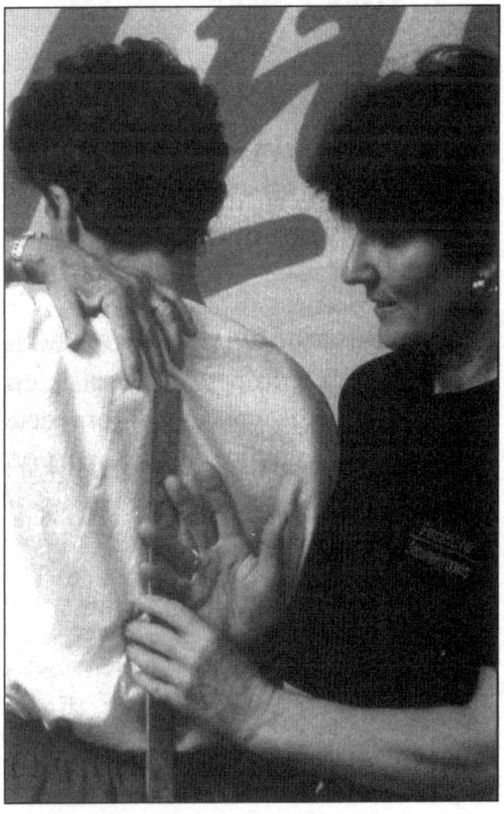

Objetivo: Avaliar a flexibilidade dos membros superiores (ombro), que é importante em tarefas, como pentear o cabelo, vestir-se pela cabeça e colocar o cinto de segurança.

Descrição: Com uma das mãos passando por cima do ombro e a outra subindo pelo meio das costas, o escore equivale ao número de centímetros entre os dedos médios estendidos (positivo ou negativo).

Teste de Levantar e Caminhar

Objetivo: Avaliar a agilidade e o equilíbrio dinâmico, importantes em tarefas que exigem manobras como descer do ônibus a tempo, levantar para fazer alguma coisa na cozinha, ir ao banheiro ou atender ao telefone.

Descrição: Número de segundos exigidos para levantar da posição sentada, caminhar aproximadamente 2,5 metros, virar e retornar à posição sentada.

Altura e Peso

Objetivo: Avaliar o peso corporal em relação à altura, por causa da importância do controle do peso para a mobilidade funcional.

Descrição: Envolve a medida da altura e do peso e o uso de uma tabela de conversão para determinar o índice de massa corporal.

RESUMO

Durante o desenvolvimento do TAFI, primeiramente foram identificados os parâmetros de aptidão física necessários à mobilidade funcional e depois foi feita a seleção dos itens para avaliar esses parâmetros. Segundo os modelos de incapacidade, o comprometimento físico (perda de força, resistência etc.) decorrente de patologia ou mau uso é o estágio inicial da incapacidade física. O comprometimento físico, por sua vez, leva à limitação funcional (restrição em comportamentos físicos, como levantar da cadeira ou subir degraus), que pode acabar levando à incapacidade física (perda da capacidade de se cuidar sozinho).

A identificação dos atributos fisiológicos associados com a mobilidade funcional é importante para o desenvolvimento de avaliações físicas e para a elaboração de programas de exercício para prevenção e reabilitação. Com base em uma revisão da literatura e na opinião de especialistas, os parâmetros fisiológicos identificados como sendo os mais importantes para a mobilidade funcional de idosos são:

- Força muscular (membros superiores e inferiores).
- Resistência aeróbia.
- Flexibilidade (membros superiores e inferiores).
- Agilidade e equilíbrio dinâmico.
- Índice de massa corporal.

Após a identificação dos componentes gerais da aptidão funcional, o próximo passo foi desenvolver os protocolos do teste para avaliar cada parâmetro da aptidão. Para atingir as metas do TAFI, os itens deveriam ter as seguintes características:

- Confiabilidade e validade.
- Sensibilidade suficiente para detectar alterações normais de desempenho causadas pelo envelhecimento e pela intervenção do exercício.
- Capacidade de avaliar uma ampla faixa de níveis de desempenho, desde o nível fronteiriço até o mais elevado.
- Facilidade de aplicação e de cálculo de escore, com exigências mínimas de equipamento, tempo, espaço e treinamento.
- Aceitabilidade social, fornecendo boa motivação para os idosos.

Após o teste-piloto de tentativa e erro para desenvolver protocolos que atendessem aos critérios anteriormente citados, foram selecionados os seguintes itens para inclusão na bateria do TAFI:

- Teste de levantar da cadeira (força dos membros inferiores).
- Teste de flexão de braço (força dos membros superiores).
- Teste de caminhada de 6 minutos (resistência aeróbia).
- Teste de sentar e alcançar os pés (flexibilidade dos membros inferiores).
- Teste de marcha estacionária de 2 minutos (alternativa para medir a resistência aeróbia).
- Teste de alcançar as costas (flexibilidade dos membros superiores).
- Teste de levantar e caminhar (agilidade/equilíbrio dinâmico).
- Altura e peso (composição corporal).

No próximo capítulo serão descritos os procedimentos para garantir a conformidade dos itens com os padrões de qualidade exigidos para a eficácia do teste. Especificamente, serão discutidos os procedimentos usados para estabelecer a validade e a confiabilidade do teste e para desenvolver padrões de desempenho com base em normas e critérios do TAFI.

capítulo

3

Validade, Confiabilidade e Padrões de Desempenho do Teste

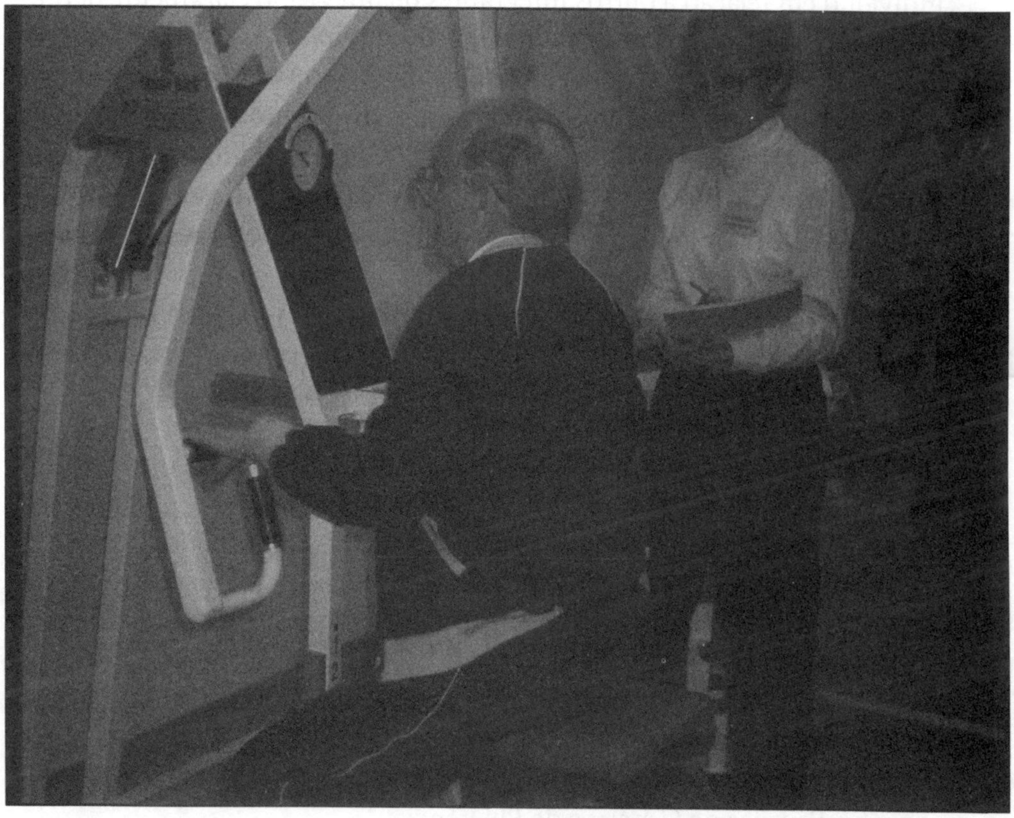

Identificação das Medidas Importantes de Aptidão Física em Idosos

Para que um teste tenha valor, tanto para pesquisa como para aplicação prática, ele deve ser válido e confiável (American Psychological Association, 1985). Um teste válido é aquele que mede o que precisa ser mensurado. Um teste desenvolvido para medir a força do bíceps, por exemplo, será considerado válido se for demonstrado que ele mede a força dos músculos bíceps. Um teste confiável é o que obtém escores coerentes, fidedignos e passíveis de serem reproduzidos. Um teste é considerado confiável quando produz os mesmos escores em diferentes ocasiões, desde que a capacidade física das pessoas submetidas ao teste não tenha sido alterada.

Segundo as diretrizes da American Psychological Association (APA), os testes publicados também devem seguir um tipo de padrão de desempenho ou escala para ajudar a interpretação dos resultados obtidos. Os padrões usuais de desempenho obedecem a normas e critérios de referência. Os padrões normativos são usados para avaliar o desempenho de um indivíduo em relação a outros integrantes de um grupo claramente definido, como idosos do sexo masculino, por exemplo. Os padrões de critérios de referência são os que refletem o nível de desempenho necessário para alcançar uma meta específica ou que fornecem "pontos de corte". A meta do TAFI é estabelecer padrões normativos de desempenho para homens e mulheres com idades entre 60 e 90 anos ou mais e começar a identificar padrões de critérios ou limites mínimos de aptidão física associados com a manutenção da independência funcional.

Este capítulo descreve os processos envolvidos na definição da validade e da confiabilidade do TAFI[1], bem como os procedimentos usados para desenvolver padrões de desempenho. Os tópicos incluem[2]:

- Validade:
  - Tipos de evidência de validade;
  - Evidência de validade para os itens do TAFI.
- Confiabilidade:
  - Procedimentos para calcular a confiabilidade;
  - Confiabilidade dos itens do TAFI.
- Padrões de desempenho:
  - Padrões Normativos;
  - Padrões de Critérios de Referência.

---

[1]Em publicações e materiais anteriores que descreviam o desenvolvimento do TAFI, a sigla referia-se a *LifeSpan Assessments* e *Fullerton Fitness Test*.

[2]N.E.: Somente neste capítulo, as medidas do padrão norte-americano foram mantidas conforme a edição original em inglês em virtude dos dados apresentados, particularmente das Tabelas 3.1 a 3.6, já terem sido publicados anteriormente e por representarem índices específicos do TAFI (de Rikli e Jones, 1999) de testes já realizados e analisados.

VALIDADE

A característica mais importante de qualquer teste é a sua validade. Como um teste válido é o que mede o que precisa ser medido, sua validade deve sempre ser determinada com base em seu objetivo. Por exemplo, se o propósito de um item do teste é medir a força dos membros inferiores, uma das maneiras de avaliar sua validade é comparar os escores obtidos com os de outro teste com o mesmo objetivo já validado. A correlação elevada entre dois conjuntos de escore indica uma boa validade do instrumento em relação ao critério de mensuração. Entretanto, se o propósito do teste é também detectar diferenças entre pessoas que fazem exercício e pessoas que não fazem, os dados que demonstram que as pessoas que fazem exercício têm escores mais altos do que as que não fazem constituiriam outra evidência da validade do teste. O ideal é que os testes sejam validados usando-se o maior número possível de fontes de evidência.

Tipos de Evidência de Validade

As principais fontes de evidência para a definição da validade do teste são agrupadas em três categorias: conteúdo, critério e constructo (American Psychological Association, 1985).

Validade Relacionada ao Conteúdo

A validade do conteúdo (ou validade lógica, quando se trata de medidas de desempenho físico) refere-se ao universo ou ao domínio definido do conteúdo que o teste reflete. No caso do TAFI, o universo definido é a aptidão física. De acordo com os padrões da APA, o apoio para a validade do conteúdo pode ser obtido em opiniões de especialistas da área e na revisão da literatura baseada em dados que mostram a pertinência dos vários componentes do teste. A pertinência do conteúdo (ou validade lógica) das categorias de aptidão física incluídas no TAFI foi abordada na seção Parâmetros da Aptidão Funcional do Capítulo 2. Nessa seção, foi documentada a importância de vários parâmetros de aptidão referentes à preservação da mobilidade funcional em idade avançada, especificamente, força dos membros inferiores, força dos membros superiores, resistência aeróbia, flexibilidade dos membros inferiores, flexibilidade dos membros superiores, agilidade e equilíbrio dinâmico e composição corporal.

O painel de especialistas forneceu o suporte adicional para a validade do conteúdo dos parâmetros do TAFI e para a seleção dos itens específicos do teste que avaliam os parâmetros. O painel, composto por 16 autoridades reconhecidas nacionalmente no campo da gerontologia e da ciência do exercício, forneceu opiniões e consultoria durante as principais fases do desenvolvimento do teste. Os nomes e as filiações dos membros do painel estão na seção Agradecimentos no início do livro. Os componentes do painel receberam solicitações de informações informais e formais. Em algumas ocasiões todos eles responderam por escrito a um conjunto de perguntas sobre a adequação dos fundamentos e do conteúdo do teste. Em outras ocasiões, conforme a necessidade, alguns membros do painel responderam a perguntas específicas com base em suas respectivas áreas de conhecimento. Durante todo o desenvolvimento do teste, as opiniões dos membros do painel foram usadas para realizar ajustes no conteúdo e no protocolo do teste.

Validade Relacionada ao Critério

A validade relacionada ao critério refere-se ao grau de correlação do teste com o instrumento de critério, ou seja, um instrumento já reconhecido como válido (American Psychological Association, 1985). Em geral, estima-se a validade do critério do teste, calculando-se o coeficiente da correlação (correlação de Pearson) entre os escores do teste que está sendo validado e os escores da medida de desempenho usada para comparação. As evidências que apóiam a validade de critério dos itens do TAFI se originam de uma combinação de dados de mensuração publicados anteriormente semelhantes aos dos itens do TAFI com dados de novos estudos projetados especificamente para avaliar a mensuração de critério dos testes que compõem o TAFI, toda vez que foi possível identificar uma medida de critério. Os estudos de validação e as medidas específicas de critério usadas são discutidas na seção Evidências de Validade dos Itens do TAFI.

Validade Relacionada ao Constructo

A validade do constructo, ou validade discriminante, como às vezes é chamada, refere-se ao grau que um teste consegue medir determinado constructo de interesse (American Psychological Association, 1985). O constructo é um atributo que existe em tese, mas que não pode ser observado diretamente, como inteligência, personalidade ou, neste caso, aptidão funcional (força, resistência etc.). O processo de definição da validade de constructo geralmente começa com o desenvolvimento de uma estrutura conceitual que explica o seu significado e a sua pertinência até que os estudos sejam capazes de confirmar as inferências ou os prognósticos esperados referentes a esse constructo (American Psychological Association, 1985). Uma inferência esperada referente ao constructo força, por exemplo, seria que os praticantes de exercício apresentassem um nível mais alto de força do que os não-praticantes. Estudos que confirmam esse prognóstico forneceriam evidências da validade do constructo (validade discriminante) da medida específica de força envolvida. Este método de estabelecer a validade do constructo é conhecido como método das diferenças de grupo (Safrit e Wood, 1995). As diferenças entre grupos são testadas quanto à significância usando-se procedimentos estatísticos adequados no teste *t* (para dois grupos) ou na análise da variância (para mais de dois grupos).

A validade do constructo do TAFI é corroborada pelo material discutido nas seções Dados Conceituais e Parâmetros da Aptidão Funcional no Capítulo 2 e pelos novos estudos de validação especialmente projetados para testar a sua capacidade de detectar as diferenças esperadas na aptidão física de idosos de diferentes idades e níveis de atividade. Esses estudos envolveram a participação de 190 indivíduos de ambos os sexos (média de idade = 76,2 anos), residentes em um complexo residencial para aposentados. Os escores de cada teste foram analisados para determinar a sua capacidade de detectar diferenças esperadas de desempenho (declínios) em três faixas etárias categorizadas por décadas – 60, 70 e 80 – bem como as diferenças esperadas em pessoas de acordo com o nível de atividade física.

A atividade física foi avaliada por meio de auto-relato, usando-se um questionário simples sobre freqüência e nível de intensidade do exercício. Os indivíduos com alto nível de atividade física foram os que assinalaram a participação em atividade física moderada (com esforço suficiente para causar aumento visível da respiração, freqüência cardíaca e transpiração) no mínimo três vezes por semana. Os indivíduos com baixo nível de atividade física foram os que assinalaram atividade física menos de três vezes por semana ou nenhuma. Questionários simples, como os usados neste estudo, constituem uma maneira válida e confiável de classificar indivíduos por nível de atividade (Ainsworth, Montoye e Leon, 1994; Paffenbarger, Blair, Lee e Hyde, 1993).

Todos os participantes do estudo eram funcionalmente independentes, com deambulação sem auxílio de dispositivo (bengala ou andador) e livres de problemas clínicos que inibissem seu desempenho nos testes. Os participantes eram basicamente caucasianos (90%), do sexo feminino (80%) e oriundos de meios socioeconômicos acima da média. Consultar Rikli e Jones (1999a) para mais detalhes. Os resultados do estudo são discutidos na próxima seção em itens separados.

Evidência da Validade dos Itens do TAFI

Esta seção apresenta uma breve análise do objetivo e da origem de cada item do TAFI, bem como as evidências que corroboram a sua validade. O Capítulo 4 traz uma descrição completa dos itens que compõem o TAFI. As evidências de validade apresentadas baseiam-se em dados já publicados, que fornecem apoio para a validade do conteúdo e, às vezes, para a validade de critério dos itens do teste, além de basear-se em novos dados obtidos em estudos de validação que fizeram parte do projeto do TAFI.

Tabela 3.1 Validade de Critério dos Itens do TAFI

Item do teste	Medida de critério	Homens e mulheres *r (n)*	Homens *r (n)*	Mulheres *r (n)*	Referências
Levantar da Cadeira	1 repetição máxima de *leg press*	0,77 (89)	0,78 (40)	0,71 (49)	Jones, Rikli e Beam, 1999
Flexão de Braço	Combinação de 1 repetição máxima de bíceps, tórax e parte superior das costas		0,84 (33)	0,79 (35)	James, 1999
Caminhada de 6 Minutos	Tempo na esteira rolante a 85% da FC máx.	0,78 (37)	0,82 (17)	0,71 (20)	Rikli e Jones, 1998
Marcha Estacionária de 2 Minutos	Tempo de caminhada de 1 milha (1.600 metros) Tempo na esteira a 85% da FC máx.	0,73 (24) 0,74 (25)			Dugas, 1996 Johnston, 1999
Sentar e Alcançar os Pés	Flexibilidade dos membros inferiores (American Academy of Orthopaedic Surgeons)	0,83 (80)	0,76 (32)	0,81 (48)	Jones et al., 1998
Alcançar as Costas	Ausência de critério único	Considera-se a melhor medida geral de flexibilidade de ombro			Gross, Fetto e Rosen, 1996 Starkey e Ryan, 1996
Levantar e Caminhar	Ausência de critério único	Considera-se uma boa medida de atributos fisiológicos combinados (potência, velocidade, agilidade e equilíbrio) encontrados em comportamentos habituais			Podsiadlo e Richardson, 1991 Tinetti et al., 1986

Reproduzido de Rikli e Jones, 1999.

Tabela 3.2 Médias e Desvios-Padrão do TAFI para 60, 70 e 80 anos

Item do Teste	60-69 anos	70-79 anos	80-89 anos	$p^{\dagger}$
	(*n* = 32) (91% mulheres)	(*n* = 96) (84% mulheres)	(*n* = 62) (81% mulheres)	
Levantar da Cadeira (número de repetições em 30 segundos)	14,0 (2,4)	12,9 (3,0)	11,9 (3,6)	0,013*
Flexão de Braço (número de repetições em 30 segundos)	19,8 (4,1)	18,2 (3,9)	16,5 (4,1)	0,007*
Caminhada de 6 Minutos (total percorrido em jardas)	677,8 (95,0)	621,0 (82,4)	550,1 (86,7)	0,0001*
Marcha Estacionária de 2 Minutos (número de repetições em 2 min)	100,4 (9,0)	92,6 (16,0)	83,5 (22,6)	0,0001*
Sentar e Alcançar os Pés (polegadas a partir dos dedos do pé)	-0,4 (5,4)	-0,4 (6,2)	-3,3 (6,0)	0,018**
Alcançar as Costas (polegadas a partir dos dedos médios)	1,0 (2,0)	-0,4 (3,0)	-1,8 (4,4)	0,0009*
Levantar e Caminhar (em segundos)	5,2 (0,6)	6,1 (1,2)	7,1 (2,0)	0,0001*

As médias de idade nas faixas etárias de 60, 70 e 80 anos foram 65,9 (3,5), 75,1 (2,9) e 83,3 (3,0), respectivamente.
†Nível de significância das razões F da ANOVA.
*Análises ANOVA e *post hoc* revelaram que as três faixas etárias tinham diferenças significativas.
**Os idosos de 80 anos eram significativamente diferentes dos de 60 e 70 anos, mas não se constatou diferença entre os de 60 e 70 anos. Reproduzido de Rikli e Jones, 1999.

Teste de Levantar da Cadeira

O objetivo do teste de levantar da cadeira é avaliar a força dos membros inferiores, aspecto importante da aptidão física de idosos em virtude do seu papel nas atividades diárias comuns, como subir degraus, andar, manter o equilíbrio e levantar da cadeira, da banheira ou do carro. O escore do teste é fornecido pelo número de vezes, no período de 30 segundos, que o participante consegue erguer-se completamente da posição sentada com os braços cruzados sobre o tórax.

Fundamentos. O teste de levantar da cadeira ao longo de 30 segundos é uma modificação de outras versões de testes de levantar da cadeira que registram o tempo empregado para levantar da cadeira um determinado número de vezes como, por exemplo, 10 vezes (Csuka e McCarty, 1985) ou 5 vezes (Guralnik et al., 1994). O motivo da mudança do protocolo, que deixou de medir o tempo empregado para levantar da cadeira e passou a contar o número de vezes que a pessoa consegue levantar-se da cadeira em um período determinado (30 segundos), foi o aumento da eficácia do escore (capacidade discriminante). Nas versões em que a pessoa tem de levantar 5 e 10 vezes, se ela for incapaz de completar o número exigido de vezes, e são muitas as que não conseguem, não marcam nenhum ponto. Em um estudo de grande escala, por exemplo, envolvendo vários milhares de idosos institucionalizados, mais de 20% dos participantes não conseguiram se levantar nem mesmo 5 vezes (Guralnik et al., 1994). A padronização do tempo (30 segundos) em vez do número de vezes (5 ou 10) permite que todos pontuem, ainda que o escore seja zero para a pessoa que não conseguir se levantar nenhuma vez em 30 segundos. Para obter mais detalhes, verificar o protocolo do teste de levantar da cadeira no Capítulo 4.

Evidência da Validade. Estudos anteriores demonstram que o desempenho em levantar da cadeira, método comum de avaliar a força dos membros inferiores de idosos em ambiente de campo, correlaciona-se razoavelmente com as medidas de força dos membros inferiores obtidas em laboratório (p. ex., força dos extensores e dos flexores do joelho no Cybex II) e com outros indicadores de interesse, como velocidade da marcha, capacidade de subir degraus e equilíbrio (Bohannon, 1995; Csuka e McCarty, 1985). Observou-se que o desempenho no teste de levantar da cadeira é eficiente para determinar os declínios normais relacionados com envelhecimento (Csuka e McCarty), para distinguir indivíduos propensos a quedas dos não-propensos (MacRae, Lacourse e Moldavon, 1992) e para detectar os efeitos do treinamento físico em idosos (McMurdo e Rennie, 1993). Estudos também demonstram que o desempenho no teste de levantar da cadeira está associado com risco de queda (Alexander, Schultz e Warwick, 1991; Tinetti, Speechley e Ginter, 1988).

Especificamente, para testar a validade de critério do teste de levantar da cadeira, usado no TAFI, os escores desse teste foram comparados com os do teste de força no *leg press*, conforme mensuração pelo aparelho de *leg press* duplo do fabricante Keiser. O *leg press*, exercício multi-articular, que envolve extensão do quadril, extensão do joelho e flexão plantar do tornozelo, constitui uma medida de critério especialmente relevante da força dos membros inferiores de idosos. Essa medida reflete o tipo de força necessária a muitas atividades cotidianas, como levantar da cadeira, entrar e sair da banheira ou do carro ou parar para apanhar alguma coisa no chão (Judge, 1993). Para a mensuração do desempenho no *leg press* foi usado um protocolo de 1 RM (repetição máxima) com elevado grau de confiabilidade de teste e reteste para idosos (Rikli, Jones, Beam, Duncan e Lamar,

1996). A correlação moderadamente alta entre os escores do teste de levantar da cadeira e os do *leg press* (r =0,78 para homens e 0,71 para mulheres; ver Tabela 3.1) fornece evidências relacionadas ao critério de validade do teste como instrumento de medida de força dos membros inferiores (Jones, Rikli e Beam, 1999).

Os resultados do estudo demonstraram a capacidade do teste para detectar os declínios normais no desempenho de indivíduos na 6ª à 8ª décadas de vida, confirmando, assim, a validade do seu constructo (discriminante). A Tabela 3.2 apresenta as médias e os desvios-padrão exatos. Além disso, conforme o esperado, os escores do teste de levantar da cadeira foram significativamente mais altos entre os participantes com altos níveis de atividade física do que entre os participantes pouco ativos. Conforme indicado na Tabela 3.3, a média de vezes que os participantes altamente ativos levantaram da cadeira em 30 segundos foi 13,3 contra apenas 10,8 entre os participantes pouco ativos.

O apoio adicional para a validade do constructo do teste de levantar da cadeira foi fornecido pela reprodução de um recente estudo projetado para fornecer uma análise independente da confiabilidade e da validade dos itens do TAFI usando uma amostra separada de idosos de ambos os sexos com vida independente (Miotto, Chodzko-Zajko, Reich e Supler, 1999). Dos 69 participantes deste estudo, 42 foram descritos como fisicamente ativos (média de idade = 67,9) e 37 como sedentários (média de idade = 69,4). Os resultados demonstraram que o teste de levantar da cadeira conseguiu novamente detectar as diferenças esperadas entre sujeitos ativos e inativos, sendo que o grupo de ativos conseguiu levantar uma média de 17 vezes da cadeira em 30 segundos contra apenas 13 vezes do grupo sedentário. Os escores mais altos obtidos pelos participantes do estudo de Miotto et al. talvez se devam à idade desses participantes, que eram um pouco mais jovens (segunda metade dos 60 anos), em comparação com os do estudo de Jones et al. (1999), cuja média de idade dos participantes altamente ativos foi 75,6 anos e dos inativos 77,7.

Teste de Flexão de Braço

O teste de flexão de braço integra o TAFI com a função de medir a força dos membros superiores, necessária ao desempenho das atividades diárias, como tarefas domésticas, serviços no quintal, além de levantar e carregar pacotes de compras, malas, netos e animais de estimação. O teste envolve a contagem do número de flexões de braço que o indivíduo consegue realizar em 30 segundos sustentando um peso manual de 5 libras (2,27 kg) para mulheres e de 8 libras (3,63 kg) para homens, com amplitude total de movimento.

Fundamentos. O teste de flexão de braço do TAFI é semelhante ao descrito no teste de aptidão funcional da AAHPERD (Osness et al., 1996) com duas exceções: (1) alteração no peso prescrito para mulheres que passou de 4 libras (1,8 kg) para 5 libras (2,27 kg) e (2) alteração na posição do braço durante a fase de flexão do movimento. No TAFI, optou-se pelo peso de 5 libras (2,27 kg) para mulheres, porque a força dos membros superiores de mulheres tende a ser cerca de 60% da força dos homens (Sperling, 1980), aumentando, assim, a representação da proporção de peso entre homens e mulheres (5 libras (2,27 kg) para mulheres contra 8 libras (3,62 kg) para homens). A pegada usada no teste da AAHPERD foi alterada para palma da mão voltada para cima durante a flexão, pois essa posição confere maior eficiência aos músculos do antebraço e ao tendão do bíceps em relação à ação muscular. No teste de flexão de braço do TAFI, o participante começa segurando o peso na posição de aperto de mão em extensão total (braço para baixo e de lado), voltando a palma da mão para cima durante a flexão, de modo que, ao término do movimento, a palma da mão esteja voltada para o bíceps. Para mais detalhes, ver o procedimento do teste de flexão de braço no Capítulo 4.

Evidência da Validade. Durante o desenvolvimento do TAFI, uma revisão da literatura revelou o pequeno volume de pesquisas referente à validade da flexão de braço (bíceps) como indicador de força dos membros superiores de idosos. A única referência encontrada para a flexão de braço (com o uso de peso) indicou uma correlação de 0,82 com os escores da flexão de braço no aparelho do fabricante Cybex. Entretanto, esses dados eram provenientes de um estudo não-publicado que envolveu a participação de apenas sete sujeitos (Osness et al., 1996). Assim, para avaliar o potencial do teste de flexão de braço como indicador geral da força dos membros superiores, foi projetado um estudo para comparar os escores obtidos no teste de flexão de braço com os obtidos por um instrumento composto de avaliação – o instrumento incluiu escores no teste de 1 repetição máxima de bíceps, *chest press* e exercício de resistência muscular realizado em aparelhos de remo (James, 1999). Os resultados desse estudo que contou com a participação de 68 idosos (33 homens, média de idade = 74; e 35 mulheres, média de idade = 71) indicaram uma correlação entre os escores da flexão de braço e o instrumento composto de 0,84 para homens e 0,79 para mulheres (ver Tabela 3.1). Essas correlações moderadamente elevadas confirmam a validade de critério do teste de flexão de braço como mensuração da força dos membros superiores. Estudos anteriores indicam que o protocolo seguido nos testes de força de 1 RM para idosos é altamente preciso (James, 1999; Rikli e Jones, 1999a).

Da mesma forma que o teste de levantar da cadeira, o teste de flexão de braço também se mostrou capaz de identificar os declínios de força relacionados com envelhecimento nas 6ª, 7ª e 8ª décadas e de discriminar indivíduos que se exercitam regularmente de indivíduos sedentários (Rikli e Jones, 1999a), o que confirma a validade do seu constructo (discriminante). As médias de escore desses grupos de comparação são apresentadas nas Tabelas 3.2 e 3.3. Conforme indicado, houve uma redução constante no número médio de flexões realizadas nas três décadas (redução de 19,8 para 16,5), sendo que os escores foram mais baixos, conforme se esperava, em indivíduos pouco ativos (15,5 flexões) do que em indivíduos altamente ativos (18,7 flexões).

Outras evidências da capacidade de discriminação do teste de flexão de braços foram fornecidas pela subseqüente reprodução do estudo de Miotto et al. (1999) em que os participantes fisicamente ativos obtiveram escores muito melhores do que os indivíduos sedentários. A média de flexões de braço realizadas em 30 segundos foi de 23 para o grupo ativo con-

Tabela 3.3 Médias e Desvios-Padrão do TAFI de Participantes Pouco e Muito Ativos

Item do Teste	Muito ativos	Pouco ativos	*p* (razões *t*)
	(*n* = 136) (88% mulheres)	(*n* = 47) (84% mulheres)	
Levantar da Cadeira (número de repetições em 30 segundos)	13,3 (2,8)	10,8 (3,6)	0,0001
Flexão de Braço (número de repetições em 30 segundos)	18,7 (4,0)	15,5 (3,7)	0,0001
Caminhada de 6 Minutos (total percorrido em metros)	647,6 (81,5)	513,2 (77,9)	0,0001
Marcha Estacionária de 2 Minutos (número de repetições em 2 min)	95,8 (15,7)	72,8 (18,4)	0,0001
Sentar e Alcançar os Pés (centímetros a partir dos dedos do pé)	-0,6 (6,0)	-3,8 (6,6)	0,007
Alcançar as Costas (centímetros a partir dos dedos médios)	-0,3 (3,4)	-2,1 (3,8)	0,005
Levantar e Caminhar (em segundos)	6,0 (1,3)	7,1 (2,1)	0,0001

Participantes muito ativos foram os que, de acordo com o auto-relato, faziam exercícios físicos regulares (no mínimo três vezes por semana) havia pelo menos um ano; ou atividade vigorosa o suficiente para produzir aumento visível da freqüência cardíaca, respiração ou transpiração. Os participantes pouco ativos foram os recém-matriculados em aulas de exercício que não faziam exercícios regulares havia pelo menos 5 anos. Média de idade: muito ativo 75,6 anos (SD = 6,6); pouco ativos = 77,7 anos (SD = 6,9). Reproduzido de Rikli e Jones, 1999.

tra 19 para o grupo sedentário (Miotto et al., 1999). Novamente, os escores mais elevados no estudo de Miotto et al. devem-se provavelmente ao fato de seus participantes serem mais jovens (idades na segunda metade da sexta década) do que os participantes dos estudos do TAFI, em que as médias de idades situaram-se entre 75,6 e 77,7 anos para grupos de indivíduos altamente ativos e pouco ativos, respectivamente.

A força de preensão, medida por um dinamômetro, é outro instrumento para medir a força dos membros superiores de idosos em circunstâncias de campo. Entretanto, essa opção não foi considerada aceitável para idosos por causa do desconforto associado com a realização do teste, levando-se em conta o grande número de portadores de artrite nas mãos. Os resultados de um estudo-piloto realizado em Fullerton indicaram que os participantes com artrite sentiram menos desconforto no teste de flexão de braço do que no teste de força de preensão.

Teste de Caminhada de 6 Minutos

O objetivo do teste de caminhada de 6 minutos é avaliar a resistência aeróbia, definida como capacidade de realizar atividades que envolvem os grandes músculos por longos períodos. A resistência aeróbia é necessária para atividades, como subir escadas, caminhar, fazer compras, passear e participar de atividades recreativas e esportivas. O teste envolve caminhar de forma contínua em um trajeto de 50 jardas (45,72 metros), percorrendo a maior distância possível em 6 minutos.

Fundamentos. O objetivo da padronização do tempo (6 minutos) no TAFI em vez de uma distância específica, como 1/2 ou 1 milha (800 ou 1.600 metros), conforme o usual em outros testes de distância (Kline et al., 1987; Osness et al., 1996), foi o aperfeiçoamento da eficácia do escore (capacidade de discriminação). Em um teste com tempo determinado, como caminhar 6 minutos, indivíduos de todos os níveis de capacidade podem obter escores – desde o fisicamente frágil limítrofe que consegue dar apenas poucos passos em 6 minutos até o de capacidade física mais elevada que consegue percorrer muitos metros no tempo concedido. Como os relatórios mostram que um número considerável de idosos residentes em instituições (no mínimo um terço dos indivíduos acima de 70 anos) tem dificuldade para percorrer alguns quarteirões (Select Committee on Aging, 1992; Stump, Clark, Johnson e Wolinsky, 1997), os testes com distâncias determinadas (como 800 ou 1.600 metros) foram considerados proibitivos.

Evidência da Validade. Estudos anteriores demonstram que os vários tipos de testes de distância (1/2 milha, 12 minutos e 1 milha) são indicadores razoáveis da resistência aeróbia de jovens, adultos (Cooper, 1968; Disch, Frankiewicz e Jackson, 1975; Kline et al., 1987) e idosos com alto grau de aptidão funcional (Bravo, et al., 1994; Fenstermaker, Piowman e Looney, 1992; Warren, Dotson, Nieman e

Butterworth, 1993). Além disso, outros estudos demonstram que os testes de caminhar de durações mais curtas, como 5 ou 6 minutos, têm boa correlação com a resistência cardiorrespiratória de idosos portadores de vários problemas clínicos (Bittner et al., 1993; Guyatt et al., 1985a; Peloquin, Gauthier, Bravo, Lacombe e Billiard, 1998). Entretanto, antes do desenvolvimento do TAFI, o teste de caminhada de 6 minutos não tinha sido validado em idosos relativamente saudáveis e de vida independente.

Para testar ainda mais a validade de critério da caminhada de 6 minutos como medida de resistência aeróbia (cardiovascular), foi projetado um teste que comparou os escores do teste de caminhada de 6 minutos obtidos por 77 idosos independentes de ambos os sexos (média de idade de 73 anos) com os obtidos na caminhada submáxima em esteira usando um protocolo Balke modificado e validado anteriormente (American College of Sports Medicine, 1991). Os escores obtidos durante o teste de esforço gradual de Balke representaram o tempo total de permanência na esteira antes de atingir 85% da freqüência cardíaca máxima prevista. Os resultados revelaram uma correlação geral de 0,78 entre os escores do teste de caminhada de 6 minutos e os do teste de caminhada na esteira, indicando uma boa validade de critério (Rikli e Jones, 1998). As correlações para homens e mulheres foram 0,82 e 0,71, respectivamente. Ver Tabela 3.1.

O desempenho físico submáximo (em oposição a uma medida do consumo máximo de oxigênio) foi selecionado como medida de critério do estudo por causa de sua grande relevância para a aptidão funcional de idosos. Descobriu-se que as medidas de consumo máximo de oxigênio têm relevância questionável para as exigências das atividades cotidianas de idosos e não têm boa correlação com as medidas de aptidão funcional para tais atividades (Bittner et al., 1993; Guyatt et al., 1985b; Steele, 1996).

Como a maioria das outras medidas do TAFI, o teste de caminhada de 6 minutos conseguiu detectar as diferenças esperadas no desempenho de idosos nas diversas faixas etárias subdivididas em décadas (60, 70 e 80) e com diferentes níveis de atividade física (alto ou baixo), fornecendo, assim, evidências relacionadas ao constructo da validade do teste (ver Tabelas 3.2 e 3.3). Outras evidências da validade do constructo foram encontradas no mesmo estudo ao se constatar que os escores do teste de caminhada de 6 minutos, conforme as expectativas, mostraram-se significativamente mais elevados em pessoas que relataram altos níveis de capacidade funcional em comparação com as que relataram dificuldades para realizar muitas atividades da vida diária. Nesse estudo a capacidade funcional foi avaliada por meio de uma escala de auto-relato de 12 itens que indica a capacidade do indivíduo para realizar funções que variam desde cuidados pessoais, como vestir-se e tomar banho, até funções mais exigentes, como tarefas domésticas mais pesadas e esforço vigoroso (Rikli e Jones, 1998).

Teste de Marcha Estacionária de 2 Minutos

O teste de marcha estacionária de 2 minutos foi incluído na bateria do TAFI como medida alternativa de resistência aeróbia quando houver restrição de espaço (ou por condições climáticas) que impede o uso do teste de caminhada de 6 minutos. O protocolo do teste de marcha estacionária de 2 minutos envolve o registro do número de passos que o indivíduo consegue realizar sem locomover-se durante 2 minutos, elevando os joelhos a uma altura entre a patela (rótula) e a crista ilíaca (osso ilíaco). Ver o diagrama do teste de marcha estacionária de 2 minutos no Capítulo 4.

Fundamentos. O teste de marcha estacionária de 2 minutos pode ser considerado uma versão com cadência própria de vários testes já publicados, como o Teste de Marcha Estacionária de Harvard (Brouha, 1943), Teste de Marcha Estacionária do Estado de Ohio (Cotten, 1971) e Teste de Marcha Estacionária do Queens College (McArdle, Katch, Pechar, Jacobson e Ruck, 1972), que requerem uma cadência específica. Os testes-piloto durante as primeiras fases do desenvolvimento do TAFI mostraram claramente que muitos idosos não conseguem ou não conseguirão manter a cadência prescrita, o que torna esses testes inadequados para esta população. A idéia do teste de marcha estacionária em cadência própria surgiu de um instrumento semelhante desenvolvido no Canadá como parte do Teste de Desempenho Físico Post 50 "3-S" (Bell, Hoshizaki e Collins, 1983). Uma revisão da literatura, entretanto, revelou a inexistência de estudos de validação de testes de marcha estacionária com cadência própria.

Evidência da Validade. Os escores da maior parte dos testes já publicados de marcha estacionária, como os mencionados anteriormente, que envolvem marcha em cadência preestabelecida em desnível de altura predeterminada, tendem a ser moderadamente bem correlacionados com medidas reconhecidas de capacidade aeróbia. Foi encontrada, por exemplo, uma correlação de 0,75 entre os escores de $\dot{V}O_2$ máx e os escores do Teste de Marcha Estacionária realizado pelas alunas do Queens College (McArdle et al., 1972). Em uma amostra de alunas universitárias, foi obtida uma correlação de 0,84 entre os escores do Teste de Marcha Estacionária do Estado de Ohio e os valores máximos da capacidade aeróbia obtidos em um protocolo de esteira de Balke (Cotten, 1971). Embora fosse possível a citação de vários outros relatórios referentes à validade dos testes de marcha estacionária em jovens, não foi encontrado nenhum estudo envolvendo idosos.

Durante o desenvolvimento do TAFI, foi realizada uma série de estudos em Fullerton para comparar os escores do teste de marcha estacionária com outras medidas de resistência aeróbia. Dugas (1996) encontrou uma correlação moderada ($r = 0,73$) entre os escores do teste de marcha estacionária de 2 minutos e os do teste de caminhada de 1 milha (1.600 metros) de Rockport em idosos de ambos os sexos (média de idade = 69,6). Em outro estudo envolvendo 25 idosos de ambos os sexos (média de idade = 70,8), foi encontrada correlação semelhante (*r* = 0,74) entre os escores do teste de marcha estacionária e o desempenho na esteira (Johnston, 1999). O desempenho na esteira representou o tempo de permanência do participante na esteira até atingir 85% da sua freqüência cardíaca máxima prevista, usando um protocolo de esforço gradual de Blake modificado (American College of Sports Medicine, 1991). Conforme indicado nas Tabelas 3.2 e 3.3, o teste de marcha estacionária de 2 minutos conseguiu detectar declínios esperados de desempenho da 6ª a 8ª décadas de vida e distinguir os praticantes de exercício dos não-praticantes.

Também foi interessante observar que os dados coletados sobre o índice de percepção de esforço (IPE) durante o teste de marcha estacionária de 2 minutos foram razoavelmente comparáveis com os coletados dos mesmos participantes durante o teste de caminhada de 6 minutos, indicando que os dois testes de resistência aeróbia são semelhantes em relação à intensidade do esforço. Em uma escala de 6 a 20 (Borg, 1998) a média de IPE relatado durante o teste de marcha estacionária foi 13,9 contra 13,6 durante o teste de caminhada de 6 minutos. Esses escores do IPE representam um grau de esforço situado entre "um pouco difícil" (13,0 na escala) e "difícil" (15,0 na escala).

Teste de Sentar e Alcançar os Pés

O objetivo do teste de sentar e alcançar é avaliar a flexibilidade dos membros inferiores, sobretudo dos músculos posteriores da coxa, a qual é importante para a postura correta e para tarefas que exigem mobilidade, como andar, subir degraus e entrar e sair do carro ou da banheira. A flexibilidade dos membros inferiores também ajuda a prevenir lombalgias e lesões musculoesqueléticas, além de reduzir o risco de queda. O participante deve sentar-se em uma cadeira estável, com uma das pernas estendidas e a outra flexionada e com o pé rente ao chão. Com uma das mãos sobre a outra e os braços estendidos, o objetivo é alcançar o pé da perna estendida. O escore corresponde ao espaço em centímetros entre a ponta do dedo médio das mãos e os dedos do pé.

Fundamentos. O teste de sentar e alcançar do TAFI é uma adaptação de versões realizadas no chão, que aparecem em várias baterias, como YMCA (Golding, Myers e Sinning, 1989), FITNESSGRAM (Cooper Institute for Aerobics Research, 1999) e Teste de Aptidão Funcional para Adultos acima de 60 anos da AAHPERD (Osness et al., 1996). Na maioria das versões desse teste, o participante se senta no chão com ambas as pernas estendidas e tenta alcançar (ou ultrapassar) os dedos do pé. A versão da FITNESSGRAM, que pretende proteger as costas, constitui uma exceção, pois o indivíduo executa o teste sentado no chão, mas estende uma perna de cada vez enquanto a outra é mantida flexionada.

O TAFI optou pelo uso de cadeira nesse teste, porque muitos idosos são portadores de problemas clínicos ou limitações funcionais (obesidade, lombalgia, fraqueza nos membros inferiores, próteses de joelho e quadril, redução severa de flexibilidade etc.) que os impedem de sentar e levantar do chão. Nos estudos-piloto do TAFI, constatou-se que alguns idosos, provavelmente devido a uma combinação de fraqueza dos músculos abdominais e rigidez dos posteriores da coxa, não conseguiam permanecer sentados em uma superfície plana, sobretudo com ambas as pernas estendidas.

No teste de sentar e alcançar realizado na cadeira, como na versão que protege as costas recomendada pela FITNESSGRAM (Cooper Institute for Aerobics Research, 1999), apenas uma perna fica estendida enquanto a outra fica fletida com o pé rente ao chão. O fundamento de se manter uma perna estendida enquanto a outra fica flexionada em oposição a ambas as pernas estendidas, baseia-se em evidências que demonstram que a extensão simultânea das pernas causa compressão excessiva do disco posterior, aumentando o risco de lesão nas costas durante os testes (Cailliet, 1988).

Evidência da Validade. Estudos anteriores indicam que os testes de sentar e alcançar em geral apresentam validade de critério no mínimo moderada em relação às medidas estabelecidas de flexibilidade dos membros inferiores, com valores de *r* que variam de 0,61 a 0,89 (Jackson e Baker, 1986; Jackson e Langford, 1989; Patterson, Wiksten, Ray, Flanders, e Sanphy, 1996). Entretanto, até onde se sabe, não foi publicado nenhum estudo que investigou a eficácia do potencial de uma versão do teste de sentar e alcançar na cadeira como método de avaliação da flexibilidade dos membros inferiores (músculos posteriores da coxa). Por isso, para avaliar a validade de critério da nova versão do teste de sentar e alcançar, foi realizado um estudo para comparar seus escores com os da flexibilidade dos músculos posteriores da coxa medida com goniômetro, padrão usual de mensuração da flexibilidade[2] dos membros inferiores (American Academy of Orthopaedic Surgeons, 1966). Conforme indicado no relatório publicado do estudo (Jones, Rikli, Max e Noffai, 1998) e também na Tabela 3.1, a correlação entre os escores do teste de sentar e alcançar realizado na cadeira e o critério de mensuração por goniômetro foi 0,81 para os 48 participantes do sexo feminino (média de idade = 74 anos) e 0,76 para os 32 participantes do sexo masculino (média de idade = 74,5). Na verdade, os

[2] N.R.C.: As autoras adotam o termo flexibilidade como referência ao alongamento dos músculos posteriores da coxa.

dados do estudo também mostraram que os escores do teste realizado na cadeira apresentaram melhor correlação com a flexibilidade dos músculos posteriores da coxa em idosos do que os escores obtidos na versão realizada no chão, até mesmo tratando-se de pessoas que não tinham dificuldade para sentar e levantar do chão (Jones et al., 1998).

Com respeito à capacidade de discriminação (validade do constructo) do teste de sentar e alcançar realizado na cadeira, os dados da Tabela 3.2 indicam que o sucesso dos escores em detectar diferenças esperadas entre as várias faixas etárias do estudo foi apenas parcial. Os participantes da faixa etária de 80 anos, conforme se esperava, obtiveram escores de flexibilidade significativamente mais baixos do que os grupos da 6ª e 7ª décadas de vida que, por sua vez, não apresentaram diferenças entre si. Outros estudos são necessários para determinar se a ausência de diferenças na flexibilidade observada na 6ª e na 7ª décadas se deve à incapacidade do teste realizado na cadeira para detectar essa alteração ou se, na verdade, ela se deve a uma real ausência de alteração na flexibilidade durante esse período. Essa versão do teste, no entanto, mostrou-se capaz de distinguir os participantes com alto nível de atividade física dos participantes sedentários. Conforme mostra a Tabela 3.3, os participantes altamente ativos, em média, conseguiram diminuir a distância entre os dedos da mão e dos pés em 6 polegadas (1,52 centímetros), enquanto a média de escore das pessoas sedentárias foi de 3,8 polegadas (-9,65 centímetros).

Teste de Alcançar as Costas

O objetivo do teste de alcançar as costas é avaliar a flexibilidade do segmento superior do corpo, sobretudo do ombro, que é importante para a realização de tarefas comuns, como pentear o cabelo, fechar ou abrir o zíper de uma roupa, vestir uma roupa pela cabeça ou alcançar o cinto de segurança. A redução da amplitude de movimento do ombro também pode resultar em dor e aumentar a chance de lesão e incapacidade física em idade mais avançada (Chakravarty e Webley, 1993; Magee, 1992). O teste consiste em passar uma das mãos sobre o ombro e descer o máximo possível pelas costas enquanto a outra mão, partindo da cintura, sobe pelo meio das costas tentando juntar os dedos das duas mãos. O escore representa o número de centímetros que separa os dedos médios estendidos.

Fundamentos. O teste de alcançar as costas é uma versão modificada do teste de alcançar de Apley usado há anos por terapeutas e ortopedistas como forma rápida de avaliar a amplitude geral de movimento do ombro (Gross, Fetto e Rosen, 1996; Hoppenfeld, 1976; Magee, 1992; Starkey e Ryan, 1996). O protocolo de Apley, em que o paciente deve colocar uma das mãos atrás da cabeça e a outra em direção a um ponto anatômico especificado na escápula oposta, foi ligeiramente modificado para que o paciente simplesmente tentasse juntar os dois dedos médios nas costas. A alteração no protocolo de avaliação foi a utilização de um método de quantificação mais simples para medir a amplitude de movimento em situações de campo.

Evidência da Validade. Embora não exista uma medida única de critério para o teste de Apley, os especialistas da área o consideram uma avaliação válida da amplitude de movimento do ombro (Gross et al., 1996; Hoppenfeld, 1976; Starkey e Ryan, 1996). O movimento de levar a mão atrás da cabeça passando sobre os ombros exige flexão, abdução e rotação externa do ombro. Colocar as mãos nas costas envolve extensão, adução e rotação interna do ombro.

Versões similares deste teste estão incluídas em outras baterias, como o FITNESSGRAM (Cooper Institute for Aerobics Research, 1999) e o Teste de Aptidão Física de Brockport (Winnick e Short, 1999), mas até o presente momento não foi publicado nenhum estudo descrevendo a validade de critério dessas medidas. O teste de flexibilidade de ombro do FITNESSGRAM envolve os mesmos movimentos que os do teste de alcançar as costas do TAFI, embora os sistemas de escore sejam diferentes. No FITNESSGRAM, os escores são sim (os dedos conseguem se tocar nas costas) ou não (os dedos não conseguem se tocar), enquanto na versão do TAFI, mede-se a distância entre os dois dedos médios, constituindo, assim, um sistema de escore de escala contínua. O teste de Apley modificado da bateria de Brockport avalia um braço de cada vez, enquanto a pessoa tenta levar as mãos atrás da cabeça em direção à escápula oposta. Dados de um estudo piloto não-publicado indicam alguma confirmação da relação entre os escores do teste modificado de Apley e a capacidade funcional de um grupo de indivíduos com paralisia cerebral (Winnick e Short, 1999).

A validade lógica (conteúdo) dos testes de Apley e de outros testes do mesmo tipo foi razoavelmente bem estabelecida com base no seu uso por terapeutas e médicos como instrumento de avaliação da amplitude de movimento do ombro (Gross et al., 1996; Hoppenfeld, 1976; Starkey e Ryan, 1996). Os estudos realizados para o teste de alcançar as costas do TAFI fornecem suporte para a validade do seu constructo (discriminação). O teste conseguiu detectar os declínios esperados na flexibilidade do ombro nas diversas faixas etárias (6ª a 8ª décadas de vida), bem como as diferenças esperadas em relação ao nível de atividade física (Rikli e Jones, 1999a). As médias de escore para cada um desses grupos de comparação podem ser encontradas nas Tabelas 3.2 e 3.3. Em um estudo subseqüente, Miotto et al. (1999) constataram que a flexibilidade de ombro medida pelo teste de alcançar as costas do TAFI era apenas ligeiramente inferior em idosos sedentários em comparação com um grupo de idosos ativos, diferenças estatisticamente pouco significantes. Embora ainda haja a necessidade de muitos estudos para verificar a validade de critério e de constructo do teste de alcançar as costas, as evidências que apóiam sua lógica (validade de conteúdo) como instrumento de mensuração da flexibilidade geral do ombro parecem fortes.

Teste de Levantar e Caminhar

O objetivo do teste de levantar e caminhar é avaliar a agilidade e o equilíbrio dinâmico, atributos necessários para várias funções, como levantar e executar manobras rápidas para subir no ônibus a tempo, buscar alguma coisa na cozinha, ir ao banheiro ou atender o telefone ou a porta a tempo. A pessoa deve se levantar da posição sentada, caminhar o mais rapidamente possível contornando um cone (ou algo similar) que fica a aproximadamente 8 pés (2,44 metros) de distância e retornar à posição sentada.

Fundamentos. O teste de levantar e caminhar é uma versão modificada de um protocolo publicado anteriormente em que o participante tinha de levantar e caminhar 3 metros em um prazo determinado (Podsiadlo e Richardson, 1991). O principal objetivo da mudança da distância de 9,84 pés (3 metros) foi aumentar a viabilidade da aplicação do teste em áreas com espaço limitado, sobretudo em residências. No estudo piloto do TAFI, embora muitas vezes tenha sido difícil encontrar o espaço necessário para aplicar o teste de 9,84 pés (3 metros) (que deve incluir espaço para contornar o cone), foi mais fácil encontrar espaço para a versão do teste de 8 pés (2,44 metros) (aproximadamente). Felizmente, os estudos de confiabilidade demonstraram que pouca ou nenhuma precisão se perdeu na redução da distância.

Evidência da Validade. Embora não exista nenhuma medida-padrão de critério para comparar o desempenho no teste de levantar e caminhar, constatou-se sua relação significativa com a Escala de Equilíbrio de Berg (r = 0,81), velocidade da marcha (r = 0,61) e Índice de AVDs de Barthel (r = 0,78) medida composta que envolve atividades, como entrar e sair do carro, andar e subir degraus (Podsiadlo e Richardson, 1991). Evidências anteriores também indicam que o desempenho no teste de levantar e caminhar pode diferenciar várias categorias funcionais em idosos, além de reagir a alterações decorrentes de um aumento do nível de atividade física (Podsiadlo e Richardson, 1991; Tinetti et al., 1986).

Estudos realizados especificamente na versão de levantar e caminhar aproximadamente 8 pés indicam que ela consegue identificar muito bem as alterações de desempenho em todas as faixas etárias e que, além disso, consegue detectar as diferenças relacionadas ao nível de atividade física dos participantes. Conforme visto na Tabela 3.2, houve um aumento estável da média de tempo no teste de levantar e caminhar para pessoas na 6ª década de vida (5,2 segundos) em comparação com as pessoas na 7ª (6,1 segundos) e na 8ª décadas (7,1 segundos). A Tabela 3.3 mostra que a média de escore no teste de levantar e caminhar de idosos muito ativos foi consideravelmente mais baixa (6,0 segundos) do que a dos pouco ativos (7,1 segundos). Os escores da reprodução do estudo realizado por Miotto et al. (1999) revelaram maior rapidez de idosos fisicamente ativos (4,9 segundos) em comparação com idosos sedentários (5,7 segundos).

Altura e Peso

Esse item do teste mede o índice de massa corporal (IMC) dos participantes, sendo incluído no TAFI para avaliar o peso em relação à altura, medida importante por causa da sua relação com a composição corporal (especialmente a proporção de gordura e tecido muscular magro). Em geral, as pessoas com excesso de gordura em relação à massa magra não são capazes de executar funções físicas (administrar seu corpo) tão bem como as pessoas com proporções normais de gordura e músculo. Tecnicamente, o IMC é determinado dividindo-se o peso em quilogramas pela altura em metros quadrados (IMC = kg/m^2). Uma outra fórmula usa unidades não-métricas, multiplicando-se o peso em libra por 703 e a divisão pela altura em polegadas quadradas: IMC = (lbs x 703)/in^2. O IMC também pode ser calculado usando-se uma tabela de conversão como a apresentada no apêndice E.

Embora o índice de massa corporal (IMC) não seja uma medida desenvolvida ou validada para o TAFI, foi incluído como indicador da aptidão funcional por causa de evidências anteriores que indicam a sua importância para a manutenção da mobilidade funcional. Estudos demonstram que os indivíduos com IMC elevado (ou em alguns casos com IMC muito baixo) são mais propensos à incapacidade física na velhice do que os indivíduos com proporções normais de massa corporal (Galanos et al., 1994; Harris et al., 1989; Losonczy et al., 1995). Valores elevados de IMC também estão associados com vários problemas de saúde, como hipertensão, cardiopatias e diabete tipo II (U.S. Department of Health and Human Services, 1996), cujos efeitos adversos podem afetar a mobilidade funcional.

Embora não tenha sido determinado o IMC ideal para idosos, em parte devido a alterações desconhecidas que ocorrem nos tecidos muscular e ósseo durante o envelhecimento, as sugestões abaixo podem ser usadas como parâmetro geral (American College of Sports Medicine, 1998b; Evans e Rosenberg, 1991; Galanos et al., 1994; Harris et al., 1989; Losonczy et al., 1995; Shephard, 1997):

IMC = 19-26	Faixa saudável
$\geq$ 27	Sobrepeso, associado com aumento do risco de doenças e perda de mobilidade

≤ 18	Peso abaixo do normal, pode indicar perda de massa muscular e de tecido ósseo.

Em suma, com base nas pesquisas, nos resultados dos estudos realizados para o projeto TAFI, na opinião de especialistas e nas recentes descobertas da reprodução do estudo de Miotto et al. (1999), acredita-se que existam fortes evidências de apoio aos testes do TAFI como instrumentos válidos para medir a capacidade funcional de idosos. Conforme indicado no Capítulo 2, a meta do projeto era fornecer documentação de apoio a pelo menos dois dos três principais tipos de validade (conteúdo, critério ou constructo) de cada item do teste, e acredita-se que essa meta foi alcançada. Além da validade aceitável, também é importante que os itens tenham confiabilidade aceitável de teste e reteste. Os procedimentos para estimar a precisão de reteste dos itens do TAFI são apresentados na próxima seção.

CONFIABILIDADE

A confiabilidade, assim como a validade, é uma característica essencial de um bom teste. Um teste confiável é aquele que produz escores relativamente isentos de erros de mensuração, possui confiabilidade e mantém a uniformidade de um ensaio para o outro, ou até mesmo de um dia para o outro, pressupondo-se que não haja alteração no nível de capacidade física nem nas condições do teste (American Psychological Association, 1985). A obtenção de medidas estáveis (confiáveis) é um requisito importantíssimo para os testes, sejam eles destinados a uso médico, avaliação individual ou realização de pesquisas. Um dos métodos recomendados para o cálculo da confiabilidade de um teste de desempenho físico é aplicar o teste em dois dias diferentes, normalmente com um intervalo de 2 a 5 dias e, depois, determinar a correlação entre os dois conjuntos de escores. Uma correlação alta (superior a 0,80) entre os escores do primeiro dia e os do segundo indica que a confiabilidade do teste é aceitável, significando que ele produz escores relativamente estáveis (Safrit e Wood, 1995).

Procedimentos para Calcular a Confiabilidade

Como a confiabilidade de um teste e reteste pode variar consideravelmente conforme o modo e o local em que é usado, é importante que os estudos de confiabilidade sejam realizados com a população específica de interesse e em condições semelhantes às condições em que ele tem maior probabilidade de ser usado. Por isso, em vez de buscar apoio para a confiabilidade do TAFI em pesquisas anteriores, optou-se pela realização de estudos de confiabilidade de teste e reteste especificamente para esse conjunto de testes, usando-se a modalidade em grupo e a assistência de voluntários treinados. É preciso lembrar que a intenção do teste é facilitar o seu uso em campo com treinamento mínimo de técnicos.

Os participantes do teste de confiabilidade (82 homens e mulheres, média de idade = 71,8 anos) foram recrutados em um abrigo para idosos e em turmas de idosos que faziam exercício em uma universidade. Todos os participantes tinham vida independente, andavam sem ajuda de dispositivos e não tinham nenhum problema clínico que pudesse impedir sua participação no teste. Todos os testes foram realizados por voluntários idosos treinados ou por voluntários universitários. Antes de cada teste, os participantes realizavam 8 minutos de exercícios de aquecimento e de alongamento. Todos os testes e retestes foram administrados com intervalo de 2 a 5 dias. Como o teste-piloto indicou a necessidade de um ensaio prático, a fim de obter escores estáveis tanto no teste de caminhada de 6 minutos como no teste de marcha estacionária de 2 minutos, esses itens foram aplicados em três ocasiões diferentes, sendo que o primeiro foi abordado como ensaio prático. O ensaio prático ajuda os participantes a estabelecerem um ritmo eficiente para os testes reais, aumentando, assim, a uniformidade do escore em ensaios subseqüentes.

Confiabilidade dos Itens do TAFI

O valor da confiabilidade de teste e reteste de cada item do TAFI foi estabelecido, calculando-se o coeficiente de correlação intraclasse (R) por meio de uma análise de variância unidirecional (ANOVA) adequada para a determinação da confiabilidade de um ensaio isolado (Baumgartner e Jackson, 1999). O modelo unidirecional ANOVA trata todas as fontes de variação de medida, inclusive alterações no desempenho da vida diária, como erro (falta de confiabilidade), resultando, assim, em estimativa de estabilidade e confiabilidade mais precisa. Os resultados mostram valores de correlação teste/reteste entre 0,80 e 0,98, indicando confiabilidade aceitável para todos os itens do TAFI (Rikli e Jones, 1999a). Ver tabela 3.4 para valores de *r* específicos e intervalos de confiança para cada item do teste. Segundo os padrões da APA (American Psychological Association, 1985), os intervalos de confiança devem ser mencionados sempre acompanhados pelos valores de *r*, facilitando a sua interpretação. Na verdade, qualquer valor de *r* isolado é apenas a melhor estimativa do verdadeiro, com a expectativa de que o valor real se enquadre no intervalo de confiança.

Além de serem válidos e confiáveis, é importante que os testes tenham algum tipo de padrão de desempenho que possa ser usado na avaliação dos resultados. A próxima seção descreve os procedimentos seguidos no desenvolvimento desses padrões para o TAFI.

Tabela 3.4 Confiabilidade de Teste e Reteste (*r*) e Intervalos de Confiança (IC) de 95% para os Itens do Teste de Aptidão Física para Idosos

Item do Teste	Todos os Participantes			Homens			Mulheres		
	r	(IC)	*n*	*r*	(IC)	*n*	*r*	(IC)	*n*
Levantar da Cadeira	0,89	(0,79-0,93)	76	0,86	(0,77-0,90)	34	0,92	(0,87-0,95)	42
Flexão de Braço	0,81	(0,72-0,88)	78	0,81	(0,66-0,90)	36	0,80	(0,67-0,89)	42
Caminhada de 6 Minutos	0,94	(0,90-0,96)	66	0,97	(0,92-0,99)	23	0,91	(0,84-0,95)	43
Marcha Estacionária de 2 Minutos	0,90	(0,84-0,93)	78	0,90	(0,80-0,95)	36	0,89	(0,83-0,94)	42
Sentar e Alcançar os Pés	0,95	(0,92-0,97)	76	0,92	(0,85-0,96)	34	0,96	(0,93-0,98)	42
Alcançar as Costas	0,96	(0,94-0,98)	77	0,96	(0,93-0,98)	35	0,92	(0,86-0,96)	42
Levantar e Caminhar	0,95	(0,92-0,97)	76	0,98	(0,96-0,99)	34	0,90	(0,83-0,95)	42

Reproduzido de Rikli e Jones, 1999.

PADRÕES DE DESEMPENHO

Os padrões de desempenho podem basear-se em normas ou em critérios. Os padrões que fornecem base para a comparação do escore de um indivíduo com o de outros indivíduos dentro de um grupo específico são chamados de padrões normativos ou normas. As normas do teste são estatísticas que resumem o desempenho típico de uma população específica de indivíduos. Os padrões com base em critério, por outro lado, identificam escores associados com uma categoria específica de saúde ou de desempenho. A meta do TAFI foi estabelecer padrões normativos e começar a identificar o escore-limite (critério) nos itens do teste associados com risco de perda de mobilidade.

Estabelecendo Padrões Normativos

Os escores normativos são desenvolvidos por meio da aplicação de testes em um grande número de pessoas que compõem uma população especificamente definida, condensando-se, depois, esses dados por meio do uso de estatística descritiva. Um método comum de organizar dados normativos é o de tabelas de percentil. Essas tabelas indicam a equivalência de percentil (classificação) associado com qualquer escore bruto. Escores brutos são os escores diretos de cada item, como o número de metros percorridos durante o teste de caminhada de 6 minutos ou o número de repetições realizadas em 30 segundos no teste de flexão de braço. Um escore bruto localizado no ponto central da distribuição de uma faixa etária específica equivaleria ao 50º percentil dessa distribuição, significando que 50% dos que se submeteram ao teste obtiveram um escore inferior a esse escore específico e os outros 50% obtiveram escore superior. Assim, um escore bruto situado no 75º percentil indicaria que 75% da população obteve escore abaixo desse valor e apenas 25%, acima. No TAFI, os escores relativos ao percentil são relatados separadamente para homens e mulheres em faixas etárias divididas em cinco anos dos 60 aos 94 anos. A seção seguinte descreve os procedimentos e os resultados do estudo de âmbito nacional realizado para estabelecer os escores normativos para o TAFI (Rikli e Jones, 1999b).

Procedimentos para Estudo Normativo

Os testes para o estudo normativo ocorreram ao longo de um período de 18 meses durante 1997 e 1998. A solicitação de locais de teste para coleta de dados deu-se por meio de anúncios em vários encontros e seminários de profissionais e em revistas, jornais e periódicos. O recrutamento de voluntários idosos foi feito por meio de anúncios em centro de idosos e comunidades semelhantes, além de anúncios em jornais, rádio e televisão locais.

Os requisitos para inclusão no estudo foram: residir em instituições de abrigo para idosos, ter vida independente, andar sem ajuda de dispositivos e não ter nenhum problema de saúde que impedisse a participação no teste. A amostra oficial do estudo contou com a participação de 7.183 voluntários (5.048 mulheres e 2.135 homens), com idades entre 60 e 94 anos, e 267 locais de teste em 21 estados norte-americanos. A Tabela 3.5 apresenta um resumo das características dos participantes.

Para uniformizar ao máximo os procedimentos, grande ênfase foi dada ao treinamento dos aplicadores do teste e seus assistentes. Foram realizados seminários de treinamento para a maior parte dos coordenadores de cada estado participante. Os coordenadores estaduais, por sua vez, realizaram seminários de treinamento para técnicos e assistentes locais. Um manual de teste e uma fita de vídeo contendo instruções distribuídos para a equipe do teste, constituíram uma fonte adicional de informações e treinamento.

Os testes, em geral, ocorreram em grupos de 24 participantes e foram administrados em circuitos de seis seções montados em uma grande sala. Após um aquecimento de 8 a 10 minutos, os participantes eram distribuídos uniformemente entre as seis seções para dar início ao teste. Para diminuir ao máximo os efeitos da fadiga, as seções obedeceram à seguinte ordem: (1) teste de sentar e levantar, (2) teste de flexão de braço

(3) medidas de altura e peso e teste de marcha estacionária de 2 minutos, (4) teste de sentar e alcançar, (5) teste de alcançar as costas (6) teste de levantar e caminhar. Um diagrama do circuito utilizado para os testes em grupo pode ser encontrado no Capítulo 4, Figura 4.11. Conforme indicado, quando se usou o teste de marcha estacionária de 2 minutos para avaliar a resistência aeróbia em vez da caminhada de 6 minutos (devido à falta de espaço ou ao mau tempo), ele foi inserido na seção de altura e peso. Quando se usou a alternativa da caminhada de 6 minutos, ela foi administrada em grupo após o término de todos os outros testes. Uma descrição detalhada dos procedimentos pode ser encontrada em um artigo escrito por Rikli e Jones (1999b).

Resultados dos Estudos e Características dos Participantes

Os dados do estudo forneceram escores de desempenho normativo com base no percentil para homens e mulheres separadamente distribuídos em faixas etárias de 60 a 94 anos a cada cinco anos. Os equivalentes do escore de percentil para os escores brutos de todos os itens do teste são apresentados nas tabelas de percentil normativo do Apêndice H. Em uma distribuição de escores, a classificação por percentil representa o ponto abaixo do qual se situa uma determinada porcentagem de escores. Um escore bruto situado no 25º percentil, por exemplo, indica que 25% dos escores dessa faixa etária específica seriam inferiores àquele escore enquanto 75% seriam superiores. O Capítulo 5 apresenta tabelas da faixa de escores considerada normal para homens e mulheres (ver Tabelas 5.3 e 5.4) que constituem uma alternativa mais fácil para trabalhar com dados normativos. Essas tabelas apresentam apenas as faixas normais de escore, definidas como as que representam os 50% centrais de cada faixa etária e gênero de cada teste, isto é, escores que se situam entre o 25º e o 75º percentis. Escores acima da faixa normal são interpretados como acima do normal, enquanto os que se situam abaixo são interpretados como abaixo do normal.

Os dados do estudo normativo do TAFI também fornecem importantes informações sobre os valores e índices de declínio comuns neste corte transversal de idosos. Conforme ilustra a Figura 3.1, os dados revelam padrões de declínio de desempenho físico nitidamente estáveis nos escores da maioria das faixas etárias agrupadas em intervalos de cinco anos tanto para homens como para mulheres em todos os itens do teste. A análise estatística desses dados indica que o declínio médio da maioria das faixas etárias agrupadas em intervalos de cinco anos foi estatisticamente significante tanto para homens como para mulheres (Rikli e Jones, 1999b). O índice de declínio em variáveis de idades entre 60 e 94 anos foi na faixa de 30 a 45%, resultando em uma perda de força, resistência, agilidade e equi-

Tabela 3.5 Características dos Participantes: Médias e Desvios-Padrão (entre parênteses)

	Grupo Etário							
	Combinado	60-64	65-69	70-74	75-79	80-84	85-89	90-94
Total de pessoas	7.183	861	1.566	1.813	1.451	784	470	234
Mulheres	5.048	620	1.084	1.298	987	543	354	158
Homens	2.135	241	482	515	464	241	116	76
Média de idade (anos)								
Mulheres	73,3 (7,6)	62,1 (1,5)	67,1 (1,4)	72,0 (1,4)	76,8 (1,4)	81,4 (1,2)	86,1 (1,1)	92,0 (2,1)
Homens	73,4 (7,4)	62,2 (1,4)	67,1 (1,4)	72,1 (1,5)	76,9 (1,4)	81,4 (1,1)	86,0 (1,0)	92,3 (1,9)
Altura (polegadas)								
Mulheres	63,2 (2,8)	64,0 (2,7)	63,7 (2,8)	63,4 (2,7)	62,9 (2,7)	62,4 (2,7)	62,2 (2,6)	61,1 (3,1)
Homens	68,7 (3,1)	69,4 (2,9)	69,3 (3,2)	68,8 (3,1)	68,5 (2,9)	68,1 (3,1)	67,6 (3,0)	66,5 (3,3)
Peso (libras)								
Mulheres	146,5 (28,4)	153,6 (32,4)	153,3 (30,5)	149,7 (27,4)	142,9 (24,6)	136,8 (23,1)	134,0 (22,0)	128,2 (23,7)
Homens	178,8 (28,5)	187,6 (31,0)	187,5 (30,1)	178,8 (26,5)	176,4 (26,6)	172,6 (24,9)	161,9 (22,9)	155,5 (20,5)
Grau de escolaridade (número de anos)	14,5 (3,3)	14,8 (2,9)	14,5 (2,9)	14,4 (3,0)	14,5 (2,9)	14,4 (2,9)	14,6 (3,2)	14,9 (3,9)
Doenças crônicas (número)	1,7 (1,4)	1,4 (1,3)	1,5 (1,3)	1,6 (1,3)	1,9 (1,4)	2,0 (1,4)	2,0 (1,4)	2,1 (1,8)
Medicamentos (número de prescrições)	1,6 (1,6)	1,1 (1,4)	1,4 (1,6)	1,5 (1,6)	1,7 (1,6)	1,8 (1,6)	1,9 (1,6)	1,7 (1,7)
Qualidade de vida (1 = muito baixa; 7 = muito alta)	5,3 (1,0)	5,5 (1,0)	5,4 (1,0)	5,3 (0,9)	5,3 (0,9)	5,1 (1,0)	5,1 (1,0)	5,1 (1,1)
Depressão (1 = nenhuma; 7 = severa)	2,0 (1,0)	2,1 (1,0)	2,0 (0,9)	2,0 (1,0)	2,1 (1,0)	2,1 (1,1)	2,1 (1,2)	1,9 (0,9)
Exercício moderado (%) (≥ 3 dias/semana)	65,3	69,2	70,1	69,2	63,8	58,7	54,0	46,0
Condição de saúde auto-relatada								
Muito boa	56,9	65,0	64,7	57,7	53,6	47,2	44,7	49,5
Boa	34,1	27,7	28,4	34,8	36,6	40,8	42,3	34,7
Razoável	9,0	7,3	6,9	7,5	9,8	12,0	13,0	16,4

(continua)

Tabela 3.5 Características dos Participantes: Médias e Desvios-Padrão (entre parênteses) (cont.)

	Grupo Etário							
	Combinado	60-64	65-69	70-74	75-79	80-84	85-89	90-94
Nível funcional (%)*								
Avançado	47,4	66,6	58,8	51,9	42,2	30,1	21,0	14,0
Moderado	35,4	25,4	32,7	35,0	42,0	40,0	40,1	28,5
Baixo	17,2	8,0	8,5	13,1	15,8	29,9	38,9	57,5
Etnia (%)								
Caucasiano	89,1	80,0	87,5	88,2	92,6	94,2	94,5	90,2
Afro-americano	2,5	4,7	2,3	2,1	2,0	1,6	3,0	2,8
Hispânico	4,2	8,0	5,4	5,4	2,6	0,9	0,8	2,1
Outros	4,2	7,3	4,8	4,3	2,7	3,3	1,6	4,9

*Os índices funcionais se basearam nas respostas a uma Escala Composta de Função Física de 12 itens (Rikli e Jones, 1998) em que os participantes tinham que indicar sua capacidade de realizar atividades da vida diária, incluindo cuidados pessoais, como tomar banho, vestir-se (atividades básicas da vida diária - ABVD) e inúmeras atividades, como tarefas domésticas, jardinagem, caminhada e carregar objetos (atividades necessárias à vida independente dentro da instituição - AIVD), e atividades de nível avançado, como transporte de objetos pesados, prática de esportes e dança aeróbia (exercício vigoroso). Os participantes com nível avançado de capacidade funcional foram os que conseguiram realizar os 12 itens sem nenhuma dificuldade. Os indivíduos de capacidade funcional moderada foram os que conseguiram realizar 7 dos 12 itens sem nenhuma dificuldade. Os indivíduos com baixa capacidade funcional foram os que conseguiram realizar 6 ou menos tarefas sem nenhuma dificuldade funcional ou assistência. Especificamente, os indivíduos com baixo nível de capacidade funcional foram os que indicaram que não conseguiam realizar sem dificuldade pelo menos três AIVD, como andar 800 metros, levantar e carregar 5 kg (equivalente a um pacote de compras de supermercado) e tarefas domésticas, como esfregar o chão e passar aspirador. Reproduzido de Rikli e Jones, 1999.

líbrio dinâmico de cerca de 1 a 1,5% por ano ou 10 a 15% por década. A porcentagem exata de declínio para os dois testes de flexibilidade não foi calculada, uma vez que as escalas de mensuração envolviam um ponto zero determinado arbitrariamente, tornando inadequada a realização de cálculos relacionados à proporção. As médias exatas e os desvios-padrão para todas as variáveis podem ser encontrados em Rikli e Jones, 1999b.

Como também se observa na Figura 3.1, o padrão e o índice de declínio de acordo com a idade são semelhantes para homens e mulheres. Entretanto, existem diferenças definidas quanto ao gênero nos itens do teste, pois os homens invariavelmente apresentam escores mais elevados do que as mulheres nos testes de força, resistência, agilidade e equilíbrio. As mulheres, por sua vez, refletem a mesma invariabilidade no resultado superior da mensuração de flexibilidade. Essas diferenças de gênero foram constantes em todas as faixas etárias e em todos os itens do teste (Rikli e Jones, 1999b).

Novamente, é importante lembrar que esses escores normativos representam índices médios de declínio em cada faixa etária e podem ser completamente diferentes para diferentes subgrupos de pessoas. Conforme ilustra a Figura 3.2, por exemplo, os idosos que praticam atividade física regularmente, em geral, têm melhores distribuições de escore do que os menos ativos, sendo que todas as comparações são altamente significativas (Jones e Rikli, 1999). Além disso, não só os escores de pessoas ativas foram mais altos, como também o índice médio de declínio de desempenho entre 60 e 94 anos foi menor nos participantes ativos do que nos inativos (31% contra 44%).

Os dados indicam que no caso dos indivíduos sedentários, cerca de 50% do declínio de desempenho pode ter tido início por serem inativos. Os dados do teste de levantar da cadeira na Figura 3.2a confirmam isso. Nas três décadas, partindo do início da 6ª até o final da 9ª, o desempenho no teste de levantar da cadeira de indivíduos inativos declina cerca de 7 pontos, passando de uma média de escore de aproximadamente 14 para aproximadamente 7. Entretanto, por volta dos 90 anos, o escore dos indivíduos ativos é 3,5 pontos mais elevado (a média exata é 10,5 conforme relatado em Rikli e Jones, 1999a), indicando, assim, que 50% da perda de força nos membros inferiores de indivíduos inativos poderia ter sido evitada se tivessem sido ativos. Em outras palavras, sendo ativos, em vez do declínio de escore de 14 para 7, os indivíduos teriam um escore de 10,5 (perda de 3,5 pontos em vez de 7 no desempenho do teste de levantar da cadeira).

Ao calcular "índices de poupança" semelhantes para os outros itens de aptidão física, constatou-se que a porcentagem média de perda que poderia ser evitada por meio da atividade física é 52%. Trata-se de uma estatística especialmente importante quando se leva em conta que uma redução de 50% do declínio relacionado à idade se traduz, ao longo de um período de 30 anos, em uma "vantagem de aptidão física" de 15 anos para os ativos em comparação com os inativos. Essas estatísticas se confirmam em vários outros estudos quando indicam que a participação regular em atividade física moderada pode reduzir o declínio físico em 50% e retardar a deterioração em cerca de 10 a 20 anos (Chandler e Hadley, 1996; Lacroix et al., 1993; Morey et al., 1998; Seeman et al., 1995; Shephard, 1997; Stewart et al., 1994). Em outras palavras, os dados do TAFI e de outros estudos indicam que as pessoas sedentárias tendem a sofrer o dobro de perdas físicas em comparação com as ativas.

Ao interpretar os dados e, especificamente, ao usar os padrões normativos para interpretar escores individuais, a preocupação maior deve ser com as características da população do estudo (normativo). Conforme indicado na Tabela 3.5, a população que participou deste estudo era composta por 89,1% de caucasianos, 4,2% de hispânicos, 2,5% de afro-americanos e 4,2% de outros grupos (2,3% dos quais eram asiáticos). Essas proporções são bastante próximas das estatísticas nacionais dos Estados

Unidos, com exceção da população afro-americana, que está sub-representada em nosso estudo e da população de "outros", que está ligeiramente sobre-representada. Os reais percentuais raciais e étnicos dos Estados Unidos para a população de 65 ou mais são 86,7% de caucasianos, 3,7% de hispânicos, 8,0% de afro-americanos e 1,6% de "outros" (U.S. Bureau of the Census, 1996).

De modo geral, os participantes do estudo eram fisicamente independentes e possuíam bom nível de escolaridade (todos os grupos relataram uma média superior a 14 anos de freqüência escolar), em geral eram fisicamente ativos (mais de 50% na maioria das faixas etárias relataram atividade física moderada de no mínimo 30 minutos por dia, 3 vezes por semana), saudáveis, consideravam ter alta qualidade de vida, tinham baixos níveis de depressão e em geral, relataram nível de capacidade funcional de moderado a alto na sétima e oitava décadas de vida. Embora as características dos participantes voluntários do TAFI sejam diferentes das características da população de idosos em geral, não diferem muito dos dados relatados em outras amostras semelhantes de larga escala composta por idosos com vida independente, residentes em abrigos, como no Estudo Longitudinal de Envelhecimento de Baltimore - LSOA (Rakowski e Mor, 1992), Populações Determinadas para Estudos Epidemiológicos de Idosos – EPESE (Schoenfeld, Maimrose, Blazer, Gold e Seeman, 1994; Seeman et al., 1994; Simonsick, et al., 1993) e o Centro Nacional de Exames de Saúde e Nutrição – NHANES (Hubert, Bloch e Fries, 1993).

No TAFI, por exemplo, o índice auto-relatado de participação em atividade física moderada foi 65% comparado com 68% relatado na população do EPESE (Simonsick et al., 1993) e 58% nos dados do NHANES (Hubert et al., 1993). Com respeito à saúde, 91% dos participantes do TAFI relataram estado de saúde bom, muito bom e excelente em comparação com 70% nos dados do LSOA (Rakowski e Mor, 1992) e 73,2% nos estudos do EPESE (Schoenfeld et al., 1994). Entretanto, os participantes do LSOA e do EPESE tinham idade superior a 70 anos, enquanto os do TAFI tinham idade superior a 60 anos. O número de portadores de doenças crônicas (média = 1,3) relatado nos dados do NHANES para participantes com média de idade de 62,2 (Hubert et al., 1993) é praticamente idêntico ao número médio de 1,4 de problemas de saúde relatados pelos participantes do TAFI de 60 a 64 anos. Além disso, a média de problemas de saúde relatados em todas as faixas etárias do TAFI parece ser razoavelmente compatível com as estatísticas do EPESE, indicando que 63% tinham menos de dois problemas de saúde e apenas 37% relatou dois ou mais problemas (Schoenfeld et al., 1994; Seeman et al., 1994).

Uma área em que os participantes do TAFI podem apresentar diferenças significativas em relação a outros estudos é o nível de escolaridade.

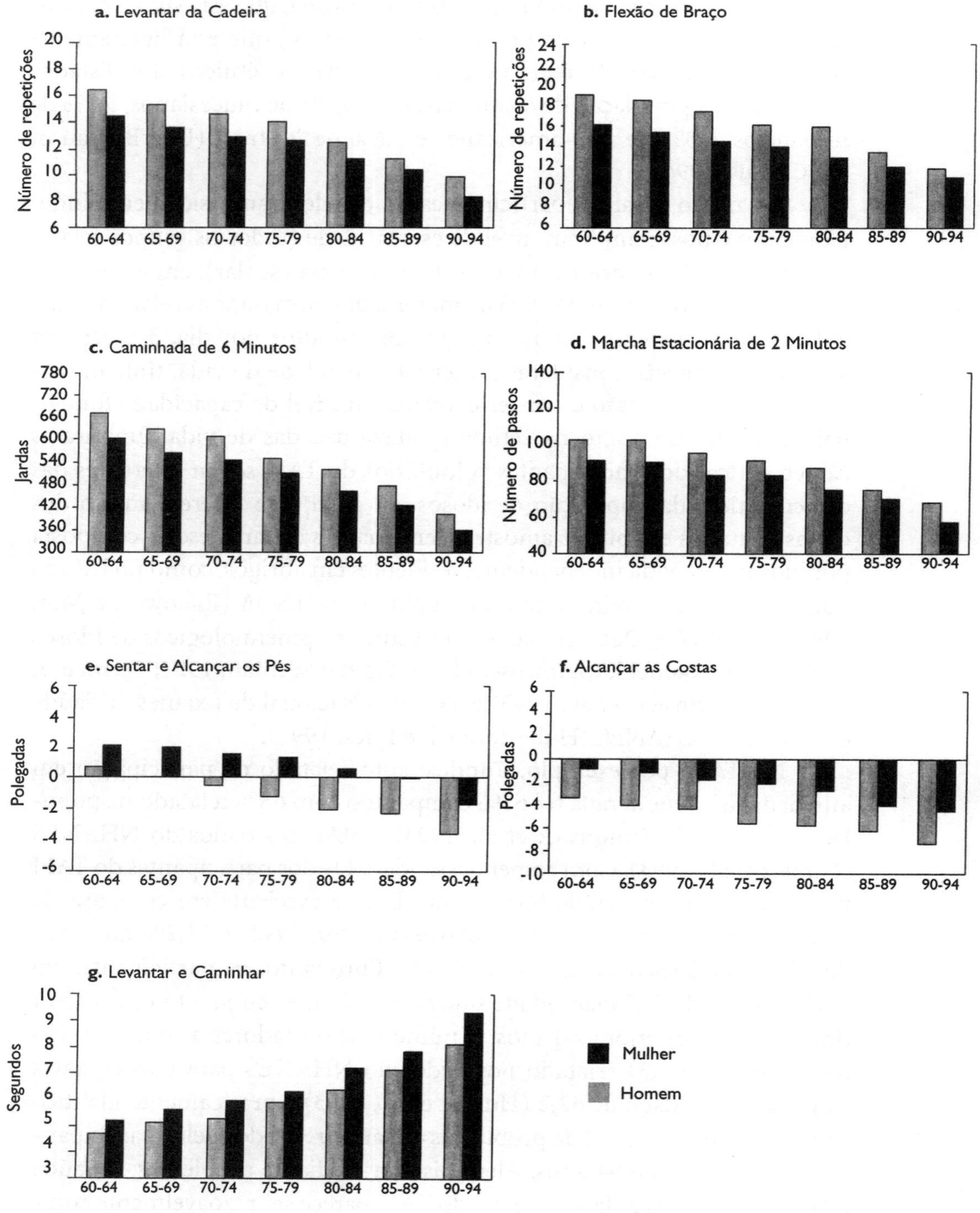

Figura 3.1 Média de escores de aptidão física em faixas etárias divididas em cinco anos para homens e mulheres. Reproduzido de Rikli e Jones, 1999.

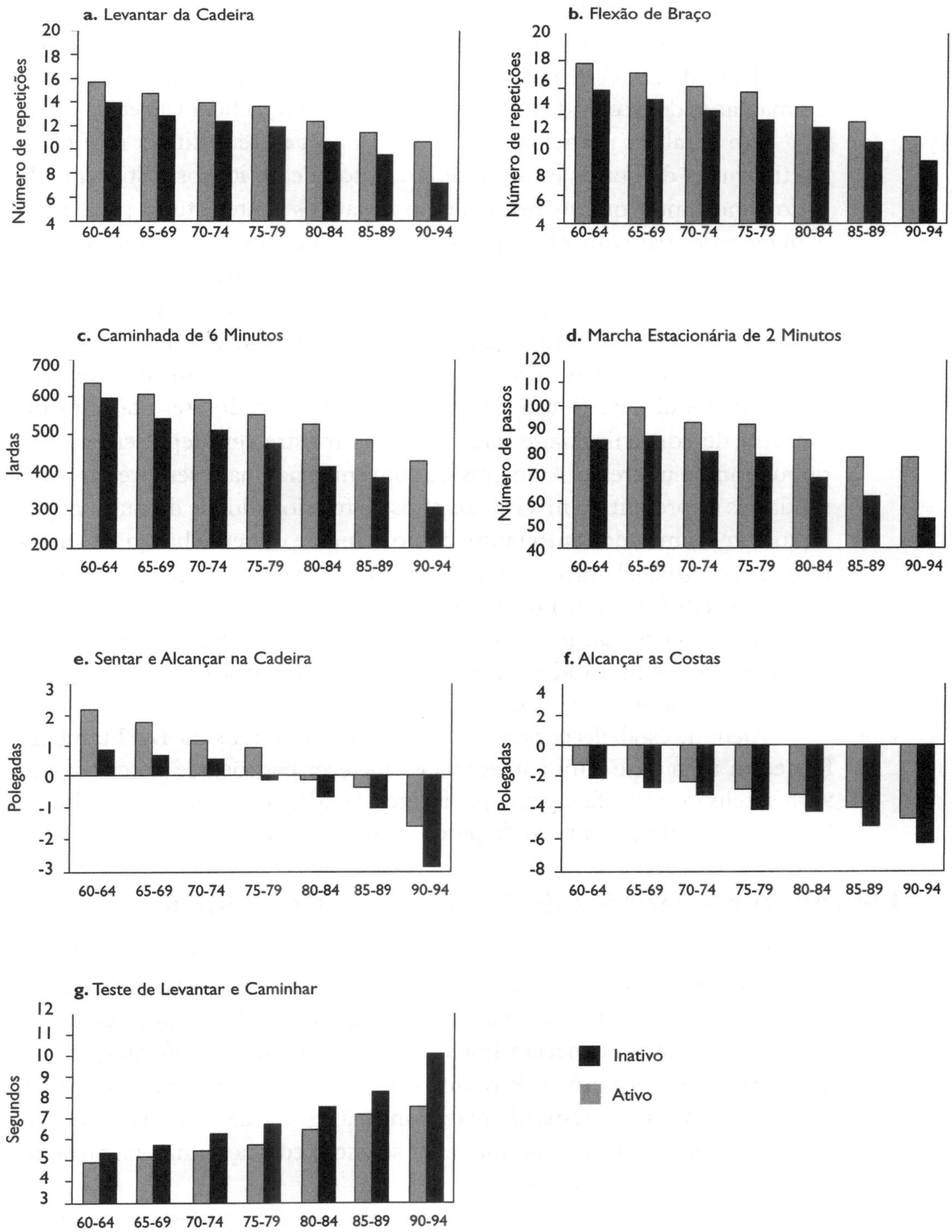

Figura 3.2 Escores de aptidão física em faixas etárias divididas em cinco anos para participantes ativos e inativos.

Os participantes do TAFI relataram uma média de 14,5 anos de freqüência escolar, que equivaleria a 2,5 anos além do ensino médio. As estatísticas tanto dos sujeitos do LSOA quanto do EPESE indicam que apenas 47% tinham 12 ou mais anos de escolaridade (Rakowski e Mor, 1992; Schoenfeld et al., 1994).

No geral, os participantes do TAFI não parecem diferir muito dos participantes de outros estudos de larga escala com idosos institucionalizados, indicando que os resultados normativos deste estudo podem ser generalizados para outros grupos semelhantes de idosos. Entretanto, é preciso ter cuidado ao usar as normas do TAFI para interpretar escores de indivíduos que diferem dos representados nesses estudos. É importante lembrar que o TAFI foi projetado para idosos independentes e residentes em instituições e que as normas do teste se baseiam em amostra voluntária dessa população. O uso de voluntários nos estudos resulta em uma amostra de conveniência, e não em uma amostra que represente a real população de interesse. Amostras de conveniência quase sempre são mais saudáveis e apresentam níveis mais altos de funcionalidade do que a população como um todo. Entretanto, como o índice de semelhança de características é razoável entre os participantes do TAFI e de outros grupos de voluntários de idosos, as normas fornecem padrões razoáveis de comparação para a maioria das pessoas com probabilidade de se submeter ao teste — participantes motivados de programas da comunidade, programas de teste individual ou pesquisas.

Além de estabelecer padrões normativos, os dados do TAFI também fornecem uma base para começar a estabelecer padrões de critérios para vários itens do teste. Seu principal interesse é identificar possíveis valores-limite que signifiquem risco de perda da mobilidade funcional.

Identificando Padrões de Critérios de Referência

Os padrões de critério são desenvolvidos por meio da identificação de escores associados com uma meta específica ou categoria de interesse, como ser saudável ou funcionalmente independente. Em muitos casos, os padrões de critério fornecem tipos mais importantes de informações do que os padrões normativos. Para um idoso de 60 anos, por exemplo, saber que o seu nível de colesterol corresponde à média da sua faixa etária é muito menos importante do que saber se isso o coloca ou não na faixa de risco de problemas cardíacos.

Em relação ao TAFI, acredita-se que as informações importantes possam ser obtidas tanto de padrões normativos como de padrões de critérios de referência. Os padrões normativos fornecem a base para avaliação de nível de aptidão física de um indivíduo, sobretudo o índice de mudança do nível de aptidão ao longo dos anos, em comparação com outras pessoas da mesma idade. Os padrões de critério, por outro lado, podem ajudar na identificação do nível de aptidão física para manter a independência funcional. Como a definição de padrões relacionados a critério envolve a relação entre escore específico e uma condição específica, como a capacidade funcional, é importante compreender o modo de definir e avaliar a condição de critério.

Definição de Capacidade Funcional

Como uma das metas do TAFI era identificar o limiar dos escores de aptidão associados com o risco de perder a condição de independência funcional, além de testar os níveis de aptidão física dos participantes, o teste também avaliou seus níveis de capacidade funcional. Especificamente, a capacidade funcional foi auto-avaliada por meio de uma escala composta de função física (ECFF) previamente avaliada quanto à confiabilidade e validade (Rikli e Jones, 1998). A ECFF de 12 itens foi projetada para avaliar a função dentro de uma ampla faixa de capacidades – desde atividades básicas da vida diária (AVD; p. ex., vestir-se e tomar banho sozinho) até atividades intermediárias ou instrumentais da vida diária (AIVD; p. ex., tarefas domésticas e compras), além de atividades avançadas, como tarefas domésticas pesadas, esportes e exercício.

Os escores da ECFF foram usados para classificar a capacidade funcional dos indivíduos, sendo os indivíduos com capacidade mais elevada os que indicaram que poderiam realizar os 12 itens sem nenhuma dificuldade e os com capacidade mais baixa, os que indicaram que não conseguiriam realizar mais de 50% (6 ou menos) das tarefas sem dificuldade. Mais especificamente, os indivíduos com baixa capacidade funcional foram os que não conseguiriam realizar sem dificuldade no mínimo três ou mais AIVD comuns associadas com vida independente na comunidade – levantar peso de 10 libras (5 kg), caminhar 1/2 milha (800 metros), subir um lance de escadas e realizar a rotina de atividades domésticas, como passar aspirador e esfregar o chão. Conforme se pode ver na Tabela 3.5, em todas as faixas etárias houve pessoas com alta e com baixa capacidade funcional. A tendência clara, obviamente, foi um decréscimo gradual com o passar dos anos no percentual de pessoas que se auto-avaliaram como sendo altamente funcionais e um aumento gradual na porcentagem dos que se consideraram com baixa capacidade funcional. De especial interesse para esta análise, entretanto, é o nível de aptidão física que está associado com o baixo nível de capacidade funcional e com o risco potencial de perda de independência física.

Identificação dos Pontos de Referência dos Critérios Associados com Perda de Mobilidade Funcional

Os dados do estudo do TAFI revelaram uma forte associação positiva entre o nível de aptidão física e o nível de capacidade funcional auto-relatada, estando os escores de alta aptidão associados com alta capacidade funcional e os escores de baixa aptidão física com baixa capacidade funcional (Rikli e Jones, 2000). Embora não sendo conclusivos, os escores médios de aptidão física dos que relataram dificuldades com atividades diárias comuns associadas com vida independente (p. ex., levantar 10 libras (5 kg), caminhar 1/2 milha (800 metros), subir degraus ou realizar tarefas domésticas) fornecem um tipo de valor-limite ou ponto de referência relativo ao critério que está associado com perda de mobilidade funcional. A Tabela 3.6 apresenta as pontuações médias de aptidão física associadas com níveis altos e baixos de capacidade funcional auto-relatados. Além disso, as fichas de desempenho indicando as zonas de escore de risco associadas com perda de função são apresentadas no Capítulo 5. A capacidade de identificar e felizmente recuperar baixos níveis de desempenho físico é particularmente importante considerando-se vários estudos recentes que indicam o baixo nível de aptidão física como o principal previsor de incapacidade subseqüente na velhice (Gill et al., 1996; Gill, Williams e Tinetti, 1995; Guralnik et al., 1995; Morey et al., 1998).

Tabela 3.6 Médias e Desvios-Padrão de Aptidão (entre parênteses) para Homens e Mulheres com Níveis Altos e Baixos de Capacidade Funcional

Item do Teste	Capacidade Funcional Auto-relatada			
	Alta capacidade		Baixa capacidade	
	Homens	Mulheres	Homens	Mulheres
Levantar da Cadeira (número de repetições em 30 segundos)	15,5 (4,2)	14,1(3,6)	8,3 (3,4)	8,4 (4,1)
Flexão de Braço (número de repetições em 30 segundos)	18,0 (4,9)	15,7 (4,6)	10,8 (3,5)	11,0 (3,9)
Caminhada de 6 Minutos (total percorrido em metros)	636 (96)	589 (84)	360 (138)	362 (135)
Marcha Estacionária de 2 Minutos (número de repetições em 2 min)	100 (24)	94 (24)	65 (25)	65 (25)
Sentar e Alcançar os Pés (em centímetros a partir dos dedos do pé)	0,2 (4,5)	2,4 (3,6)	-3,8 (4,8)	-1,9 (4,1)
Alcançar as Costas (em centímetros a partir dos dedos médios)	-4,0 (4,7)	-0,9 (3,5)	-8,0 (5,7)	-4,5 (4,7)
Levantar e Caminhar (em segundos)	5,1 (1,2)	5,5 (1,1)	8,9 (2,9)	8,8 (3,2)

Reconhecidamente, esses valores iniciais de critério são vagamente definidos e carecem de mais pesquisas para confirmar sua validade. Nesse ínterim, entretanto, acredita-se que esses números podem fornecer diretrizes (pontos de referência), antes indisponíveis, para interpretar a capacidade física de idosos. Os usuários dos testes também são advertidos de que os escores-limite usados para descrever as zonas de risco foram desenvolvidos com base em médias de grupos e que podem não se aplicar a todos os indivíduos. Pessoas de baixa estatura, por exemplo, podem não ter bons escores comparados com outros da sua faixa etária, mas podem, de fato, ser totalmente capazes de administrar seu corpo e ambiente.

RESUMO

Os testes publicados devem ser válidos e confiáveis, e devem ser acompanhados por padrões de desempenho para ajudar a interpretação dos escores. O ideal é que os testes sejam validados usando-se múltiplas fontes de evidência, que incluem as evidências relacionadas ao conteúdo, ao critério e ao constructo.

As evidências de conteúdo (lógicas) do TAFI, que se referem à relevância das categorias de aptidão selecionadas, foram fornecidas pela revisão da literatura e por opiniões de especialistas, a maioria das quais foi relatada no Capítulo 2, nas discussões sobre Bases Conceituais e Parâmetros de Aptidão Funcional. As evidências relacionadas ao critério foram documentadas pela demonstração da correlação (valores de *r*) entre desempenho em cada item do teste e desempenho em uma medida reconhecida de critério, toda vez que foi possível identificar um critério. Conforme identificado na Tabela 3.1, os valores de correlação variaram de 0,71 a 0,84, indicando validade de critério moderada. A validade relacionada ao constructo, determinada por meio do método das "diferenças de grupo" (Safrit e Wood, 1995), foi comprovada pela capacidade do TAFI de detectar as diferenças esperadas de desempenho de uma faixa etária para outra (Tabela 3.2) e entre pessoas altamente ativas em contraposição a pouco ativas (Tabela 3.3).

A confiabilidade de teste e reteste do TAFI foi avaliada por meio dos procedimentos de correlação intraclasse (*R*) para comparar escores de teste no 1º dia com escores de reteste no 2º dia. Os estudos que avaliaram a confiabilidade deste instrumento foram desenhados especificamente para refletir condições semelhantes às da maioria dos testes, isto é, em grupo e dentro da instituição, usando assistentes voluntários treinados. Conforme mostrado na Tabela 3.4, os valores de *R* para teste e reteste nos itens do teste variaram de 0,80 e 0,97, indicando confiabilidade aceitável para todos os itens.

Os padrões de desempenho para o TAFI baseiam-se em um estudo de âmbito nacional que envolveu mais de 7 mil idosos de 267 localidades de teste de 21 estados dos Estados Unidos. Os dados do estudo fornecem padrões normativos de faixa etária (relatados em percentis) para homens e mulheres com idades de 60 a 94 anos. Os usuários do teste devem ser lembrados de que as normas do TAFI baseiam-se em uma amostra de voluntários composta por idosos saudáveis de vida independente, com bom nível de escolaridade e mais ativos do que o total dessa população. As características dos participantes do TAFI, entretanto, são semelhantes às de outras amostras de larga escala de idosos institucionalizados e, por isso, parecem fornecer padrões relevantes de comparação para a maioria das pessoas que provavelmente se submeterão ao teste – isto é, participantes institucionalizados que se mostrarem dispostos a isso.

Os usuários do teste devem ainda ser lembrados de que as normas representam médias de escore de faixas amplas relativas aos níveis de capacidade e que é esperada uma variação considerável no desempenho de subgrupos de idosos. Os escores dos homens e das mulheres do estudo que praticavam atividade física regular, por exemplo, em todos os itens do teste e em todas as faixas etárias mostraram-se consideravelmente mais elevados do que os das pessoas inativas ou menos ativas.

Por fim, os dados também servem de ponto de partida para o desenvolvimento de padrões relativos a critérios para o TAFI. Especificamente, a média dos escores de aptidão física dos participantes que relataram baixos níveis de capacidade funcional (isto é, os que têm dificuldade para realizar atividades da vida diária) fornece um tipo de valor-limite ou ponto de referência de critério associado com perda de mobilidade funcional. Embora sejam necessárias mais pesquisas para validar esses pontos de referência, acredita-se que os dados, antes indisponíveis, forneçam algumas diretrizes importantes para a interpretação do nível de capacidade física de idosos. O Capítulo 5 apresenta outras informações sobre o uso das tabelas e fichas de desempenho para interpretar escores individuais.

O próximo capítulo descreve os procedimentos para aplicação e pontuação dos itens do TAFI. Além disso, inclui informações necessárias à preparação adequada dos participantes para o teste, listas do material necessário, descrições de testes específicos, protocolos de escore e diretrizes para a realização dos testes em grupo e treinamento de assistentes voluntários.

capítulo

4

Aplicação do Teste

Definição de Protocolos Uniformes

O Teste de Aptidão Física para Idosos (TAFI) foi projetado para ser de fácil aplicação em instituições para idosos, sem exigir muito tempo, equipamento, especialidade técnica ou espaço. A bateria completa pode ser aplicada em cerca de 30 minutos, individualmente ou aos pares, usando-se a ajuda do par para anotar o escore. Entretanto, o projeto do teste também prevê aplicação para grupos (de até 24 pessoas) em um período de 60 a 90 minutos com a ajuda de assistentes treinados.

Os capítulos anteriores descreveram os fundamentos do TAFI, seus possíveis usos e a importância de cada parâmetro físico para manter as pessoas ativas e independentes na velhice. Este capítulo fornecerá instruções detalhadas para o planejamento e a administração dos itens do teste, e discutirá diretrizes para o teste em grupo. Mais especificamente, os tópicos são:

- Procedimentos e considerações pré-teste.
- Aplicação dos testes.
- Diretrizes para teste em grupo.

PROCEDIMENTOS E CONSIDERAÇÕES PRÉ-TESTE

Embora comparativamente o TAFI seja fácil de aplicar e seu escore seja fácil de calcular, como qualquer outro teste, ele requer planejamento cuidadoso para garantir protocolos confiáveis e dados representativos. Abaixo há uma lista de condições e procedimentos que precisa ser preparada antes do dia da aplicação. Essa preparação é importante para garantir a segurança dos participantes, a eficiência do teste e a precisão das medidas.

1. Treinamento de técnicos. As pessoas selecionadas para aplicar os itens do teste devem estar bem familiarizadas com os procedimentos - isto é, devem conhecer muito bem os protocolos para aplicá-los com rigor e registrar os escores com precisão. O cumprimento rigoroso dos procedimentos estabelecidos é essencial para a comparação com padrões normativos ou para a comparação de resultados de um mesmo teste realizado em ocasiões diferentes, como antes e depois de iniciar um programa de exercícios. Depois de familiarizados com as instruções contidas neste capítulo, os técnicos devem treinar bastante antes de aplicar o teste nos clientes.

2. Termo de consentimento livre e esclarecido/termo de responsabilidade. Se os resultados dos testes forem usados para fins de pesquisa, o examinador deverá obter um termo de consentimento livre e esclarecido dos participantes antes do teste. O objetivo desse documento é proteger os direitos dos sujeitos humanos, ou seja, garantir que eles sejam informados dos objetivos e dos riscos do teste, bem como do direito de interromper a sua participação em qualquer ocasião. Mesmo que o programa não exija, recomenda-se a assinatura de um termo de consentimento (ou algo semelhante) como forma de explicar as responsabilidades e os riscos associados com o teste. O Apêndice A traz um modelo de formulário de termo de consentimento livre e esclarecido/termo de responsabilidade com a descrição dos objetivos, riscos e protocolos do teste, bem como os direitos e as responsabilidades dos participantes.

3. Triagem dos participantes. Embora os itens do teste sejam de aplicação segura para a maioria dos idosos institucionalizados e dispensem autorização médica, existem algumas exceções. *Não* devem participar do teste sem autorização médica as pessoas que:

- tenham recomendação médica de não fazer exercícios em virtude de um problema clínico;
- tenham sofrido insuficiência cardíaca congestiva;
- atualmente manifestem dor articular, dor torácica, tontura ou angina desencadeada por esforço (aperto, pressão, dor, peso no tórax) durante o exercício; ou
- tenham hipertensão não-controlada (acima de 140 x 90 mmHg).

No formulário que os clientes costumam preencher com suas informações pessoais (nome, endereço, contato para emergência, histórico de saúde etc.) deve constar uma explicação das doenças mencionadas acima e, quando conveniente, o participante deverá trazer uma autorização médica. Pedir aos clientes para assinar um formulário de consentimento livre e esclarecido que descreva essas doenças (ver Apêndice A) é uma forma de transmitir essas informações. O apêndice B traz um modelo de autorização médica.

4. Instruções pré-teste aos participantes. Para garantir o máximo de segurança e desempenho, os participantes também devem ser informados com antecedência sobre a melhor maneira de se preparar para o teste. Especificamente, as recomendações são:

- evitar atividade física vigorosa um ou dois dias antes da avaliação;
- evitar uso excessivo de álcool durante 24 horas antes do teste;
- consumir alimentos leves uma hora antes do teste;
- usar roupas e calçados apropriados para atividade física;
- trazer um boné e óculos de sol para caminhada ao ar livre, além de óculos de leitura (se necessário) para preencher os formulários;
- trazer o termo de consentimento livre e esclarecido e autorizações médicas, se necessário; e
- informar o administrador do teste sobre qualquer problema clínico ou medicamento que possa influenciar o seu desempenho.

Além disso, para maior precisão do escore, os participantes precisam praticar com antecedência para fazer o teste de resistência aeróbia. Para isso, devem controlar o próprio tempo na caminhada de 6 minutos ou na marcha estacionária de 2 minutos. A prática ajuda a determinar o melhor ritmo para cada um. Os formulários do termo de consentimento livre e esclarecido e de autorização médica, caso seja necessário, devem ser distribuídos aos clientes junto com as instruções. O Apêndice C traz um modelo de instruções que pode ser copiado ou adaptado para qualquer programa.

5. Equipamento e material de teste. Todo o equipamento e material de teste deve estar disponível para uso antes do teste. A maior parte dos materiais necessários ao TAFI pode ser encontrada em qualquer local de exercício, pode ser trazida de casa ou adquirida em lojas locais. A Tabela 4.1 contém uma lista dos equipamentos e materiais necessários para a realização do teste, com seus possíveis locais de venda. As descrições dos itens do teste na próxima seção incluem os usos específicos de cada equipamento ou material.

6. Fichas de dados (fichas de escore). As fichas para registrar os escores do teste, semelhantes ao modelo da Figura 4.1, devem ser preparadas com antecedência. A seção "Comentários" na ficha de escore é reservada para a anotação de algum desvio do protocolo adequado. Os escores obtidos de protocolos adaptados, obviamente, não devem ser comparados com os padrões normativos, mas podem ser usados para comparações individuais de um mesmo teste realizado em ocasiões diferentes. O Apêndice D traz um modelo de ficha de escore. Observe que as informações aparecem duas vezes na mesma página, permitindo, assim, que sejam copiadas em uma folha de papel mais espesso que depois será cortada ao meio para formar duas fichas de 13 cm x 20 cm.

7. Ordem do teste. Ao planejar a ordem do teste, é importante definir o uso da caminhada de 6 minutos ou da marcha estacionária de 2 minutos para mensurar a resistência aeróbia. Se o teste usado for a marcha estacionária de 2 minutos, os itens devem obedecer à seguinte ordem para minimizar a fadiga: teste de levantar da cadeira, teste de flexão de braço, teste de marcha estacionária de 2 minutos, teste de sentar e alcançar na cadeira, teste de alcançar as costas e teste de levantar e caminhar. Se o teste usado for o da caminhada de 6 minutos, ele deverá ser administrado por último. Nesse caso, o teste da marcha estacionária é retirado da seqüência acima. Se a opção for pela aplicação dos dois testes, recomenda-se a aplicação do teste de caminhada de 6 minutos em outro dia para evitar a fadiga dos participantes. As medidas de peso e altura podem ser tomadas em qualquer ocasião, uma vez que não envolvem esforço. No caso de teste em grupo, recomenda-se que as medidas de peso e altura sejam programadas para a estação número 3, juntamente com o teste de marcha estacionária de 2 minutos, caso ele seja aplicado.

8. Condições ambientais. Os testes não devem ser administrados se a temperatura ou as condições de umidade forem desfavoráveis e oferecerem risco aos participantes. Como a tolerância à temperatura e umidade varia muito entre os indivíduos, a melhor referência é o nível de conforto de cada um. Deve-se ficar atento a sinais de hiperaquecimento ou de esforço físico

Tabela 4.1 Fabricantes/Lojas de Equipamentos e Materiais para o TAFI

Equipamento/material*	Possível Local de Venda
Cadeiras dobráveis Cronômetros Pesos manuais (2,27 e 3,63 kg) Escala Fita adesiva Corda de 76,2 cm Fita métrica longa (18,2 m) 4 cones (ou marcadores similares)	Geralmente à venda em grandes lojas de departamento e lojas de esporte.
Palito de sorvete (para contagem das voltas na caminhada de 6 minutos) Fita métrica de 152,4 cm Régua de 50 cm	Normalmente à venda em papelarias.
Contador (para o Teste da Marcha Estacionária de 2 Minutos) Lápis pequenos Etiquetas Cartões de 7,6 cm x 12,7 cm (podem ser usados como alternativa para marcar as voltas na caminhada de 6 minutos)	À venda em lojas de artigos para escritório.
Fichas de escore individuais (aproximadamente 12,7 cm x 20,32 cm)	As informações do Apêndice D podem ser copiadas em fichas de 21,6 cm X 28 cm para depois serem cortadas ao meio.
Cartazes para sinalizar os percursos (para uso no teste em grupo)	As informações do Apêndice G podem ser copiadas em papel grosso. Os cartazes também podem ser confeccionados em papel laminado.

* Para teste em grupo, haverá necessidade de várias unidades do mesmo item. Ver Tabela 4.2.

excessivo, interrompendo o teste imediatamente se houver ocorrência de sintomas ou se algum participante pedir para parar.

Equipamento e material necessário à administração do TAFI.

9. Sinais de esforço físico excessivo. O teste deve ser interrompido imediatamente diante dos seguintes sinais fisiológicos associados com hiperaquecimento e esforço físico excessivo:

- Fadiga não-habitual ou falta de ar.
- Tontura ou confusão mental.
- Contração ou dor torácica.
- Freqüência cardíaca irregular.
- Dor de qualquer tipo.
- Dormência.
- Perda do controle muscular ou de equilíbrio.
- Náusea ou vômito.
- Confusão ou desorientação.
- Visão turva.

10. Procedimentos de emergência/registro de acidente. Antes de começar o teste, é preciso estabelecer alguns procedimentos a serem seguidos em caso de emergência. Os coordenadores do teste devem saber onde se encontra o telefone mais próximo e certificar-se de que os procedimentos de emergência e os números de telefone estejam em locais visíveis. Recomenda-se a colocação de indicações que levem ao local onde está sendo realizado o teste para que, em caso de emergência, ele possa ser encontrado com faci-

Ficha de Pontuação: Teste de Aptidão Física para Idosos

Data *12/01/01*

Nome *Mary Jacob* M___ F *√* Idade *76* Altura *1,54 m* Peso *58,5 kg*

Item do Teste	Tentativa 1	Tentativa 2	Comentários
1. Teste de Levantar da Cadeira (n° de repetições em 30 seg)	*15*	N/A	*Teve dificuldade para manter a boa forma - precisa trabalhar a força dos membros superiores.*
2. Teste de Flexão de Braço (n° de repetições em 30 seg)	*10*	N/A	
3. Teste de Marcha Estacionária de 2 Minutos* (n° de passos)	*475 m*	N/A	
4. Teste de Sentar e Alcançar os Pés (centímetro mais próximo: +/-)	*+ 3,8*	*+5,08* (circulado)	Extensão de Perna: D (circulado) ou E.
5. Teste de Alcançar as Costas (centímetro mais próximo: +/-)	*-11,43*	*-7,62* (circulado)	Mão sobre o ombro: D (circulado) ou E.
6. Teste de Levantar e Caminhar (centésimo de segundo mais próximo)	*6,1* (circulado)	*6,3*	
Teste de Caminhada de 6 Minutos (n° de metros)	______	N/A	

* Omitir o Teste de Marcha Estacionária de 2 Minutos, caso o Teste de Caminhada de 6 Minutos seja aplicado.

Figura 4.1 Modelo de Ficha de Escore.

lidade. Em caso de lesão ou doença durante o teste, recomenda-se o preenchimento de um formulário de acidente com a descrição da situação e dos procedimentos seguidos. O modelo de formulário de acidente pode ser encontrado no Apêndice E.

APLICAÇÃO DOS TESTES

Esta seção descreve os procedimentos que devem ser seguidos no dia do teste. Esses procedimentos incluem o uso de atividades de aquecimento e as instruções que devem ser transmitidas aos participantes antes de iniciarem o teste. Além disso, a seção contém descrições detalhadas de todos os protocolos oficiais do TAFI.

Exercícios de Aquecimento e Instruções aos Participantes

Antes do início dos testes, os participantes devem realizar 5 a 8 minutos de aquecimento e alongamento. Não importa os tipos de atividades usadas durante o aquecimento, desde que envolvam grandes grupos musculares e não sejam vigorosas demais. Marcha estacionária, balanço dos braços, deslocamento dos pés para frente e para trás e deslocamento lateral dos pés constituem bons exercícios de aquecimento muscular. Adicionar música a essas atividades pode torná-las mais agradáveis, além de ser uma maneira divertida de iniciar a experiência do

a. Rotação da Cabeça. Lentamente girar a cabeça para a direita até sentir uma leve tensão na lateral do pescoço, sustentar durante cinco segundos e lentamente girar a cabeça de volta para o centro. Repetir o alongamento do outro lado.

b. Semicírculos com a Cabeça. Lentamente deslocar a cabeça para o lado direito até sentir uma leve tensão e girá-la para frente e para o lado esquerdo. Repetir o alongamento do outro lado.

c. Alongamento do Braço. Com a mão esquerda, segurar o cotovelo direito e lentamente passar o braço sobre o ombro até sentir uma tensão suave, sustentar a posição durante cinco segundos e repetir com o braço esquerdo.

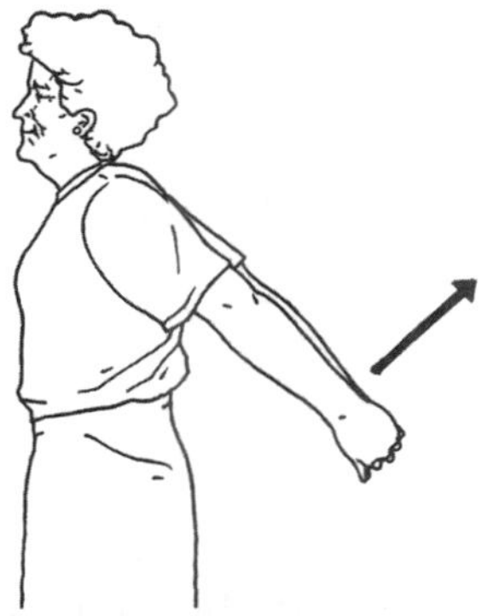

d. Alongamento do Tórax. Cruzar as mãos nas costas e lentamente levantar os braços até sentir uma leve tensão no tórax, ombros e braços; sustentar a posição durante cinco segundos.

e. Alongamento da Panturrilha. Deslocar o pé esquerdo para frente, mantendo os pés paralelos. Colocar o peso do corpo na frente, flexionando o joelho esquerdo e mantendo a perna direita estendida sem tirar o calcanhar do chão. Sustentar a posição durante 10 segundos e repetir com o pé direito à frente.

f. Alongamento dos Músculos Posteriores da Coxa. Estender a perna esquerda para frente com o pé em ligeira flexão. Fletir o joelho direito e curvar-se para frente flexionando a articulação do quadril com o apoio das mãos. Manter-se curvado até sentir uma leve tensão na parte posterior da perna esquerda. Sustentar a posição durante 10 segundos e repetir com a perna esquerda à frente. Prestar atenção para que a coluna fique em linha reta, e não convexa.

Figura 4.2 Exemplos de exercícios de alongamento para uso antes da aplicação do TAFI.

teste. Após o aquecimento, devem ser realizados alguns alongamentos simples, dedicando-se atenção especial às áreas que serão exigidas durante o teste, especialmente os músculos dos membros inferiores (posteriores da coxa) e do tronco (ombro). A Figura 4.2 ilustra alguns exercícios que podem alongar os principais músculos e articulações que serão solicitados no teste.

Orientação para Alongamento

O que fazer:

- Realizar algum tipo de atividade de aquecimento antes do alongamento (para aumentar a circulação e a temperatura do corpo).
- Gradativamente passar para o alongamento, sustentando-o de 5 a 10 segundos.
- Alongar até sentir uma leve tensão, porém sem dor.
- Repetir cada alongamento no mínimo 2 vezes.

O que não fazer:

- Dar impulso ou forçar o alongamento.
- Alongar até sentir dor.

Pouco antes do início dos testes, todos os participantes devem ser avisados de que devem se empenhar ao máximo, porém sem cometer excessos nem ultrapassar os limites da sua segurança. Esse comunicado não só padroniza as instruções para todos os participantes (as instruções foram as mesmas transmitidas durante os testes normativos), como também esclarece que o objetivo de todos os itens é o máximo de esforço sem ultrapassar o nível de *conforto* e os limites de segurança.

Instruções aos Participantes

Os participantes devem ser estimulados a se empenhar ao máximo em todos os testes, porém sem cometer excessos nem ultrapassar os limites da sua segurança.

O rigor no cumprimento dos pontos mencionados, bem como dos protocolos do teste, contribui não só para a segurança dos participantes como também para a uniformidade e confiabilidade dos procedimentos. Reforçando, os escores obtidos de protocolos alterados ou de alguma forma adaptados para atender necessidades individuais não devem ser comparados aos padrões normativos, mas podem ser usados para avaliação individual em diferentes ocasiões. A variação específica dos protocolos recomendados deve ser descrita na seção destinada a comentários da ficha de escore.

Protocolos Oficiais do TAFI

Esta seção oferece uma descrição completa dos protocolos do TAFI. Cada item menciona o seu objetivo, o equipamento necessário, os procedimentos, as instruções de escore e as considerações específicas sobre segurança e adaptação. Em todos os testes o instrutor deve primeiramente demonstrar os procedimentos adequados em ritmo lento para garantir que os participantes compreendam o que se espera deles. Depois, em todos os testes cronometrados (levantar da cadeira, flexão de braço, marcha estacionária de 2 minutos, levantar e caminhar e caminhada de 6 minutos), a demonstração deve ser repetida em ritmo mais rápido para ilustrar que o objetivo é o máximo de empenho sem ultrapassar os limites de segurança.

TESTE DE LEVANTAR DA CADEIRA

Figura 4.3

Objetivo:

Avaliar a força dos membros inferiores.

Equipamento:

Cronômetro e cadeira de espaldar reto ou cadeira dobrável com assento de 43,18 centímetros. A cadeira deve ficar encostada a uma parede para evitar deslizamento.

Procedimento:

Instruir o participante a sentar no meio do assento com as costas eretas, pés fixos no chão e braços cruzados na altura dos punhos contra o tórax. Ao comando de "iniciar" o participante se levanta de forma completa e retorna à posição sentada. Ver Figura 4.3. Estimular o participante a se levantar e sentar o máximo de vezes possível em 30 segundos. Demonstrar o teste lentamente para mostrar a forma adequada. Depois, em ritmo mais rápido, mostrar que o objetivo é se empenhar o máximo possível sem ultrapassar os limites de segurança. Antes do teste, pedir que o participante repita o movimento completo uma ou duas vezes para aprender a forma correta.

Registro do Escore:

O escore corresponde ao total de movimentos de levantar e sentar realizados em 30 segundos. Se o indivíduo tiver completado mais da metade do movimento de levantar da cadeira no final dos 30 segundos, conta-se como um movimento completo. Aplicar o teste apenas uma vez.

Recomendações de Segurança:

- Apoiar a cadeira contra a parede ou pedir para alguém mantê-la firme.
- Prestar atenção a problemas de equilíbrio.
- Interromper o teste imediatamente se o participante se queixar de dor.

Adaptações:

Se o participante não conseguir se levantar da cadeira nenhuma vez sem usar as mãos, permitir o apoio nas pernas ou na cadeira ou, ainda, o uso de bengala ou andador, se necessário. Se houver necessidade de uma adaptação, não esquecer de descrevê-la na ficha de pontuação. Mesmo que o escore anotado do teste seja zero para propósitos de comparação com os padrões normativos, indicar o escore adaptado para que o desempenho individual possa ser avaliado em testes realizados em outras ocasiões.

TESTE DE FLEXÃO DE BRAÇO

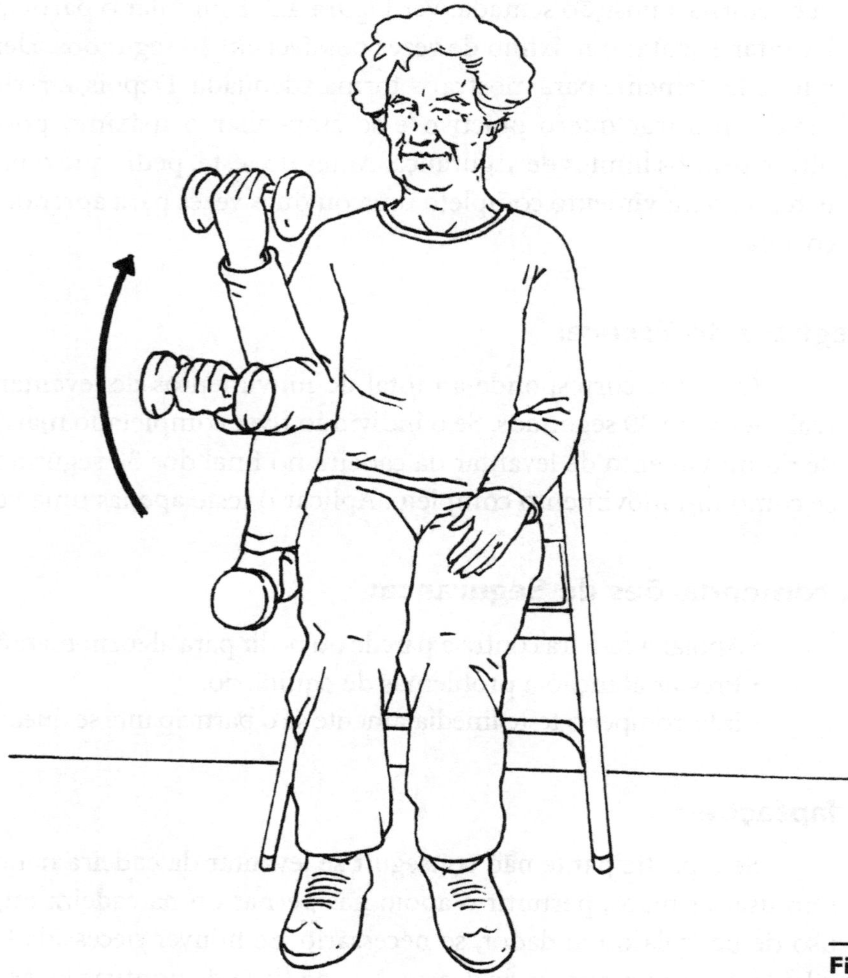

Figura 4.4

Objetivo:

Medir a força dos membros superiores.

Equipamento:

Cronômetro e cadeira sem braços e de espaldar reto, peso de 2,27 kg para mulheres e de 3,63 kg para homens.

Procedimento:

Pedir ao paciente para sentar-se em uma cadeira com espaldar reto, com os pés fixos no chão e o lado dominante do corpo próximo à borda lateral do assento da cadeira. O braço cuja mão segura o peso deve ficar estendido ao longo do tronco, perpendicular ao chão. O participante deve segurar o peso como se estivesse apertando a mão de uma pessoa para cumprimentá-la[1]. Partindo dessa posição, o braço é flexionado em direção ao ombro, com a palma da mão gradativamente se voltando para cima durante a flexão. Ver Figura 4.4. O peso, então, retorna à posição completamente estendida com a mão na mesma posição de início. Demonstrar o teste lentamente e depois a uma velocidade mais rápida para demonstrar o ritmo. O participante deve fazer a flexão uma ou duas vezes sem o peso para aprender a forma correta.

Ao comando "iniciar" o participante realiza a flexão de braço em amplitude total de movimento (de extensão completa à flexão completa), com o máximo de repetições em 30 segundos. O antebraço deve permanecer imóvel durante todo o teste. Manter o cotovelo junto ao corpo ajuda a estabilizar o antebraço.

Registro do Escore:

O escore corresponde ao número total de flexões de braço executadas em 30 segundos. Se o participante tiver completado mais da metade de uma flexão no final dos 30 segundos, conta-se como flexão completa. Aplicar apenas uma vez.

Precauções de Segurança:

Interromper o teste imediatamente se o participante se queixar de dor.

Adaptações:

Se um participante não conseguir segurar o peso por causa de doenças, como artrite, pode-se usar um peso preso ao punho por velcro. Se o peso for grande demais para o participante completar uma repetição usando a forma correta, usa-se um peso mais leve. Registrar o escore oficial (zero) e o escore do teste adaptado. Anote o tipo de adaptação usada para completar o teste na seção destinada aos comentários na ficha de escore.

---

[1] N.R.C.: A posição inicial do protocolo é com o braço em semi-pronação.

TESTE DE CAMINHADA DE 6 MINUTOS*

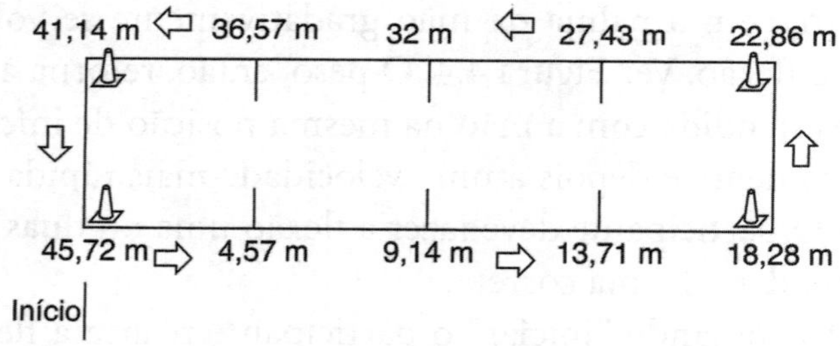

Figura 4.5

Objetivo:

Avaliar a resistência aeróbia.

Equipamento:

Trena, dois cronômetros, quatro cones (ou marcadores similares), fita adesiva, pincel atômico, 12 a 15 palitos de sorvete por pessoa (ou fichas e lápis para anotar as voltas percorridas), etiquetas e cadeiras para os colegas que aguardam e para o participante que precisar de repouso.

Preparação:

Em seguimentos de 4,57 metros, marque uma área retangular plana de 45,72 metros (18,28 m x 4,57 m; ver Figura 4.5). Os ângulos internos da distância medida devem ser marcados com cones e as linhas de 4,57 metros devem ser traçadas com fita adesiva ou giz.

Procedimento:

* *Observação: se o teste de caminhada de 6 minutos for o selecionado para testar a resistência aeróbia, ele deve ser aplicado após o término de todos os outros testes.*

Para padronizar a motivação, recomenda-se testar dois ou mais participantes de cada vez. Com a ajuda de assistentes para anotar os escores, um instrutor capacitado pode testar até 12 pessoas por vez, mas blocos de 6 participantes são mais fáceis de administrar. O intervalo de partida (e de chegada) entre os participantes deve ser de 10 segundos para que cada um possa caminhar em ritmo próprio e não aos pares ou em grupo. Os participantes recebem números (etiquetas adesivas) indicando a ordem de partida e de parada. Ao comando de "iniciar" o participante começa a caminhar o mais rápido possível (sem correr), percorrendo o máximo possível do trajeto em 6 minutos. Por precaução, recomenda-se o uso de dois cronômetros. Para obter informações sobre a distância percorrida, os participantes recebem palitos de sorvete (ou objetos similares) dos assistentes toda vez que completam uma volta. Ou os assistentes anotam na ficha de escore toda vez que uma volta é completada usando um sistema de pequenos traços.

A pessoa que está marcando o tempo deve passar para dentro da área marcada depois que todos tiverem começado. Para ajudar no ritmo do percurso, os participantes devem ser informados dos minutos restantes quando atingirem a metade do tempo e quando faltarem dois minutos para o término. Eles podem parar e sentar para descansar, porém o tempo continua correndo. O aplicador do teste deve usar palavras de estímulo, como "Você está indo bem" e "Continue assim". Ao terminar os 6 minutos de um participante, ele é solicitado a parar, sair para a direita (cruzar o marcador de 4,57 metros mais próximo) e marchar lentamente no lugar durante um minuto para resfriar o corpo.

Registro do Escore:

Registre os escores quando todos os participantes tiverem parado. Cada palito (ou marca na ficha) representa 45,72 metros. Por exemplo, se uma pessoa que tem 8 palitos (representando 8 voltas) parar próximo à marca de 41,14 metros, o escore corresponderá a um total de 265,76 metros. Aplicar o teste apenas uma vez no dia. Entretanto, para melhorar o ritmo e a precisão do escore máximo, os participantes devem praticar a caminhada de 6 minutos em um dia que não seja o do teste.

Precauções de Segurança:

Selecionar uma área bem iluminada com superfície não escorregadia e nivelada. Colocar cadeiras em vários pontos do lado de fora da área de percurso. Interromper o teste de qualquer participante que demonstrar sinais de esforço excessivo.

TESTE DE MARCHA ESTACIONÁRIA DE 2 MINUTOS

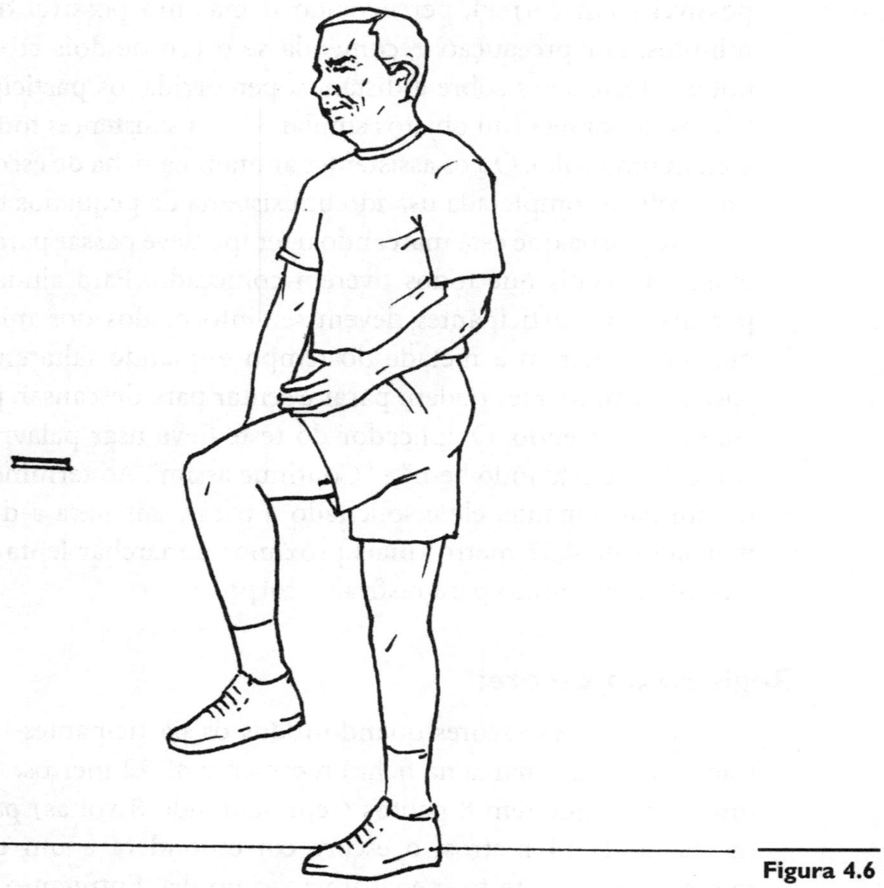

Figura 4.6

Objetivo:

Fornecer uma alternativa para o teste de resistência aeróbia.

Equipamento:

Cronômetro, pedaço de barbante ou corda de 76,2 centímetros, fita adesiva e contador para contar os passos.

Monitoração da Altura de Elevação do Joelho:

Pode-se monitorar a altura adequada de elevação do joelho (altura da marcha) situando o participante próximo à uma parede, uma porta ou próximo à uma cadeira de encosto alto. Passa-se a fita da coxa para um ponto no mesmo nível na parede ou na cadeira. A altura de elevação do joelho também pode ser marcada por uma pilha de livros em uma mesa próxima.

Preparação:

Começar marcando a altura mínima de elevação do joelho, que é um ponto central entre a patela e a crista ilíaca. Pode-se determinar esse ponto usando-se uma trena ou simplesmente esticando-se uma corda do meio da patela até a crista ilíaca, em seguida, dobrando-a ao meio e marcando esse ponto na coxa com uma fita adesiva. Ver Figura 4.6.

Procedimento:

Ao comando de "iniciar" o participante começa a marchar no lugar (sem correr) tantas vezes quantas conseguir em um período de 2 minutos. Embora os dois joelhos devam se elevar à altura correta, deve-se usar o contador para registrar apenas o número de vezes em que o joelho direito atingir a marca. Quando não for possível manter a altura correta do joelho, pedir ao participante para reduzir a velocidade ou interromper o exercício até que consiga fazer da forma adequada, porém, sem parar o cronômetro.

Registro do Escore:

O escore corresponde ao número de passos realizados em 2 minutos, isto é, o número de vezes que a perna direita atinge a altura assinalada. No dia do teste, deve-se administrar o teste apenas uma vez. Entretanto, para a máxima precisão do escore, os participantes devem treinar (marchando no lugar durante 2 minutos) um dia antes do teste.

Precauções de Segurança:

Os participantes com problemas de equilíbrio devem ficar em pé próximo a uma parede, porta ou cadeira (como apoio em caso de perda de equilíbrio) e devem ser monitorados com atenção. Monitorar todos os participantes com atenção redobrada para sinais de esforço excessivo. No final do teste, pedir ao participante para continuar marchando durante mais um minuto para resfriar.

Adaptações:

Se o participante não conseguir elevar os joelhos à altura apropriada ou conseguir elevar apenas um deles à altura apropriada, deve terminar o teste, porém com uma indicação de alteração na ficha de escore. Se o participante tiver problemas com equilíbrio, pode apoiar-se em uma mesa, parede ou cadeira para fazer o teste. Anotar o tipo de adaptação usada para terminar o teste na seção da ficha de escore destinada a comentários.

TESTE DE SENTAR E ALCANÇAR OS PÉS

Figura 4.7

Objetivo:

Avaliar a flexibilidade dos membros inferiores (principalmente os músculos posteriores da coxa).

Equipamento:

Cadeira dobrável com altura de assento de 43,18 centímetros e com as pernas inclinadas para frente para evitar que ela vire e uma régua de 50 centímetros.

Procedimento:

O participante senta na beirada da cadeira conforme a Figura 4.7. A dobra entre a superfície superior da coxa e a nádega deve coincidir com a beirada do assento da cadeira. Uma das pernas fica fletida com o pé fixo no chão. A outra perna é estendida o máximo possível na frente do quadril. O tornozelo é apoiado no chão, com o pé fletido a aproximadamente 90 graus.

Com os braços estendidos para fora, as mãos sobrepostas e os dedos médios na mesma altura, o participante se curva lentamente para frente, flexionando a articulação do quadril para tentar alcançar ou ultrapassar os dedos do pé. Se o joelho estendido começar a fletir, pedir ao participante para recuar as costas até que o joelho fique estendido. O alcance máximo deve ser sustentado durante dois segundos.

O participante deve praticar o teste em ambas as pernas para ver qual o melhor resultado (anotar o melhor resultado)[1]. Apenas a perna de melhor resultado será usada para fins de escore (para comparação com normas). Definida a perna, o participante deverá praticar mais duas vezes para aquecimento.

Registro do Escore:

Após o participante ter praticado duas vezes com a perna selecionada, aplicar duas tentativas de teste, registrar os dois escores e assinalar o melhor. Medir a distância da ponta dos dedos até a ponta do tênis e anotar o número de centímetros mais próximo. O ponto central do tênis representa o ponto zero. Se as mãos não alcançarem esse ponto, registrar a distância como escore negativo (-); se os dedos médios tocarem os dedos do pé, registrar um escore de zero; e se passarem do ponto central, registrar a distância como escore positivo (+).

Precauções de Segurança:

Colocar a cadeira de forma segura contra a parede de modo que ela não escorregue durante o teste. Lembrar os participantes de expirar à medida que se curvam lentamente para frente e de evitar impulsos. Os participantes devem estender os braços apenas até o ponto de ligeiro desconforto, nunca até o ponto de dor. Não aplicar o teste em pessoas com osteoporose grave ou em pessoas que sentem dor ao curvar-se para frente.

[1]Embora seja importante trabalhar a flexibilidade para ambos os lados do corpo, por causa do tempo, somente o melhor lado foi usado para normatização.

TESTE DE ALCANÇAR AS COSTAS

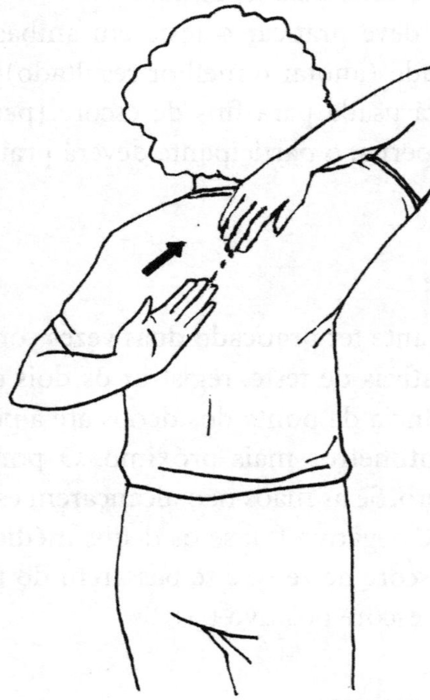

Figura 4.8

Objetivo:

Avaliar a flexibilidade dos membros superiores (ombro).

Equipamento:

Régua de 50 centímetros.

Procedimento:

O participante deve ficar em pé e passar a mão selecionada sobre o mesmo ombro, com a palma e os dedos estendidos, tentando alcançar a parte central das costas. Ver Figura 4.8. Observar que o cotovelo deve apontar para cima. Pedir ao participante para colocar a outra mão em torno da parte posterior da cintura com a palma voltada para cima, tentando fazer com que os dedos de ambas as mãos se toquem ou se sobreponham. O participante deve treinar para o teste a fim de determinar o lado de melhor resultado (a mão sobre o ombro que obteve melhor escore)[1]. São realizadas duas tentativas antes de registrar o escore.

Verificar se os dedos médios conseguem se aproximar o máximo possível. Sem movimentar as mãos do participante, alinhar os dedos médios, não permitindo que os dedos se enganchem e puxem uns aos outros.

Registro do Escore:

Após duas tentativas de aquecimento com o lado escolhido, aplicar o teste duas vezes. Anotar ambos os escores, levando-se em conta o número de centímetros mais próximo. Medir a distância de sobreposição ou a distância entre as pontas dos dedos médios, indicando o melhor escore. Atribuir escore negativo (-) se os dedos médios não se tocarem, escore zero se os dedos médios se tocarem ligeiramente e escore positivo (+) se os dedos médios se sobrepuserem. Medir sempre a distância entre a ponta de um dos dedos e a ponta do outro, seja qual for o alinhamento nas costas.

Precauções de Segurança:

Interromper o teste se o participante sentir dor. Lembrá-los de continuar respirando enquanto se alongam e de evitar impulso ou movimentos rápidos.

[1]Embora seja importante trabalhar a flexibilidade para ambos os lados do corpo, por causa do tempo, somente o melhor lado foi usado para normatização.

LEVANTAR E CAMINHAR

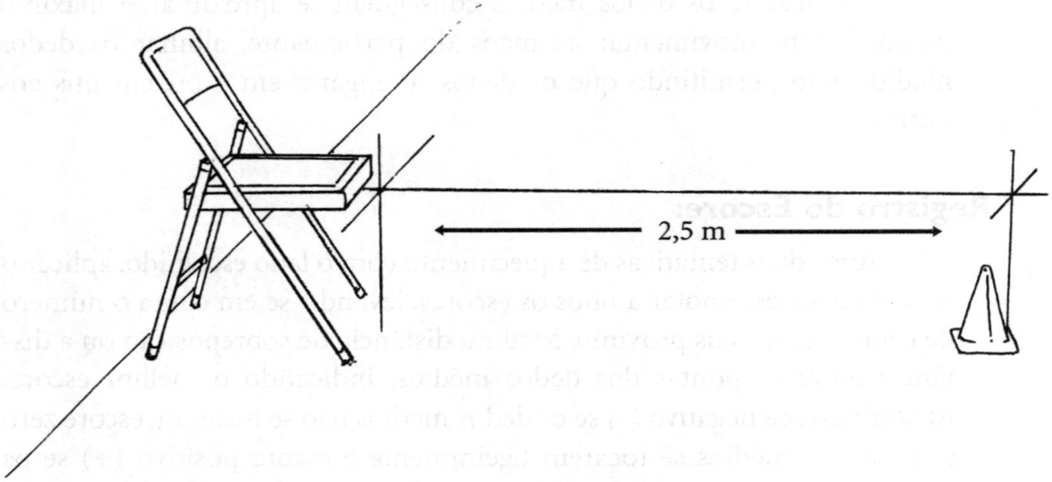

Figura 4.9a

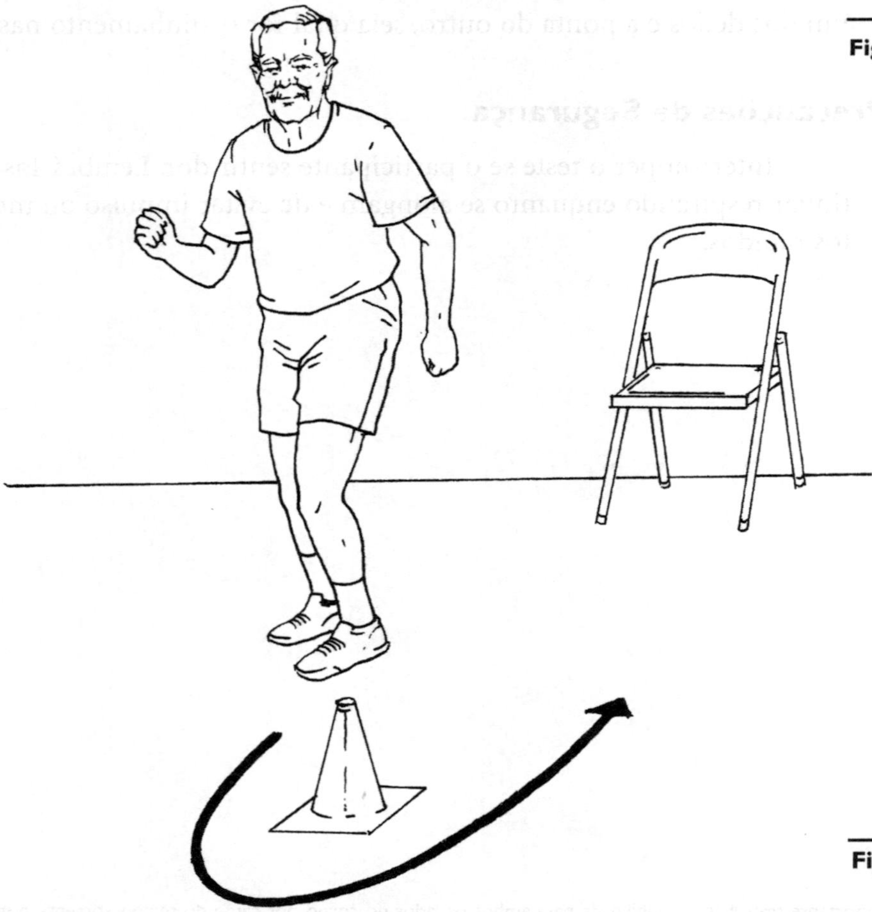

Figura 4.9b

Objetivo:

Avaliar a agilidade e o equilíbrio dinâmico.

Equipamento:

Cronômetro, cadeira dobrável com altura de assento de 43,18 centímetros, trena e cone.

Preparação:

Colocar a cadeira contra a parede voltada diretamente para um cone colocado à distância de 2,5 metros medida a partir da parte traseira do cone até um ponto no chão situado no mesmo nível da parte da frente da cadeira. Ver Figura 4.9a.

Procedimento:

Instruir o participante para sentar na parte central do assento da cadeira com as costas eretas, os pés sobre o chão e as mãos sobre as coxas. Um pé deve ser colocado ligeiramente à frente do outro, com o tronco levemente inclinado para frente. Ao comando "iniciar" o participante deve se levantar da cadeira, caminhar o mais rápido possível até o cone, contorná-lo e voltar para a cadeira, sentando-se novamente. Ver Figura 4.9b. Acionar o cronômetro ao sinal "iniciar", quer o participante comece a se movimentar ou não, e pará-lo no exato instante em que a pessoa sentar na cadeira outra vez.

Registro de Escore:

Após a demonstração da forma adequada e do ritmo desejado do teste, o participante deve praticar uma vez e depois fazer duas tentativas. Os dois tempos devem ser registrados, assinalando o melhor.

Precauções de Segurança:

Ao aplicar o teste de levantar e caminhar, um dos assistentes deve colocar-se entre a cadeira e o cone para ajudar os participantes em caso de desequilíbrio. Os indivíduos mais frágeis requerem atenção especial no momento de sentar e levantar da cadeira.

Adaptações:

Se houver necessidade, este teste pode ser feito com auxílio de bengala ou andador, mas os escores não devem ser comparados com as normas. Anotar o tipo de adaptação usado na seção "Comentários" da ficha de escore.

ALTURA E PESO

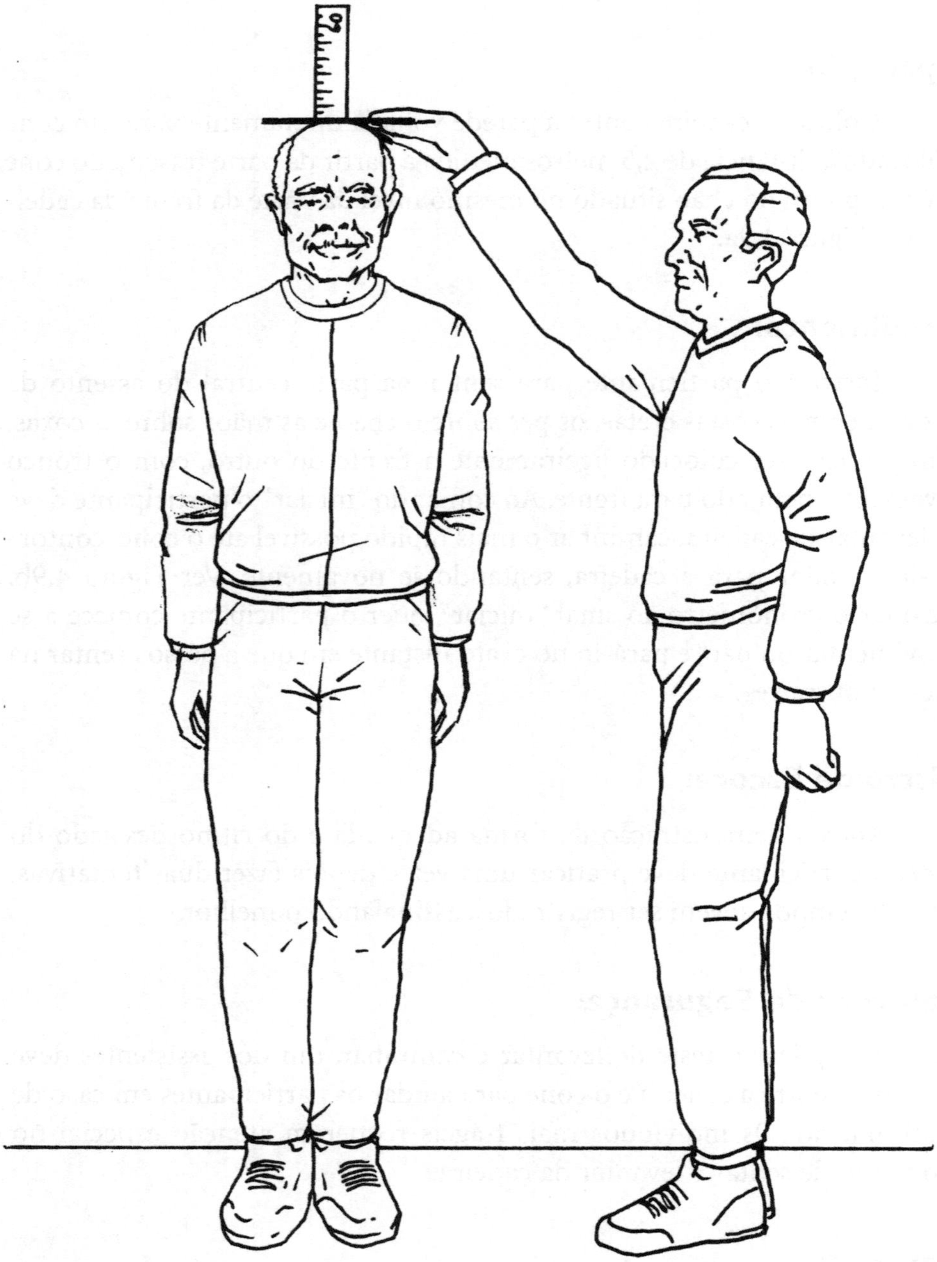

Figura 4.10

Objetivo:

Avaliar o índice de massa corporal (IMC).

Equipamento:

Escala, fita métrica de 152,4 cm, fita adesiva e régua (ou outro objeto plano para marcar o topo da cabeça).

Procedimento:

Calçados. Para economizar tempo, não é preciso retirar os calçados para a tomada de altura e peso. Os ajustes necessários são descritos mais adiante.

Altura. Fixar a fita métrica de 152,4 centímetros na parede em sentido vertical com a extremidade zero a exatos 50 centímetros do chão. O participante deve ficar com a parte posterior da cabeça contra a parede (a parte central da cabeça deve ficar alinhada com a fita métrica) e os olhos voltados diretamente para frente. Colocar a régua (ou objeto semelhante) no topo da cabeça do participante e, sustentando-a no nível, encostá-la na fita métrica. Ver Figura 4.10. A altura da pessoa corresponde ao escore em centímetros indicada na fita métrica mais 50 centímetros (distância do chão até o ponto zero da fita). Se os participantes ficaram de tênis durante a tomada de altura, subtrair 2 a 4 centímetros (ou mais) da medida da altura, conforme necessário. Arredondar as medidas para o número mais próximo.

Peso. O participante deve remover peças de roupa que possam atrapalhar (jaquetas, casacos pesados etc.). Arredondar a medida de peso para o número mais próximo, descontando o peso do calçado. Subtrair meio quilo no caso de calçados leves e um quilo no caso de calçados pesados.

Registro de Escore:

Registrar a altura e o peso do participante na ficha de escore. O cálculo da massa corporal pode ser feito com auxílio da tabela de conversão do Apêndice F. Mais precisamente, para calcular o IMC, divide-se o peso em quilogramas pelo quadrado da altura:

$$\text{IMC} = \text{kg/m}^2$$

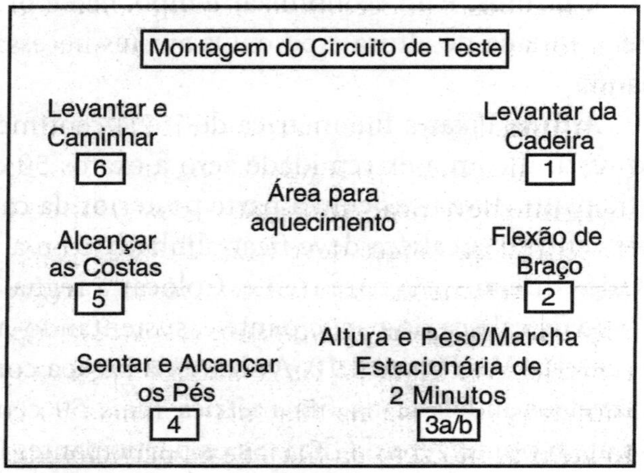

Figura 4.11 Ordem de montagem da estação para teste em grupo.

*** Se for aplicado o teste de caminhada de 6 minutos para medir a resistência aeróbia, o teste de marcha estacionária de 2 minutos será eliminado da Estação 3. O teste de caminhada de 6 minutos sempre deve ser aplicado após o término de todos os outros testes.**

DIRETRIZES PARA TESTE EM GRUPO

A experiência revela que tanto médicos como pesquisadores preferem aplicar o TAFI em várias pessoas ao mesmo tempo. Embora este teste seja próprio para aplicação em grupo, deve-se organizar e planejar tudo com antecedência para que ele transcorra sem problemas e de maneira eficiente. Com a ajuda de seis ou sete assistentes treinados e da organização em circuito, é possível testar até 24 participantes de cada vez em um período de 60 a 90 minutos. Se todos os testes, inclusive a caminhada de 6 minutos, forem aplicados em ambiente coberto, será necessário um grande centro comunitário ou ginásio (15 m x 30 m aproximadamente). Entretanto, os testes também poderão ser realizados em uma área muito menor se a caminhada de 6 minutos ocorrer em área aberta ou se ela for substituída pela marcha estacionária de 2 minutos como forma de avaliar a resistência aeróbia. Esta seção inclui as instruções para a organização das estações de teste, a lista de equipamento e material necessário em cada estação, as diretrizes para selecionar e treinar assistentes e os procedimentos detalhados para a aplicação do teste.

Preparação do Local do Teste

Para uso mais eficiente do tempo e para reduzir ao máximo o efeito da fadiga para os participantes, as estações de teste devem ser montadas em forma de circuito na seguinte ordem: (1) teste de levantar da cadeira, (2) teste de flexão de braço, (3) medida de altura e peso e teste de marcha estacionária de 2 minutos (caso não seja usada a caminhada de 6 minutos como teste de resistência aeróbia), (4) teste de sentar e alcançar na cadeira, (5) teste de alcançar as costas e (6) teste de levantar e caminhar. Conforme indica a Figura 4.11, o circuito deve seguir o formato circular, permitindo que o espaço central seja usado para exercícios de aquecimento e para a caminhada de 6 minutos.

Se for usado o teste de caminhada de 6 minutos, ele deverá ser realizado após o término de todos os outros. Quando não houver condições (limitações de espaço, mau tempo etc.) para a sua realização, em seu lugar poderá ser usado o teste de marcha estacionária de 2 minutos que, então, será inserido na estação 3 juntamente com a tomada das medidas de altura e peso. No caso de aplicação de ambos os testes, recomenda-se que o da marcha estacionária seja inserido no circuito regular e que o teste de caminhada de 6 minutos seja administrado em outro dia. Para muitos idosos, é muito cansativo fazer os dois testes no mesmo dia. Isso poderia gerar situações de insegurança e de imprecisão de escores.

Para testes em grupo, os procedimentos específicos de aplicação dos testes dentro do circuito são os mesmos descritos na seção anterior "Protocolos Oficiais do TAFI". Entretanto, haverá necessidade de equipamento e materiais adicionais, bem como de assistentes treinados para trabalhar nas estações.

Equipamentos, Materiais e Assistentes para o Teste

Para que o teste em grupo transcorra sem problemas, todas as estações devem ser montadas com antecedência, reunindo o material e o equipamento necessários. Embora uma das características do TAFI seja o pequeno número de equipamentos, não se deve subestimar o tempo necessário para reunir todos os itens necessários. A Tabela 4.2 traz uma lista do equipamento e do material, bem como o número de assistentes necessários em cada estação, além de instruções resumidas sobre a organização. A Tabela 4.1 também fornece nomes de fabricantes e vendedores de equipamentos e materiais.

Embora não seja indispensável, é conveniente providenciar uma mesa pequena (como mesa para jogo de cartas) para cada estação de teste ou, se possível, montar as estações próximo a um balcão, mesa, banco ou algum tipo de desnível onde se possa acomodar o material (fichas de escore, lápis, cronômetro etc.). Para facilitar o trânsito dos participantes, seria de grande ajuda sinalizar as estações com cartazes indicando o nome do teste e o número da estação. O apêndice G apresenta modelos de cartazes com descrições resumidas dos testes. Os cartazes podem ser copiados e plastificados para serem usados outras vezes.

Para ajudar na organização do material e do equipamento, garantindo que estejam prontos para uso em todas as estações, recomenda-se o uso de sacolas numeradas (p. ex., sacolas de presentes ou de compras) para transportar os itens para as devidas estações. Uma pequena sacola com a etiqueta Estação 1 conteria todos os itens necessários à realização do teste de levantar da cadeira: um cronômetro, fichas de escore e lápis. Da mesma forma, uma sacola maior com a etiqueta Estação 6 conteria os itens necessários para o teste de levantar e caminhar: cronômetro, fita métrica, cone (ou similar), fichas de escore e lápis. Na verdade, se os testes não forem realizados no mesmo dia, é interessante manter uma lista do conteúdo do lado externo das sacolas para ver se o equipamento e o material estão disponíveis quando houver necessidade de usá-los.

Seleção e Treinamento de Assistentes de Teste

Para avaliar grupos de 24 pessoas, ou seja, quatro participantes por estação, será preciso um mínimo de seis a sete assistentes. Se houver apenas três ou quatro, recomenda-se reduzir o grupo para 12 em vez de 24 participantes. Em geral, usa-se um assistente por estação, exceto se o teste de marcha estacionária de 2 minutos for incluído na estação 3 (em caso de substituição ao teste de caminhada de 6 minutos). Nesse caso, são necessários no mínimo dois, de preferência três, assistentes em cada estação, para que o teste transcorra dentro do prazo e o fluxo de uma estação para outra não seja prejudicado. Se possível, o líder dos instrutores ou o pesquisador *não* deve se prender a nenhuma estação, mas deve ficar livre para circular por todas, monitorando e ajudando o fluxo dos grupos, além da disponibilidade para ajudar em qualquer emergência. Se houver mais assistentes disponíveis, devem ser utilizados. O trabalho em parceria é mais agradável para os assistentes e exerce um efeito positivo sobre a precisão e a eficiência do teste.

Os assistentes podem ser voluntários idosos, colegas de trabalho, amigos e estudantes voluntários de uma universidade local. Voluntários idosos ativos constituem a fonte ideal de ajuda, desde que tenham boa comunicação e capacidade mental e física para demonstrar e realizar os testes de forma adequada. Na verdade, as autoras encontraram idosos muito entusiasmados com o trabalho de assistente. Com um trabalho confiável e preciso, alguns deles dispuseram-se até mesmo a se deslocar para outras cidades quando necessário. Seja qual for o tipo de assistente, é essencial que sejam corretamente treinados e que tenham bastante tempo de treinar antes do dia do teste. Todas as pessoas que aplicarem o teste precisam conhecer bem os procedimentos (protocolos) para cada item e estar informadas sobre a importância de segui-los com rigor. Além disso, devem saber descrever qualquer desvio de protocolo na seção apropriada da ficha de escore.

Abaixo, um resumo dos procedimentos que devem ser seguidos no treinamento de assistentes:

Tabela 4.2 Montagem das Estações e Instruções para Testar até 24 Participantes de Uma só Vez*

Estação	Equipamento	N° de Assistentes	Instruções Resumidas
1. Teste de Levantar da Cadeira	Cronômetro	1	Demonstrar o teste; os participantes devem treinar todos juntos; testar um de cada vez.
2. Teste de Flexão de Braço	Cronômetro Peso de 2,26 kg e 3,62 kg (um de cada)	1	Mesmas instruções que a Estação 1.
3. Altura e peso; Marcha Estacionária de 2 Minutos	Fita métrica de 152,4 cm (fixada na parede) Dois cronômetros, dois contadores, dois pedaços de corda de 76,2 cm, fita adesiva	2†	Demonstrar o teste de marcha estacionária a todos; os participantes devem treinar todos juntos; cada assistente mede a altura e o peso de duas pessoas e aplica-lhes o teste de marcha estacionária.
4. Teste de Sentar e Alcançar os Pés	Régua de 50 cm	1	Mesmas instruções que a Estação 1.
5. Teste de Alcançar as Costas	Régua de 50 cm	1	Mesmas instruções que a Estação 1.
6. Teste de Levantar e Caminhar	Cronômetro, cone, fita adesiva	1	Demonstrar o teste; os participantes aguardam em fila a sua vez de treinar o teste e de fazer as tentativas um e dois.
Todas as estações (1 a 6)	Cada estação precisa de quatro cadeiras para teste ou para descanso enquanto o participante aguarda sua vez, quatro fichas de escore e quatro lápis.		
Teste de Caminhada de 6 Minutos	Este teste é aplicado após o término de todos os outros e requer a ajuda de todos os assistentes. A seção Protocolos Oficiais do TAFI traz a descrição do equipamento necessário.		

* Com um total de 24 participantes, 4 são designados para cada estação para iniciar o teste e, então, giram no sentido horário ao longo do circuito de 6 estações.

† Somente um assistente é necessário nesta estação se o teste de caminhada de 6 minutos for aplicado ao invés do teste de marcha estacionária de 2 minutos.

• Fornecer a todos os assistentes descrições e diagramas impressos dos protocolos do teste com vários dias de antecedência, sendo que cada assistente deve conhecer e administrar apenas um ou dois itens. As descrições apresentadas neste capítulo podem ser fotocopiadas e distribuídas aos assistentes.

• Pedir aos assistentes para estudar os protocolos pelos quais são responsáveis e praticá-los com amigos ou familiares.

• Agendar uma prática do teste (dia de ensaio) antes do dia oficial para todos os assistentes; demonstrar e revisar procedimentos de cada item do teste.

• Durante o ensaio, os assistentes deverão aplicar o teste uns nos outros, procurando obter a maior precisão possível na aplicação e no escore.

• Se a opção for a caminhada de 6 minutos, explicar o protocolo com clareza para os assistentes durante o treino, enfatizando o papel da cada um no posicionamento adequado para os testes, ajudando a organizar as duplas, observando sinais de esforço excessivo durante o teste e ajudando a calcular o escore no final do teste. Se houver tempo, os assistentes devem simular a caminhada de 6 minutos exatamente como ocorrerá no dia oficial.

Procedimentos para o Dia do Teste

Com base na experiência de aplicação de teste a grupos de idosos em vários locais diferentes, foi elaborada uma lista de procedimentos para o dia do teste para garantir o bom andamento do processo.

1. O coordenador e todos os seus assistentes devem chegar ao local do teste com, no mínimo, 30 minutos de antecedência para montar as estações e o percurso da caminhada de 6 minutos, se ela estiver incluída.
2. Antes da chegada dos participantes, os assistentes devem ser reunidos para revisar os procedimentos e fazer alguma pergunta de última hora.
3. Uma pessoa deve ser encarregada de recolher todos os termos de consentimento livre e esclarecido e as autorizações médicas (se for o caso) dos participantes.
4. Após receber as boas vindas, os participantes devem realizar um aquecimento de cinco a oito minutos conduzido pelo coordenador ou por um dos seus assistentes. Esse aquecimento deve incluir exercícios de alongamento. Se possível, essa atividade deve ser feita com música para promover o bom humor e o estado de espírito positivo para o dia.
5. Antes de enviar os participantes para as respectivas estações de teste, explicar que devem se empenhar o máximo possível, porém sem cometer excessos que comprometam os limites de segurança de cada um. É preciso lembrá-los que devem interromper qualquer atividade que cause dor ou desconforto.
6. Após o aquecimento e as instruções, os participantes devem ser conduzidos (em números iguais) a uma das seis estações, lá permanecendo até que todos tenham completado o teste. Depois disso, devem pegar suas fichas de escore e, em sentido horário, passar para a próxima estação.

Modelo de cenário de teste 1: pressupondo-se 24 participantes e seis a oito assistentes, cada Estação recebe quatro participantes, a fim de dar início ao teste. Os assistentes permanecem na estação o tempo todo, enquanto os participantes passam de uma estação para outra.

Modelo de cenário de teste 2: pressupondo-se 12 participantes e três a quatro assistentes, as Estações 1, 3 e 5 recebem quatro participantes, a fim de dar início ao teste. Cada assistente é responsável por realizar o teste em duas estações seguidas. Por exemplo, ao terminar os testes de levantar da cadeira na Estação 1, os assistentes acompanham os participantes até a Estação 2, a fim de conduzir o teste de flexão de braço. Nesse ínterim, os assistentes que antes ocupavam a Estação 3 também conduzem os participantes para a Estação 4, e assim por diante. No final, os participantes terão circulado por todas as estações, enquanto os assistentes vão e voltam apenas entre as duas estações que lhes foram designadas.

7. Caso seja realizada a caminhada de 6 minutos (o que sempre acontece após o término de todos os outros testes), os participantes caminham em grupo até o local do teste, acompanhados de suas fichas de escore. Consultar o protocolo do teste de caminhada de 6 minutos descrito anteriormente neste capítulo para montagem e instruções. Com um instrutor capacitado, é possível testar até 12 pessoas por vez, usando-se ajudantes para a contagem de voltas. Entretanto, quando há tempo, grupos de 6 são mais fáceis de administrar.

8. Após o teste, recolher todas as fichas de escore e agradecer aos participantes pela colaboração, informando-os sobre como e quando receberão os resultados dos testes.

RESUMO

O TAFI pode ser aplicado facilmente em ambientes de instituições. A bateria completa pode ser aplicada a uma ou duas pessoas em 30 minutos e, com a ajuda de seis ou sete assistentes treinados, ele pode ser aplicado a um grupo de até 24 idosos em um período de 60 a 90 minutos. As considerações pré-teste incluem:

- treinamento adequado aos assistentes;
- obtenção de termos de consentimento livre e esclarecido;
- triagem adequada dos participantes;
- fornecimento de instruções aos participantes antes do teste;
- preparação de equipamento e material de teste;

- preparação de fichas de escore;
- planejamento da ordem adequada do teste;
- preocupação com condições ambientais e sinais de esforço excessivo.

No dia do teste, é importante incluir aquecimento adequado, fornecer instruções padronizadas aos participantes e conduzir os testes em conformidade com os protocolos oficiais do TAFI descritos neste capítulo. Quando houver necessidade de desvios dos protocolos corretos, eles devem ser anotados na seção destinada a comentários da ficha de escore.

O TAFI é especificamente adequado para grupos, mas para que tudo transcorra sem problemas no dia do teste, é preciso um planejamento cuidadoso. Principalmente os itens a seguir requerem atenção especial: (1) planejamento do circuito de teste, (2) preparo e organização do equipamento e do material, (3) seleção e treinamento de assistentes e (4) planejamento passo a passo dos procedimentos para o dia do teste.

Agora que já se sabe como administrar o TAFI, o próximo capítulo fornecerá informações sobre a interpretação dos resultados do teste e o fornecimento dos resultados aos participantes, bem como sugestões sobre o uso dos resultados para motivar os participantes e melhorar seu desempenho.

capítulo

5

Resultados do Teste

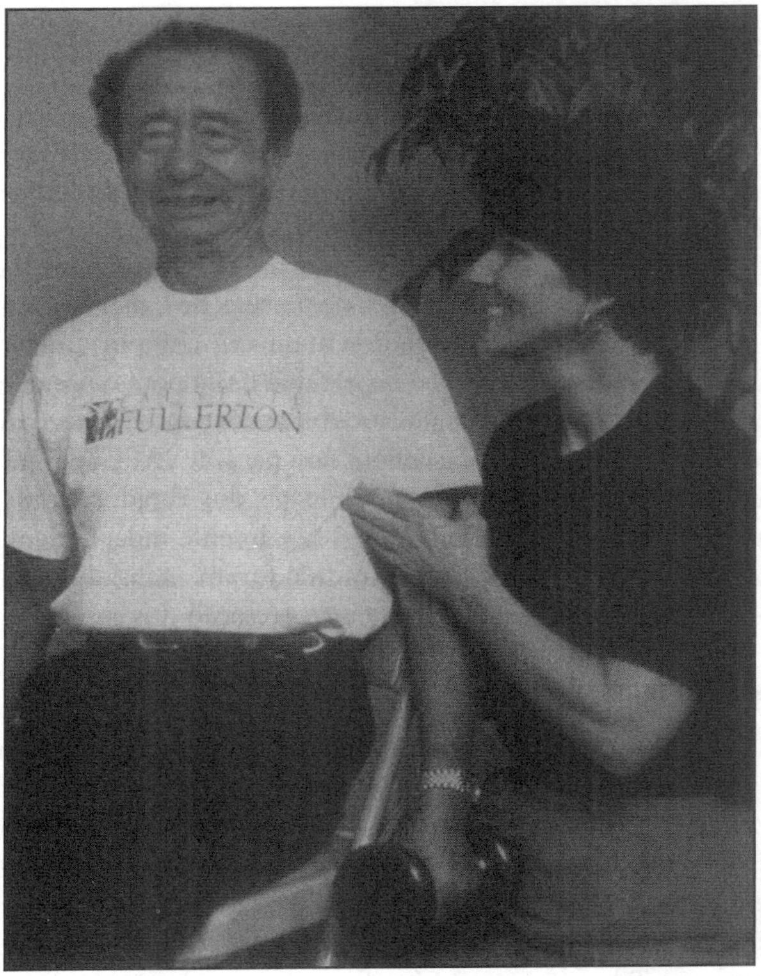

Interpretação e Uso do Feedback para Motivar e Melhorar o Desempenho

Após fazer o Teste de Aptidão Física para Idosos (TAFI), a maioria dos participantes quer saber três coisas: quais são seus escores, qual o significado desses escores e como eles podem ser melhorados. Este capítulo explicará a maneira de interpretar os resultados dos itens do TAFI para os clientes, inclusive como ler as tabelas e gráficos de desempenho que fizeram parte do estudo nacional para estabelecer os padrões de aptidão física. O capítulo também discutirá as maneiras de usar os resultados dos itens do teste para motivar os clientes a elevar o nível de atividade e de aptidão física. Especificamente, os itens básicos são:

- interpretação dos escores;
- uso dos resultados do teste para motivar os participantes; e
- melhora do desempenho físico.

INTERPRETAÇÃO DOS ESCORES

Uma das características mais importantes do TAFI refere-se à conformidade com os padrões de desempenho que podem ser usados na interpretação dos resultados. Conforme mencionado no Capítulo 3, os padrões de desempenho podem basear-se em normas (padrões que possibilitam a comparação de escores de pessoas de mesma idade e gênero) ou em critérios (padrões que representam um comportamento ou meta de critério, como atingir o nível de aptidão física para o desempenho das atividades diárias). Tanto os padrões baseados em normas como os padrões baseados em critérios desenvolvidos para o TAFI apoiaram-se em um estudo nacional realizado em 267 locais dos Estados Unidos da América que envolveu mais de 7.000 idosos fisicamente independentes com idades entre 60 e 94 anos. Os dados do estudo foram analisados e organizados em tabelas e gráficos para facilitar a interpretação dos escores.

Tabelas Normativas

Um dos métodos mais comuns de apresentar dados normativos é o uso de tabelas de percentil. As normas de percentil indicam a classificação dos escores obtidos por uma pessoa em relação aos dos seus companheiros. A classificação de percentil indica o ponto abaixo do qual se situa a porcentagem de escore. Por exemplo, o escore 15 no teste de levantar da cadeira obtido por uma mulher de 62 anos de idade situa-se no 50º percentil (ver exemplo na Tabela 5.1). Isso significa que metade (50%) das mulheres da sua idade obteve um escore abaixo do seu e a outra metade, acima. Entretanto, outra mulher da mesma idade com escore 20 no mesmo teste obteria a classificação de percentil equivalente a 90, indicando que ela foi melhor do que 90% das pessoas da sua faixa etária e que apenas 10% conseguiram escore acima do seu. O Apêndice H contém os escores de percentil para homens e mulheres de todos os itens do TAFI, possibilitando a comparação dos escores entre os indivíduos de mesma faixa etária e gênero.

As tabelas de percentil também podem ser usadas para comparar escores com as diferentes categorias de aptidão física. A classificação de percentil correspondente a cada escore do teste de aptidão indica os

Tabela 5.1 Percentis de Referência por Faixa Etária: Teste de Levantar da Cadeira (Mulheres). Classificação do Percentil

Classificação do Percentil	60-64	65-69	70-74	75-79	80-84	85-89	90-94
95	21	19	19	19	18	17	16
90	20	18	18	17	17	15	15
85	19	17	17	16	16	14	13
80	18	16	16	16	15	14	12
75	17	16	15	15	14	13	11
70	17	15	15	14	13	12	11
65	16	15	14	14	13	12	10
60	16	14	14	13	12	11	9
55	15	14	13	13	12	11	9
50	15	14	13	12	11	10	8
45	14	13	12	12	11	10	7
40	14	13	12	12	10	9	7
35	13	12	11	11	10	9	6
30	12	12	11	11	9	8	5
25	12	11	10	10	9	8	4
20	11	11	10	9	8	7	4
15	10	10	9	9	7	6	3
10	9	9	8	8	6	5	1
5	8	8	7	6	4	4	0

Adaptado de Rikli e Jones, 1999.

Tabela 5.2 Exemplo de Escores de Referência e Percentis Equivalentes

Item do teste	Escore de referência	Classificação de Percentil (Aproximado) para Homens com Idades Entre 70-74
Teste de Levantar da Cadeira (força dos membros inferiores)	17	75º
Teste de Flexão de Braço (força dos membros superiores)	20	70º
Teste de Caminhada de 6 Minutos (resistência aeróbia)	740	90º
Teste de Sentar e Alcançar os Pés (flexibilidade dos membros inferiores)	-4.0	20º

pontos fortes e fracos de um indivíduo. Por exemplo, se um homem de 73 anos obtivesse os escores de referência acima, suas classificações de percentil (determinadas a partir do Apêndice H) indicariam que ele está acima da média quanto à força e resistência (por volta dos 75º, 70º e 90º percentis), porém, abaixo da média (próximo do 20º percentil) quanto à flexibilidade dos membros inferiores.

Os resultados do teste, como os apresentados na Tabela 5.2, podem ajudar na elaboração de programas voltados para as necessidades específicas dos clientes. Com base nesses escores, o programa de exercício recomendado para o indivíduo deste exemplo incluiria atividades extras para melhorar a flexibilidade dos membros inferiores. Registrar os escores de percentil dos clientes em uma ficha de perfil pessoal, como a da Figura 5.1, pode ajudar na interpretação de pontos fracos e fortes e no acompanhamento da evolução de cada um toda vez que o teste for repetido. Esse formulário encontra-se disponível para reprodução no Apêndice I.

As Tabelas 5.3 e 5.4 fornecem uma versão alternativa dos padrões normativos de desempenho para cada item do TAFI. Consultar também o Apêndice M que traz uma versão dessas tabelas para reprodução. As tabelas simplificadas fornecem apenas a faixa normal de escores de cada faixa etária, sendo *normal* definido como a faixa que engloba o núcleo central de 50% dos escores – isto é, os que se enquadram entre o 25º e o 75º percentis. Para isso,

Formulário de Perfil Pessoal

Nome *John Doe* Data do Teste: 12-02-01

Idade *73* M *X* F ____

Item do Teste	Escore	Classificação* Abaixo da média ←	25º % ... 75º % Normal	Acima da média →	Classificação por percentil†	Comentários
Levantar da Cadeira (nº de repetições)	*17*		X		*75º*	*Continue trabalhando!*
Flexão de Braço (nº de repetições)	*20*		X		*70º*	*Também está bom!*
Caminhada de 6 Minutos (metros) ou **Marcha Estacionária de 2 Minutos*** (nº de passos)	*676,65*			X	*90º*	*Excelente! Continue fazendo seu programa de caminhada.*
Sentar e Alcançar os Pés (nº de centímetros: +/-)	*-10,16*	X			*20º*	*A flexibilidade precisa ser trabalhada. Acrescente alongamentos da panturrilha e dos músculos posteriores da coxa.*
Alcançar as Costas (nº de centímetros: +/-)	*-21,59*	X			*20º*	*A flexibilidade do ombro precisa de exercício.*
Levantar e Caminhar (nº de segundos)	*4,2*			X	*80º*	*Mobilidade muito boa.*
Índice de Massa Corporal (ver tabela de IMC)	Alt *1,70* Peso *69,85*	IMC *24*	≤18 Subpeso, pode significar perda de massa muscular ou óssea 19-26 Faixa saudável ≥27 Sobrepeso, pode causar aumento de risco de incapacidade/doença			

Figura 5.1 Modelo de ficha de perfil pessoal.

*As categorias de classificação podem ser determinadas a partir das Tabelas 5.3 e 5.4 e são ilustradas nas fichas de desempenho do TAFI (ver Figuras 5.2 e 5.3).

† As classificações de percentil são determinadas a partir das tabelas do Apêndice H.

é preciso apenas verificar se o escore se situa dentro, acima ou abaixo da faixa normal. Para uma mulher de 72 anos, o escore 12 no teste de levantar da cadeira se enquadra na faixa entre 10 e 15 indicada para as idades entre 70 e 74 anos, o que representa uma avaliação normal para essa faixa etária. Escores 9 ou abaixo disso no teste de levantar da cadeira, por outro lado, seriam considerados abaixo do normal para idosos de 70 a 74 anos, enquanto escores acima da faixa indicada (16 ou mais) seriam considerados acima do normal.

Escores de Referência para Avaliação de Desempenho

Outra maneira de avaliar os escores do teste é compará-los a padrões preestabelecidos ou pontos de referência, como as zonas de risco apresentadas nas Figuras 5.2 e 5.3. Os dados coletados no estudo nacional realizado para o TAFI, além de fornecer informações sobre o que é típico para

Tabela 5.3 Faixa Normal de Escores para Mulheres*

	60-64	65-69	70-74	75-79	80-84	85-89	90-94
Teste de Levantar da Cadeira (n° de repetições)	12 – 17	11 – 16	10 – 15	10 – 15	9 – 14	8 – 13	4 – 11
Teste de Flexão de Braço (n° de repetições)	13 – 19	12 – 18	12 – 17	11 – 17	10 – 16	10 – 15	8 – 13
Teste de Caminhada de 6 Minutos** (n° de metros)	498 – 603	457 – 438	438 – 562	397 – 534	352 – 493	310 – 466	251 – 402
Teste de Marcha Estacionária de 2 Minutos (n° de passos)	75 – 107	73 – 107	68 – 101	68 – 100	60 – 90	55 – 85	44 – 72
Teste de Sentar e Alcançar os Pés† (cm +/-)	-1,2 – +12,7	-1,2 – +11,4	-2,5 – +10,1	-3,8 – +8,8	-5.0 – +7,6	-6,3 – +6,3	-11,4 – +2,5
Teste de Alcançar as Costas† (cm +/-)	-7,6 – +3,8	-8,8 – +3,8	-10,1 – +2,5	-12,7 – +1,2	-13,9 – +0,0	-17,7 – -2,5	-20,3 – -2,5
Teste de Levantar e Caminhar (segundos)	6.0 – 4.4	6.4 – 4.8	7.1 – 4.9	7.4 – 5.2	8.7 – 5.7	9.6 – 6.2	11.5 – 7.3

*A faixa normal de escores é definida pelos 50% centrais de cada faixa etária. Os escores acima da faixa são considerados "acima da média" para a faixa etária e os que ficam abaixo da faixa são considerados "abaixo da média".
**Os escores são arredondados para os 5 metros mais próximos.
†Os escores são arredondados para o centímetro mais próximo.

homens e mulheres de várias idades, também fornecem informações sobre os níveis de aptidão física associados com o nível funcional dos indivíduos. Os escores médios de aptidão física para homens e mulheres com baixo nível funcional (i. e., para os participantes do estudo que relataram dificuldade para realizar atividades normais da vida diária, como subir escadas, caminhar oitocentos metros ou carregar compras) compõem um tipo de valor-limite ou critério de referência que indica o risco de perda da mobilidade ou da independência funcional. (Ver Capítulo 3 para mais detalhes sobre os procedimentos para identificar zonas de risco.)

Os gráficos das Figuras 5.2 e 5.3 oferecem informações que mostram as faixas de escore normal, acima do normal e abaixo do normal referentes a cada item do teste, tanto para homens como para mulheres. Além disso, esses gráficos incluem informações sobre os níveis de aptidão física que

Tabela 5.4 Faixa Normal de Escores para Homens*

	60-64	65-69	70-74	75-79	80-84	85-89	90-94
Teste de Levantar da Cadeira (n° de repetições)	14 – 19	12 – 18	12 – 17	11 – 17	10 – 15	8 – 14	7 – 12
Teste de Flexão de Braço (n° de repetições)	16 – 22	15 – 21	14 – 21	13 – 19	13 – 19	11 – 17	10 – 14
Teste de Caminhada de 6 Minutos** (n° de metros)	557 – 672	512 – 640	498 – 621	429 – 585	406 – 553	347 – 521	278 – 457
Teste de Marcha Estacionária de 2 Minutos (n° de passos)	87 – 115	86 – 116	80 – 110	73 – 109	71 – 103	59 – 91	52 – 86
Teste de Sentar e Alcançar os Pés† (cm +/-)	-6,3 – +10.1	-7,6 – +7,6	-7,6 – +7,6	-10,1 – +5,0	-13,9 – +3,8	-13,9 – +1,2	-16.5 – -1,2
Teste de Alcançar as Costas† (cm +/-)	-16.5 – +0,0	-18,0 – -2,5	-20,3 – -2,5	-22,8 – -5,0	-24,1 – -5,0	-24,1 – -7,6	-26,6 – -10,1
Teste de Levantar e Caminhar (segundos)	5.6 – 3.8	5.9 – 4.3	6.2 – 4.4	7.2 – 4.6	7.6 – 5.2	8.9 – 5.5	10.0 – 6.2

*A faixa normal de escores é definida pelos 50% centrais de cada faixa etária. Os escores acima da faixa são considerados "acima da média" para a faixa etária e os que ficam abaixo da faixa são considerados "abaixo da média".
**Os escores são arredondados para os 5 metros mais próximos.
†Os escores são arredondados para o centímetro mais próximo.

indicam risco de perda da mobilidade funcional. A Figura 5.2a, por exemplo, mostra que em qualquer faixa etária um escore abaixo de 8 no teste de levantar da cadeira está associado com perda de mobilidade funcional. A meta deve ser não só ficar acima, como também distanciar-se da zona de risco, de modo a resistir aos declínios de desempenho normalmente relacionados com envelhecimento, e permanecer distante do limiar associado com perda de função até os períodos mais avançados da vida.

A idade, obviamente, é um fator importante na interpretação de escores relacionados com a zona de risco de perda da mobilidade funcional. Embora um escore de 11 no teste de levantar da cadeira esteja acima da zona de risco para todas as faixas etárias, ele teria um peso bem diferente no caso de uma mulher de 82 anos em comparação com uma de 62. Para uma mulher de 82 anos, o escore 11 refletiria nível normal de força nos membros inferiores – nível que provavelmente não declinaria a ponto de atingir a zona de risco durante o restante da sua vida, pressupondo-se uma taxa normal de envelhecimento. Uma mulher de 62 anos, entretanto, com um escore de 11, pressupondo-se uma taxa normal de declínio (ver a inclinação da linha do 25º percentil da Figura 5.2a), estaria na faixa de risco de perda de mobilidade funcional no final da 7ª década de vida. O escore 14 para uma mulher de 62 anos ou mais no teste de levantar da cadeira, por outro lado, indica que ela provavelmente sofrerá os declínios normais da idade sem atingir a zona de risco até o final da 9ª década de vida. As linhas do 25º e do 75º percentis das Figuras 5.2 e 5.3 oferecem uma indicação das curvas normais do envelhecimento para cada item do teste. O Apêndice J contém gráficos com as informações das Figuras 5.2 e 5.3 que podem ser reproduzidos e exibidos em um quadro de aviso.

A tabela do Apêndice F pode ser usada para avaliar o índice de massa corporal (IMC). Embora ainda não se tenha chegado a uma faixa ideal de IMC para idosos, a compilação de informações de fontes variadas indica que o IMC acima de 26 ou abaixo de 19 pode estar associado com aumento de risco de doenças e incapacidade física em idades avançadas (American College of Sports Medicine, 1998b; Galanos et al., 1994; Harris et al., 1989; Losonczy et al., 1995; Shephard, 1997). Ainda que os valores de IMC forneçam diretrizes importantes para o peso corporal da maior parte das pessoas, no caso de idosos, eles devem ser interpretados com cautela, pois alterações não-percebidas na perda óssea e muscular podem resultar em maiores chances de erro na classificação dessa faixa etária.

Precauções na Interpretação dos Escores

É importante ressaltar que as zonas de risco indicadas nos gráficos de desempenho (Figuras 5.2 e 5.3) baseiam-se apenas no estudo normativo do TAFI e só têm valor como orientação para o desempenho, e não prevêem

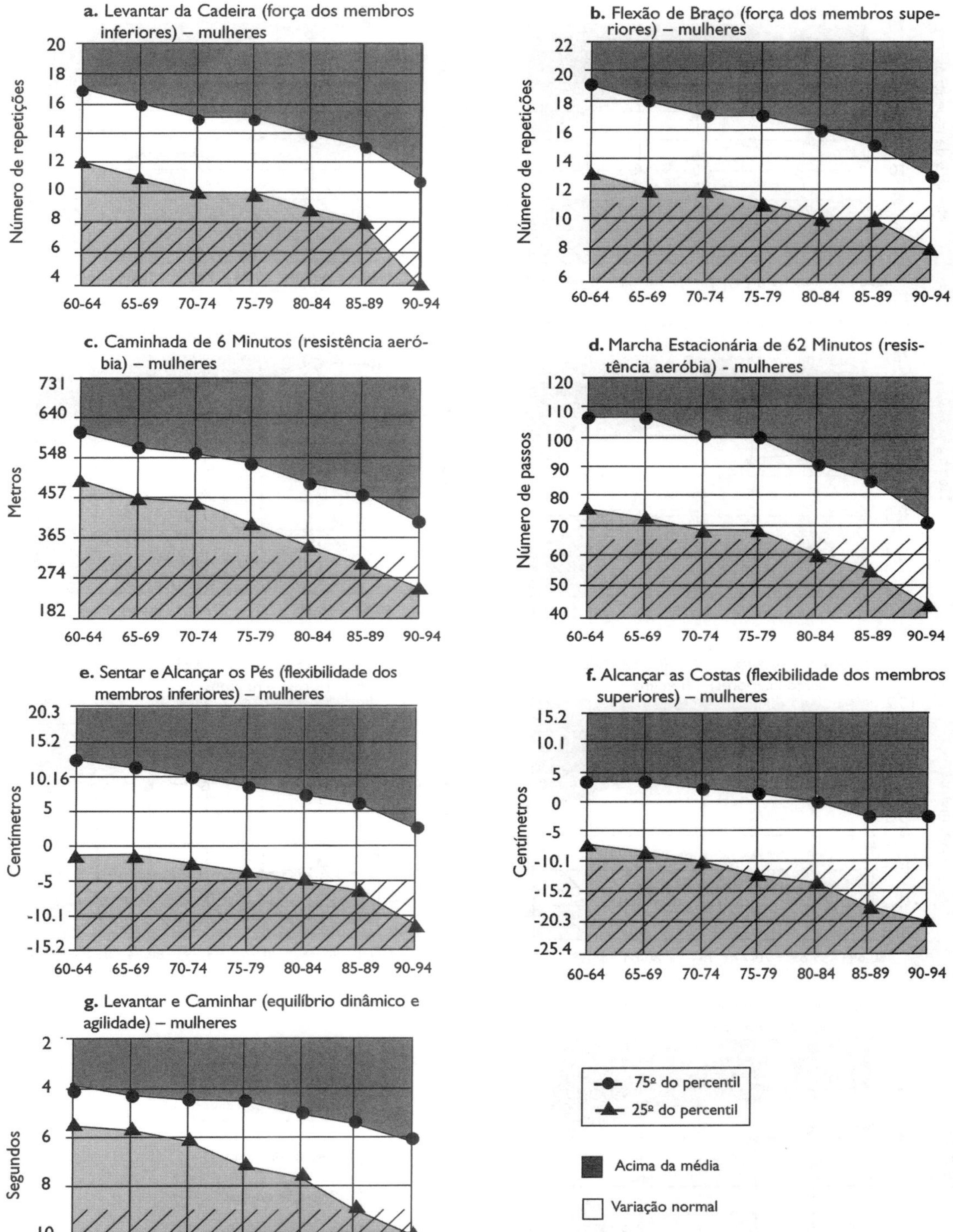

Figura 5.2 Gráficos de desempenho do TAFI entre mulheres.
Observação: os limites da zona de risco foram estabelecidas a partir dos dados associados à baixa mobilidade funcional, de acordo com a Tabela 3.6. Os valores da tabela estão arredondados.

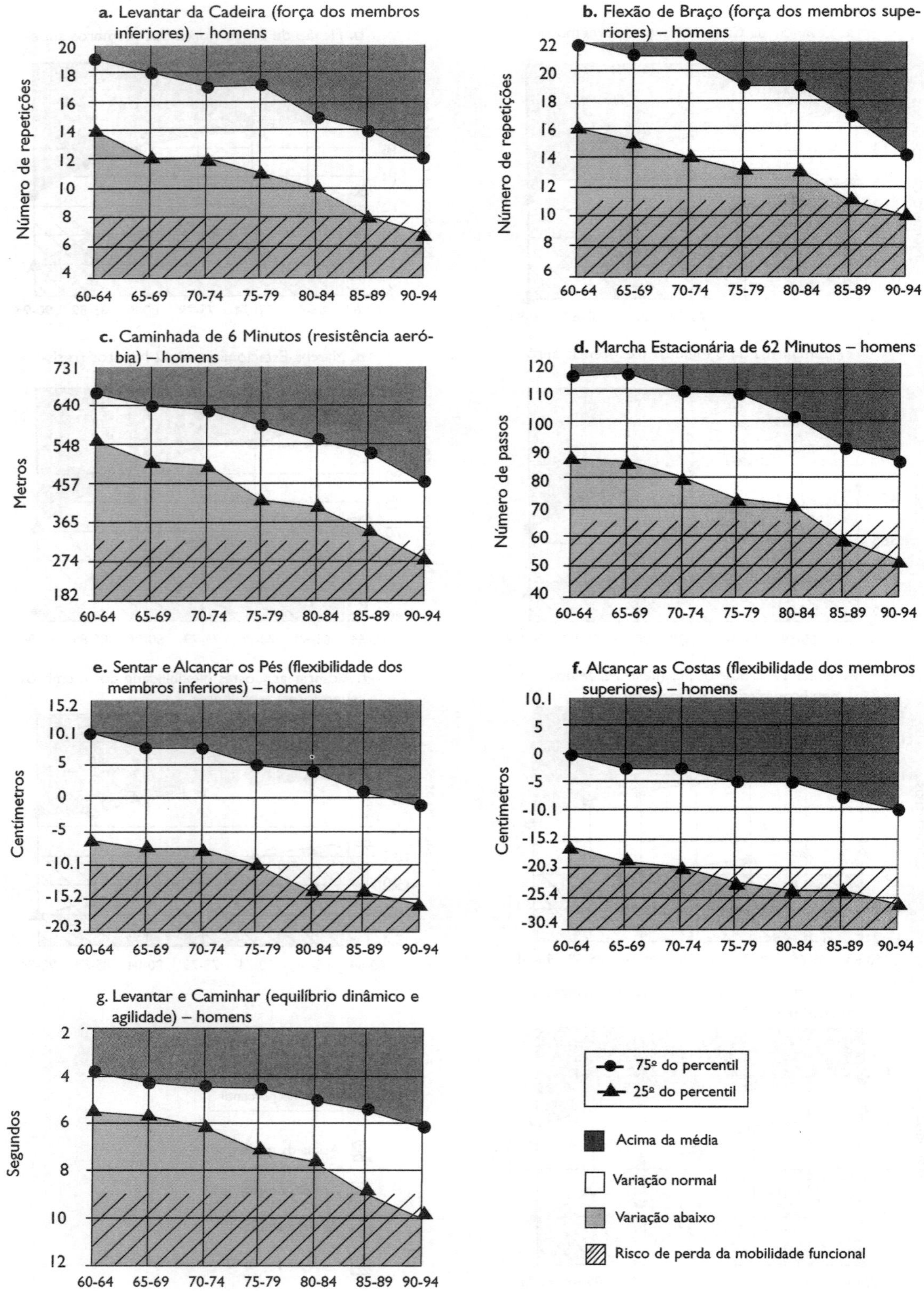

Figura 5.3 Gráficos de desempenho do TAFI entre homens.
Observação: os limites da zona de risco foram estabelecidas a partir dos dados associados à baixa mobilidade funcional, de acordo com a Tabela 3.6. Os valores da tabela estão arredondados.

com absoluta segurança a perda de função. Na verdade, a validação desses dados requer mais pesquisas. Entretanto, em virtude do grande número de pessoas testadas, esses dados, antes indisponíveis, certamente fornecem alguns pontos de referência (padrões) para avaliação dos níveis de aptidão física de idosos.

Os usuários do teste também devem lembrar-se de que os escores de limite usados para identificar as zonas de risco representam médias de grupos e podem não se aplicar igualmente a todos os indivíduos. Por exemplo, indivíduos muito baixos (ou muito altos) talvez não se saiam muito bem em alguns itens do teste em virtude da sua estatura, mas, ainda assim, podem apresentar boa capacidade funcional. Além disso, como esses dados são transversais (coletados em diferentes faixas etárias ao mesmo tempo) em oposição a longitudinais (coletados das mesmas pessoas à medida que avançam no processo de envelhecimento), os padrões de declínio relacionado com idade que aparecem nos gráficos podem representar estimativas acima ou abaixo das reais taxas de declínio da maioria dos idosos.

Ao usar tabelas e gráficos para a interpretação dos escores, é importante ter em mente as características gerais da população de referência. Conforme indicado no capítulo 3, o grupo que participou do estudo era composto por voluntários fisicamente independentes com nível razoável de atividade física, sendo 89% caucasianos com nível médio de escolaridade. Embora as características subjetivas do estudo do TAFI não difiram muito dos dados estatísticos de outros grandes estudos populacionais de idosos norte-americanos de vida independente (ver no Capítulo 3 a seção intitulada "Resultados de Estudos/Características dos Participantes"), é importante observar que os dados dos gráficos representam *médias gerais* que podem não se aplicar a subgrupos individuais de idosos. Não está claro, por exemplo, como esses escores se comportariam na comparação entre grupos étnico-raciais, grupos de outros países, grupos com níveis de escolaridade mais elevados (ou mais baixos), participantes menos motivados (não-voluntários) ou indivíduos com problemas crônicos de saúde.

Métodos para Fornecer *Feedback* aos Participantes

Dentre os mecanismos de *feedback* discutidos anteriormente (tabelas, gráficos, formulários de perfil pessoal ou dados produzidos por computador), os mais eficazes são os que levam em conta vários fatores. Se o TAFI for aplicado a um grupo grande e não houver tempo para *feedback* individual, a melhor opção será devolver as fichas de escore aos participantes (depois de terem sido copiadas) e deixar que eles façam a comparação com os padrões divulgados, usando a faixa normal das tabelas de escore (Apêndice M) ou os gráficos de desempenho do TAFI (Apêndice J).

Quanto aos gráficos, os participantes podem comparar seus escores com os de pessoas da sua idade e descobrir se o seu desempenho nos testes seria considerado normal, acima do normal, abaixo do normal ou na zona de risco para a sua faixa etária. Antes de entregar as fichas de escore, recomenda-se uma reunião com o grupo para explicar o significado das normas, o modo de usar as tabelas e gráficos e, especificamente, o que pode ser feito para melhorar o desempenho dos que obtiveram pontuação baixa.

Se o tempo e os recursos permitirem, entretanto, pode-se oferecer aos clientes um *feedback* mais significativo por meio de formulários individuais de perfil pessoal por meio do Apêndice I. Esses formulários contêm as informações que os clientes precisam para interpretar seus escores. Todos os itens do teste possuem um escore de referência acompanhado de classificações de percentil, categoria de avaliação (normal, acima do normal, abaixo do normal ou em risco), além de comentários e sugestões individuais se for o caso. O uso desses formulários facilita a avaliação dos pontos fracos e fortes do indivíduo dentro das categorias de aptidão física (isto é, em quê o cliente é melhor ou pior) e facilita a comparação de escores obtidos ao longo do tempo. Na versão computadorizada, o programa avalia os escores com relação aos padrões estabelecidos e fornece aos clientes gráficos fáceis de entender que explicam suas pontuações. O programa de computador também facilita a atualização da ficha dos clientes e permite que os dados estatísticos do grupo estejam sempre à mão para avaliação da eficácia do programa como um todo.

Novamente, seja qual for o método de *feedback* usado, sempre é bom lembrar que é muito importante ajudar os clientes a entender que, *seja qual for a idade ou a doença, sempre é possível melhorar*. Não se deve nunca simplesmente avaliar os clientes e lhes fornecer *feedback* sobre sua capacidade física sem lhes dar esperança e estímulo, principalmente se os seus escores forem baixos. Em vez disso, é preciso explicar que há vários estudos demonstrando que nunca é tarde e que ninguém é velho demais para melhorar a aptidão física. Eles precisam saber que é possível elaborar um programa de atividades para melhorar o seu desempenho, se assim desejarem. Os clientes devem compreender que, embora os padrões normativos (gráficos) possibilitem a comparação dos seus escores com os de outras pessoas da sua idade, a preocupação maior deve ser com a melhora das suas pontuações ao longo do tempo. Esse enfoque é especialmente importante para estimular as pessoas com pontuações baixas. A próxima seção apresenta sugestões para motivar os participantes a aumentar seu nível de atividade física e a melhorar seu desempenho.

USO DOS RESULTADOS DO TESTE PARA MOTIVAR OS PARTICIPANTES

Embora a importância da atividade física para a saúde e para o bom funcionamento do corpo seja um consenso, poucas pessoas (menos de 20% dos idosos) têm um nível de atividade compatível com a sua necessidade. Segundo especialistas da área de exercício, um primeiro passo importante para motivar as pessoas a se tornarem mais ativas é avaliar seus níveis de aptidão física e fornecer *feedback* individual, pressupondo-se, obviamente, que as pessoas estejam ao menos pensando em se tornar mais ativas. O fato é que o Dr. Kenneth Cooper, fundador e diretor clínico do mundialmente famoso Centro Aeróbio de Cooper de Dallas, elaborou todo o seu programa com base na premissa de que a avaliação é o fator de motivação mais importante para convencer as pessoas a melhorar seu nível de aptidão (Cooper, 1995). Segundo Cooper, e segundo a experiência das autoras deste livro no trabalho com idosos, o sucesso das tentativas de mudança de comportamento com relação à atividade física depende de:

- *Avaliação* – avaliar os níveis atuais de aptidão; identificar os pontos fracos e fortes.
- *Conscientização e motivação* – ajudar as pessoas a compreender a importância da aptidão física em suas vidas.
- *Definição de metas e elaboração de programas* – elaborar e colocar em prática programas com base em metas individuais que atendam às necessidades e aos interesses de cada um.
- *Monitoramento da evolução e reavaliação* – verificar a evolução dos participantes e reajustar os programas conforme as necessidades.

A função do TAFI é justamente atender ao primeiro desses requisitos - a avaliação. Para muitos indivíduos, o fato de ter em mãos a avaliação do seu nível de aptidão física por si só constitui motivação suficiente para o aumento do seu nível de atividade e para a melhora da sua capacidade. Os parágrafos seguintes descrevem os procedimentos subseqüentes à avaliação.

Conscientização e Motivação dos Participantes

Após a aplicação do TAFI, recomenda-se um encontro individual ou em grupo com os clientes para a entrega dos *feedbacks*. Esse é o momento ideal para conscientização e motivação com relação à importância de ser fisicamente ativo para a aptidão física na idade avançada. Recomenda-se ressaltar a forte relação entre o nível de atividade e os escores de aptidão física (surpreendentemente, muitas pessoas não sabem disso), bem como o fato de que pelo menos metade do declínio associado com envelhecimento não se deve totalmente ao envelhecimento, mas à falta de uso – isto é, à tendência das pessoas a tornarem-se cada vez menos ativas à medida que envelhecem.

Os clientes devem ser informados que, com o aumento da expectativa de vida, os níveis de aptidão física precisam de atenção crescente para uma vida independente e saudável na velhice. As informações sobre como a participação em atividade física pode ajudar a retardar o início da fragilidade física e a estender o período de independência constitui uma ótima motivação. As estatísticas indicam que muitos idosos por volta do final da 7ª e início da 8ª década de vida, principalmente os sedentários, perderão a força e a resistência necessárias ao desempenho das tarefas comuns da vida diária, como subir escadas, fazer compras a pé e realizar os cuidados pessoais e as atividades domésticas, se não aumentarem o nível de atividade. Para muitos, o estilo ativo pode facilmente acrescentar 10, 15 ou mais anos ao seu período de vida independente e funcional, retardando o início da fragilidade física.

É especialmente importante que os idosos compreendam a importância da prevenção dos círculos viciosos que podem se estabelecer – o círculo começa com a redução da atividade física em virtude da idade. Essa redução, por sua vez, leva à queda do nível de energia (redução do desejo de ser ativo) que, por sua vez, leva à queda ainda maior do nível de atividade e, depois, a maiores declínios do nível de energia, e assim por diante. No final, essa espiral descendente pode resultar em declínio de força e resistência com sérias conseqüências para a saúde e para o desempenho das atividades normais da vida diária. Os escores obtidos no TAFI constituem importante *feedback* sobre os pontos fracos e fortes dos idosos, quer eles se enquadrem ou não na faixa de risco de perda de mobilidade funcional em função da idade.

A boa notícia, no entanto, é que, seja qual for a idade ou o estado de saúde dos clientes, sempre é possível melhorar o nível de aptidão elevando-se o nível de atividade. Eles podem ser informados sobre as pesquisas realizadas na Tufts University, Cal State Fullerton, San Diego State University e em outras instituições, indicando que pessoas de todas as idades – mesmo na 8ª e 9ª décadas de vida – obtiveram ganhos significativos de aptidão física após a participação em programas de exercícios. Esses programas levaram à melhora do desempenho funcional (p. ex. marcha e equilíbrio), sendo que para alguns eles significaram o abandono da bengala e a capacidade de caminhar sem ajuda (Boyd & Zizzi, 1999; Fiatarone et al., 1990; Fiatarone et al., 1994; Rikli & Edwards, 1991; Rose, Jones, Dickin, Lemon, & Bories, 1999; Verfaillie, Nichols, Turkel, & Hovell, 1997).

Os clientes também podem ser motivados por meio de histórias de sucesso de pessoas que seguiram determinado programa. Os idosos se interessam pelas atividades dos seus companheiros e se sentem motivados com o seu sucesso. No TAFI, por exemplo, uma senhora de 79 anos que tinha vários problemas crônicos e tomava 13 medicamentos obteve pontuações que a colocaram na área de risco na maioria dos testes iniciais. Ela ficou tão chocada com a sua baixa pontuação em comparação com outras pessoas da sua idade que imediatamente contratou um *personal trainer*. Seis meses mais tarde, quando voltou para uma nova avaliação, não só suas pontuações em todos os testes estavam na faixa normal como o número de medicamentos que ela usava caíra para quatro. Além de dizer que se sentia uma nova pessoa, ela parecia uma nova pessoa — cheia de energia e muito sorridente. É evidente que o exercício não cura todos os problemas clínicos, mas não há dúvida de que ele pode ajudar no controle de muitas enfermidades.

> *"Desde que comecei a me exercitar, venho observando alterações positivas no equilíbrio, na flexibilidade e na resistência. Os testes anuais (Testes de Aptidão Física para Idosos) permitem que eu acompanhe o meu progresso. Acredito que o meu programa de exercício melhorou meu condicionamento físico, assim como minha antiga lesão no joelho que está bem melhor."*
>
> George Schussler, 75 anos –
> Maple Knoll Wellness Center (Cincinnati, Ohio)

Mesmo histórias de sucesso relativamente pequeno podem ser interessantes. Uma mulher, após ter cumprido oito semanas de um programa de exercício, ficou exultante ao descobrir que ganhara força nos membros superiores para, pela primeira vez, conseguir fechar a porta do porta-malas do carro sem ter de pedir ajuda. Outra relatou um enorme ganho de autoconfiança depois de ter aumentado o nível de força (e equilíbrio) dos membros inferiores a ponto de conseguir levantar-se do chão sem ajuda, algo que ela não conseguia fazer havia algum tempo. Há muitas histórias sobre como o aumento do nível de atividade física melhorou a qualidade de vida das pessoas.

Para iniciar ou modificar um programa de exercício, entretanto, geralmente é preciso mais do que uma conversa sobre o valor do exercício e algumas histórias com o intuito de motivar. A mudança de comportamento é difícil e quase sempre requer a aplicação de algum tipo de estratégia. Uma das técnicas de modificação de comportamento, sobretudo para os que já expressaram o desejo de mudar, é a definição de metas.

Definição de Metas e Elaboração de Programa

A definição de metas é essencial para quem quer mudar de comportamento. Estabelecer metas, sobretudo metas escritas, geralmente faz as pessoas passarem do nível das boas intenções ou do desejo para o nível do plano de ação. O instrutor de exercícios deve estimular seus clientes a definir metas, porém *não* deve estabelecê-las. As pessoas se empenham mais em cumprir metas estabelecidas por elas próprias do que as estabelecidas por outras pessoas, inclusive as estabelecidas por grupos profissionais conhecidos, como o *American College of Sports Medicine* ou o Ministério da Saúde dos EUA (a menos que, obviamente, essas metas sejam personalizadas e que os indivíduos as considerem importantes). Para ajudar os clientes a definir metas, alguns procedimentos e considerações são úteis. Os clientes devem ser estimulados principalmente a:

1. Definir metas de longo prazo ou os principais objetivos do exercício. As expectativas das pessoas com relação aos programas de exercício são muito variadas. Alguns se interessam por trabalhar os pontos fracos detectados no TAFI, outros pretendem apenas manter o nível atual de mobilidade e energia. Outros, ainda, estão interessados em controlar um problema de saúde (redução da hipertensão, controle do diabetes etc.). Alguns se interessam por perder peso, melhorar a aparência, reduzir o risco de queda, ou ainda, querem melhorar o desempenho em determinado esporte, como golfe ou corrida. Além disso, algumas metas podem ser muito específicas, como perder 5 quilogramas antes do casamento da neta no próximo verão, enquanto outras são mais genéricas. Para que o processo de definição de metas seja mais eficiente, elas devem ser escritas, talvez usando um formulário semelhante ao do Apêndice K.

2. Identificar metas de curto prazo (plano de atividades de uma ou duas semanas). Metas de longo prazo têm maior probabilidade de serem cumpridas se forem segmentadas em metas de curto prazo. Essas metas mais imediatas devem ser realistas, mensuráveis e específicas em termos de tempo, não devendo ultrapassar uma ou duas semanas. Elas devem tratar de atividades específicas que os clientes achem que os levarão a cumprir as metas de longo prazo. Alguns sugerem que uma meta só é realista quando obedece à regra dos 90% — isto é, aquela que o cliente tem 90% de certeza de que conseguirá atingir no período determinado. Meta (ou atividade) mensurável é aquela que pode ser verificada. Uma meta de se exercitar mais não é passível de ser verificada, mas uma de aumentar o tempo de caminhada para, no mínimo, 30 minutos quatro vezes por semana pode ser verificada. Ser específico em relação ao tempo das metas significa planejar os dias e os horários em que a atividade ocorrerá, como caminhar todas as segundas, quartas e sextas-feiras às 9 horas da manhã, ou realizar 10 minutos de exercícios de alongamento à noite durante o noticiário das 18 horas. Programar a atividade diária ou semanal (i. e., registrar na agenda) aumenta a probabilidade de essa ser realizada. Metas de curto prazo (planos de ação) acompanhadas dos horários devem ser registradas na ficha de metas do cliente junto com as metas de longo prazo (ver Apêndice K).

3. Identificar os obstáculos em potencial e planejar estratégias para vencê-los. É preciso reconhecer que haverá obstáculos e revezes no cumprimento das metas de atividades. É importante prever esses obstáculos com antecedência e traçar possíveis estratégias para lidar com eles. A maioria das pessoas consegue prever os prováveis obstáculos que encontrará: pode ser o mau tempo, interrupções em função de amigos ou parentes ou simplesmente falta de autodisciplina. Se o mau tempo sempre interrompe os planos de caminhada, talvez seja possível traçar planos alternativos, como ir a um shopping center ou à academia quando as condições climáticas forem desfavoráveis. Se a barreira for a procrastinação ou a falta de autodisciplina, talvez seja melhor programar sessões de exercício com um parceiro. A pressão social e as expectativas dos companheiros, bem como o prazer de se exercitar em companhia de outra pessoa, podem ajudar a manter o foco dos planos. A projeção dos obstáculos e as estratégias para vencê-los devem ser expressas em voz alta como parte do processo de definição de metas (ver Apêndice K).

Monitoramento do Progresso e da Reavaliação

Outro passo importante na mudança de comportamento com relação à atividade física é o monitoramento do progresso e da reavaliação. Para promover a fidelidade ao programa, deve-se sugerir aos clientes que discutam suas metas e planos com um amigo, membro da família ou instrutor, e que depois peçam a essa pessoa para assinar suas metas como testemunha. Ao menos uma vez por semana, eles podem pedir à pessoa para perguntar sobre o seu progresso.

Para alguns, um registro diário ou semanal dos exercícios para acompanhar o seu progresso em direção às metas de longo prazo (como perder 5 kg) e monitorar o cumprimento dos seus planos semanais pode ser uma boa motivação. Na verdade, é importante reconhecer que o aumento do nível de atividade por si só já merece cumprimentos. Em geral, esse aumento leva a outras recompensas não-programadas (além da meta original), como sentir-se e parecer melhor, aumento da autoconfiança ou da auto-eficácia, melhor qualidade do sono ou aumento do nível de energia e pretensão. É interessante observar que essas recompensas suplementares e intrínsecas costumam ser responsáveis por manter as pessoas ativas por mais tempo depois de alcançar as metas originais (perder os 5 kg para o casamento da neta).

A dificuldade, entretanto, é o tempo (às vezes, muitas semanas) que a pessoa leva para atingir a fase em que as recompensas intrínsecas associadas com atividade física e aptidão (p. ex., alegria de ser ativo e sensação de bem-estar e de meta cumprida) transformam-se em motivação para a manutenção do programa de exercício. Nesse ínterim, os clientes devem ser estimulados, sobretudo os novos, a continuar estabelecendo metas conforme descrito anteriormente e também a manter um diário das suas atividades de exercício. A Figura 5.4 contém um exemplo de ficha de ativida-

Ficha de Atividades

Semana de ________________ Nome ________________

Registro de minutos por dia Atividade do estilo de vida:	Segunda	Terça	Quarta	Quinta	Sexta	Sábado	Domingo
Indicar qualquer tarefa doméstica, atividade no quintal, atividade recreativa, atividade esportiva etc; de nível moderado. Se a atividade física for de baixa intensidade, acrescentar exercício estruturado (ver abaixo).	*Limpou o quintal, fez algum trabalho no jardim (30 min)*					*Limpou a casa (passou aspirador, limpou espelhos, banheiros etc.) 1h30min*	
Exercício Estruturado: ***Exercício aeróbio*** - caminhada em ritmo rápido, *jogging*, exercício aeróbio, ciclismo, esteira etc. (Necessidade de 20 a 30 minutos, 3 a 5 vezes por semana).	*Caminhada rápida (30 min)*		*Caminhada rápida (30 min)*		*Andar de bicicleta no Centro para Idosos (20 min)*		
Exercício de força - pode-se usar fita elástica, pesos manuais, aparelhos de peso ou ginástica calistênica. (Trabalhar os músculos dos membros superiores e inferiores no mínimo 2 vezes por semana).		*20 min membros superiores e inferiores*		*20 min (membros superiores e inferiores)*		*Tarefas domésticas (ver acima)*	
Totais Diários: O participante está conseguindo fazer 30 a 40 minutos de exercício moderado por dia?	*60 min*	*20 min*	*30 min*	*20 min*	*20 min*	*90 min*	
Igualmente Importante: ***Flexibilidade/alongamento*** – alongar todas as áreas musculares e articulares 2 a 3 vezes por semana, se possível, todos os dias.	*Bastante alongamento após a caminhada*				*Exercícios de flexibilidade e relaxamento antes de dormir*		
Atividades de agilidade/equilíbrio - - especialmente importante para os que apresentam problema de equilíbrio.							

de semanal que pode ser adaptada para a maioria das pessoas. Embora as metas e os planos de exercício possam variar bastante, a maior parte será capaz de planejar suas atividades conforme a sua categoria. O Apêndice L contém um modelo específico dessa ficha para reprodução.

O processo de conquista das metas também deve ser monitorado por meio de avaliação periódica dos parâmetros de aptidão e de outros indicadores afins. Uma nova aplicação do TAFI após algumas semanas fornece uma indicação das alterações que envolvem força, resistência, flexibilidade, equilíbrio e peso corporal. Alterações em outros indicadores, como pressão arterial, índice de açúcar no sangue (no caso de diabetes), escores no golfe ou autodiagnósticos do nível de energia e da sensação de bem-estar, também oferecem evidências da situação das metas.

Os clientes podem precisar de ajuda para elaborar o programa de atividades específicas mais interessantes à conquista das suas metas. A próxima seção aborda várias questões importantes sobre a ajuda aos clientes quanto à melhora do desempenho.

MELHORA DO DESEMPENHO

A recomendação de exercícios específicos para a melhora do nível de aptidão física deve levar em conta vários fatores. Além de considerar

Tabela 5.5 Exemplos de Atividades que Fornecem Exercício de Nível Moderado

Exercícios que consomem 150 calorias de energia
• Lavar e encerar o carro durante 45 a 60 minutos.
• Lavar janelas ou pisos durante 45 a 60 minutos.
• Trabalhar no jardim durante 30 a 45 minutos.
• Empurrar-se em uma cadeira de rodas durante 30 a 40 minutos.
• Caminhar 2.800 metros em 35 minutos (20 min/1.600 m).
• Caminhar 3.200 metros em 30 minutos (15 min/1.600 m).
• Varrer durante 30 minutos.
• Empurrar um carrinho por 2.400 metros em 30 minutos.
• Percorrer 8.000 metros de bicicleta em 30 minutos.
• Percorrer 6.400 metros de bicicleta em 15 minutos.
• Fazer exercício aeróbio na água durante 30 minutos.
• Nadar durante 20 minutos.
• Correr 2.400 metros em 15 minutos (10 min/1.600 m).
• Subir escada durante 15 minutos.
• Dançar durante 30 minutos.
• Juntar neve durante 15 minutos.

as necessidades de cada um, conforme indicações dos escores obtidos no TAFI, bem como qualquer objetivo pessoal quanto aos exercícios (como perda de peso ou controle de alguma enfermidade), também é importante considerar as preferências do cliente quanto aos exercícios ou atividades. Ouve-se com freqüência que o melhor exercício para a melhora do desempenho é aquele que a pessoa fará, sugerindo que os clientes também precisam da ajuda do instrutor para determinar que tipo de exercício funciona melhor para eles – isto é, o que melhor se adapta à sua personalidade e atende às suas necessidades pessoais e do meio em que vive (p. ex., acesso aos locais de exercício, questões financeiras, transporte, suporte social etc.). As opções de exercício são variadas e incluem exercício sozinho ou em grupo; exercício em casa, em aula ou em uma academia; prática de atividades estruturadas ou exercício incorporado às rotinas diárias; prática de uma atividade de lazer, maior carga de trabalho doméstico ou jardinagem. Essas opções incluem, ainda, atividades recreativas, como atividades sociais, esportivas ou dança. A elaboração de programas eficazes deve considerar as diretrizes cientificamente comprovadas e as recomendações desenvolvidas por profissionais.

As outras seções deste capítulo abordam as últimas diretrizes de exercícios especificamente para idosos e as recomendações para a melhora do desempenho. Essas recomendações incluem maneiras de aumentar a atividade física no estilo de vida e exercícios estruturados para cada categoria de aptidão.

Diretrizes de Exercícios para Idosos

Vários relatórios recentes, sobretudo o relatório do Ministério da Saúde dos EUA, *Physical Activity and Health* (*U.S. Department of Health and Human Services*, 1996); a posição do *American College of Sports Medicine* (ACSM) sobre Atividade Física e Exercícios para Idosos (*American College of Sports Medicine*, 1998a); e as últimas orientações da ACSM, *Guidelines for Exercise Testing and Prescription* (*American College of Sports Medicine*, 2000) formam as bases para as diretrizes fornecidas por este livro no que se refere a exercícios para idosos. O relatório do Ministério da Saúde norte-americano baseia-se em mais de 1.000 estudos científicos na área de epidemiologia, ciência do exercício, medicina e ciências do comportamento para concluir que exercícios moderados na maior parte da semana podem trazer benefícios à saúde e à mobilidade dos idosos.

Para a maioria das pessoas nessa fase da vida, uma caminhada diária com duração de 30 a 40 minutos em ritmo acelerado constitui um exercício moderado (queima de, no mínimo, 150 calorias de energia por dia ou cerca de 1.000 calorias por semana). A Tabela 5.5 apresenta exemplos de outras atividades que correspondem a exercícios moderados. O Ministério da Saúde norte-americano também sugere que quantidades maiores de atividade física podem proporcionar mais benefícios, sendo que essas atividades podem ser distribuídas ao longo do dia como parte da rotina diária ou ocorrer na forma de exercícios estruturados. Finalmente, reconhecendo que a força muscular é importantíssima para a mobilidade funcional, o Ministério da Saúde norte-americano também sugere a inclusão de exercícios de força em alguns programas de atividade física para idosos.

As diretrizes do ACSM (*American College of Sports Medicine*, 1998a, 2000) são compatíveis com as recomendações do relatório do Ministério da Saúde norte-americano, porém incluem mais detalhes. Especificamente, elas fornecem evidências de que, para a manutenção da boa saúde e do bom funcionamento do corpo na idade avançada, os idosos devem praticar (1) exercício moderado na maior parte da semana – exercícios que envolvam atividades rítmicas de grandes grupos musculares no mínimo duas vezes por semana, como caminhada, corrida, natação ou ciclismo; (2) atividades de força no mínimo duas vezes por semana, inclusive exercícios de intensidade relativamente alta, exercícios de resistência progressiva se as metas envolverem ganho de força muscular; e (3) atividades que aumentam a flexibilidade, o equilíbrio e a agilidade. É importante observar que indivíduos frágeis e de baixa aptidão física talvez precisem de exercícios de força gradativos para melhorar a capacidade muscular antes de iniciar um programa de exercício aeróbio. Em adultos frágeis, a melhora da capacidade de andar, por exemplo, geralmente depende do trabalho de força e equilíbrio dos membros inferiores.

Um bom programa de exercício para idosos deve abordar os aspectos que fazem parte da aptidão (resistência aeróbia, força, flexibilidade e equilíbrio/agilidade), porém, existem muitas opções para se obter a quantidade recomendada de exercício. Ainda que não pretenda esgotar a discussão sobre programas de exercício para idosos, este livro faz algumas recomendações e fornece referência bibliográfica para mais informações.

Recomendações sobre Exercícios

Efetivamente, ao fazer recomendações sobre exercícios específicos, é importante ter em mente que só serão eficazes os exercícios que forem feitos. Assim, recomenda-se explicar aos clientes que há duas maneiras de aumentar o nível de aptidão: (1) incorporando mais atividade física à rotina diária (às vezes chamados de exercícios do estilo de vida) ou (2) fazendo uma programação semanal para exercícios estruturados que abordem componentes específicos da aptidão, como força, resistência e flexibilidade. Ambos os métodos oferecem vantagens. Para alguns, a vantagem do exercício incorporado ao estilo de vida é que ele atende também a outros propósitos (p. ex., levar o cachorro para passear, fazer trabalhos no quintal ou lavar o carro) e não parece exercício. A vantagem do exercício estruturado é o foco em aspectos específicos e a sua eficácia para necessidades especiais ou pontos fracos que, por ventura, tenham sido identificados na avaliação da aptidão. As próximas seções oferecem outras sugestões de exercício incorporado ao estilo de vida e de exercício estruturado.

Exercício Incorporado ao Estilo de Vida

A maioria das pessoas poderia aumentar o nível de atividade física de forma significativa simplesmente incorporando mais atividade à vida diária. O dia-a-dia oferece muitas oportunidades de aumentar a atividade por meio da alteração das rotinas e hábitos – subir pela escada em vez de usar o elevador, caminhar mais e usar menos o carro, fazer mais trabalhos domésticos e cuidar do quintal, por exemplo. Os clientes idosos devem ser estimulados a colocar em prática o lema "mais movimento e menos poltrona". Considerando-se que a frase "tudo o que não é usado atrofia" tem mais peso na velhice, a melhor coisa que se pode fazer para a preservação da capacidade funcional é permanecer ativo o máximo possível. Esses são apenas alguns exemplos de como as pessoas poderiam aumentar de forma efetiva o gasto energético diário:

- Subir pela escada em vez de usar o elevador.
- Levar mais vezes o cachorro para passear.
- Caminhar em vez de usar o carro.

Tabela 5.6 Escala de Percepção de Esforço de Borg (EPE)

6	Nenhum esforço
7	Muito fácil
8	
9	Fácil
10	
11	Relativamente fácil
12	
13	Ligeiramente cansativo
14	
15	Cansativo
16	
17	Muito Cansativo
18	
19	Exaustivo
20	Esforço máximo

Reimpresso de Borg, 1998.

- Ir de bicicleta à casa de um amigo.
- Limpar a garagem ou lavar o carro.
- Fazer mais tarefas domésticas ou cuidar mais do quintal.
- Brincar com os netos.
- Participar de um clube de passeio ou grupo de dança.
- Fazer trabalhos voluntários ativos.
- Estacionar o carro distante do lugar onde se deseja ir.
- Planejar férias com atividades físicas.
- Empurrar um carrinho.
- Adotar um passatempo dinâmico.
- Pegar lixo de lugares públicos (parques, praias etc.).

Essas atividades incorporadas ao estilo de vida ajudam a preservar a capacidade funcional e a aptidão, podendo até mesmo resultar em aumentos significativos da capacidade física se houver um aumento importante no nível habitual de atividade. A maioria das pessoas, entretanto, pode obter mais benefícios se, além das atividades da vida diária, seguirem um programa de exercício estruturado que aborde as várias categorias da aptidão.

Exercícios Estruturados

Além de incorporar o máximo possível de atividades às rotinas diárias (i. e., "mais movimento e menos poltrona"), a maioria dos idosos também pode reservar um tempo do seu dia para exercícios de força, resistência aeróbia ou flexibilidade, garantindo, assim, um programa completo abordando todos os aspectos da aptidão. O exercício estruturado ou específico é importante para clientes que obtiveram pontuações baixas no TAFI e que precisam melhorar o nível de aptidão em uma ou duas categorias específicas. As informações abaixo são sobre exercícios específicos para cada componente da aptidão – resistência aeróbia, força, flexibilidade, equilíbrio e agilidade.

Resistência Aeróbia. O exercício aeróbio melhora a função do coração, dos pulmões e dos vasos sanguíneos, além de ajudar as pessoas a terem mais energia. No TAFI, a resistência aeróbia é medida pelo teste de caminhada de 6 minutos ou de marcha estacionária de 2 minutos. Os clientes podem melhorar as pontuações de resistência aeróbia por meio de atividades rítmicas dos grandes músculos, como caminhada, *jogging*, natação ou ciclismo. As pessoas que obtiveram pontuações excepcionalmente baixas em resistência aeróbia devem, antes de melhorar a resistência aeróbia, trabalhar mais a força dos membros inferiores (ver próxima seção) ou fazer as duas coisas ao mesmo tempo. Para a maioria dos idosos, a caminhada é a forma ideal de exercício aeróbio, não só por sua contribuição ao condicionamento aeróbio, mas também por sua importância funcional na vida diária.

A meta do condicionamento aeróbio é aumentar gradativamente a duração, a freqüência e a intensidade do exercício, ou seja, 30 minutos de exercício de intensidade moderada, de preferência, cinco vezes por semana. Para a maioria, o nível moderado de intensidade seria aquele capaz de causar um aumento perceptível na freqüência cardíaca e respiratória que normalmente resulta em transpiração. Alguns usam o "teste da conversa" para definir a intensidade moderada, significando que, no nível moderado, a pessoa consegue conversar, mas não consegue cantar. Outro modo de determinar o nível moderado é por meio do uso da Escala de Percepção de Esforço de Borg (EPE) apresentada na Tabela 5.6. Na escala EPE, o esforço moderado é o que atinge nível de intensidade de 12 a 14, isto é, esforço avaliado como sendo "ligeiramente cansativo".

Como acontece com todos os tipos de exercício, os clientes devem sempre ser aconselhados a começar com níveis mais baixos e aumentar gradativamente até o nível desejado. Os estudos demonstram que o exercício aeróbio permanece eficaz se for realizado em blocos contínuos (como 30 minutos de cada vez) ou em blocos segmentados (como 10 minutos de cada vez três vezes por semana). A duração do exercício aeróbio que atende às diretrizes e recomendações do Ministério da Saúde norte-americano e do ACSM varia de acordo com o nível de intensidade. A Tabela 5.5 contém exemplos de atividades que fornecem as quantidades recomendadas de atividade física diária de nível moderado – ou seja, atividades que consomem aproximadamente 150 calorias de energia por dia ou 1.000 calorias por semana, supondo-se a prática diária (*U.S. Department of Health and Human Services*, 1996). O aumento dessas atividades aeróbias deve resultar em melhor desempenho nos testes de resistência aeróbia do TAFI: teste de caminhada de 6 minutos e teste de marcha estacionária de 2 minutos.

Diretrizes para o Condicionamento Aeróbio

- Escolher atividades rítmicas que envolvam grandes músculos, como caminhada, *jogging*, ciclismo, natação ou dança aeróbica.
- Fazer exercício na maior parte da semana, de preferência, todos os dias.
- Começar com pouco tempo e aumentar gradativamente até, no mínimo, 30 a 40 min de atividade aeróbia por dia.
- Fazer exercício de intensidade moderada (ligeiramente cansativo).

Força Muscular. Conforme discutido nos Capítulos 2 e 3, o nível adequado de força nos membros superiores e inferiores é necessário para a execução de várias tarefas habituais, como subir escada, caminhar, levantar da cadeira ou da banheira e erguer e carregar objetos. No TAFI, a força dos membros inferiores foi avaliada pelo teste de levantar da cadeira. A força dos membros superiores foi avaliada pelo teste de flexão de braço (bíceps). Qualquer forma de exercício que cause estresse aos

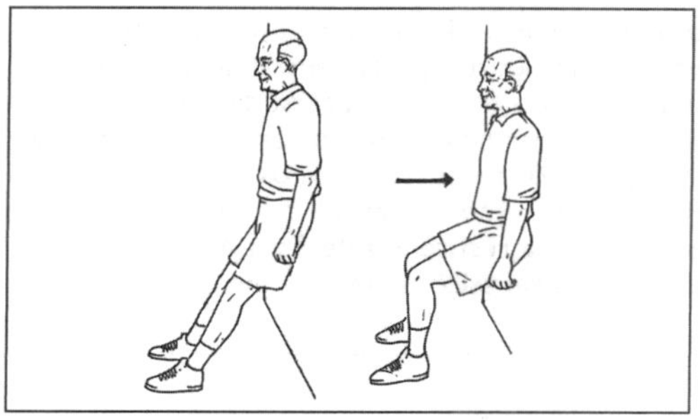

a) Agachamento na Parede. Ficar em pé com as costas apoiadas na parede e com os pés distantes (61 centímetros) dela e afastados entre si (15 a 20 centímetros). Lentamente deslizar as costas pela parede enquanto o joelho é fletido conforme ilustração. Sustentar a posição durante 10 segundos e continuar a respirar normalmente. Retornar à posição inicial. Aumentar gradativamente o tempo de sustentação até 30 segundos ou mais.

b) *Leg Press*. Na posição sentada, joelhos fletidos a 90 graus e pés fixos no apoio, estender as pernas contando até 2, pausar e retornar lentamente à posição inicial contando até 4. O movimento deve ser suave, sem trancos. Exalar o ar ao empurrar o apoio e inspirar ao fletir os joelhos. Ajustar a resistência de modo a completar 10 a 15 repetições.

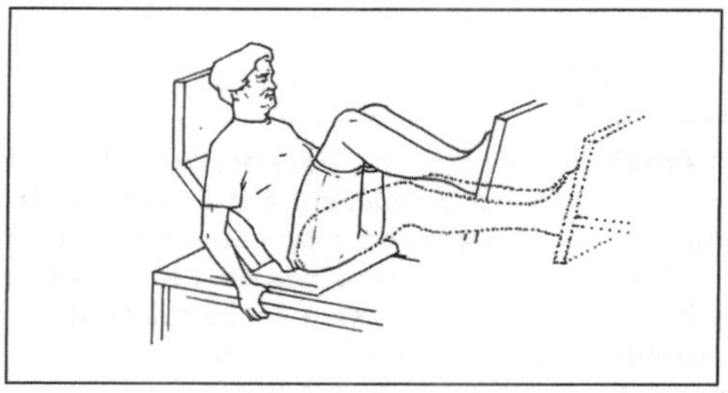

c) Flexão de Perna. Ficar em pé atrás de uma cadeira, com os pés apoiados no chão e afastados à mesma distância do quadril. Lentamente fletir a perna esquerda em direção aos glúteos, conforme ilustração, e pausar. Retornar à posição inicial. Selecionar um peso com Velcro de modo a completar 10 a 15 repetições. Ao terminar, repetir o exercício com a perna direita.

d) Extensão de Perna. Sentar em uma cadeira formando um ângulo reto ligeiramente afastado do espaldar com os pés apoiados no chão e afastados na mesma distância do quadril. Lentamente estender a perna direita no nível do quadril e pausar. Retornar à posição inicial. Selecionar um peso com Velcro de modo a completar 10 a 15 repetições. Ao terminar, repetir o exercício com a perna direita.

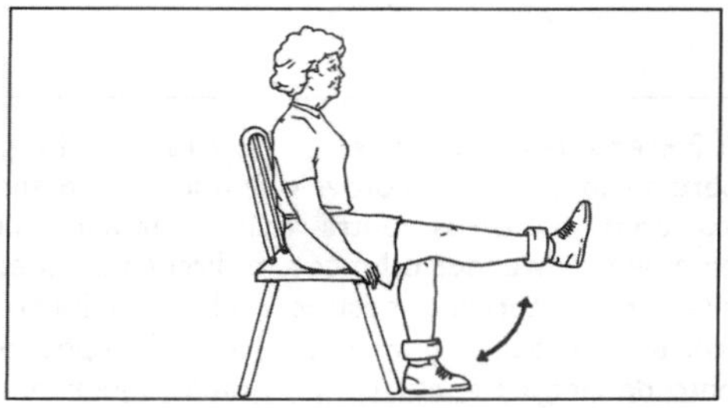

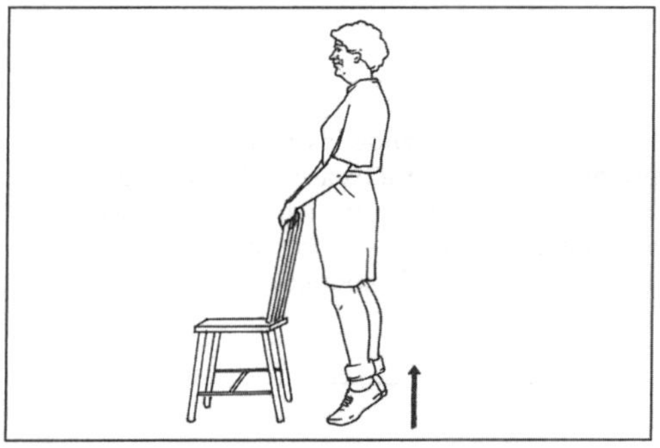

e) Elevação do Calcanhar. Ficar em pé atrás de uma cadeira, com os pés apoiados no chão e afastados na mesma distância do quadril. Elevar os calcanhares conforme ilustração e pausar. Voltar à posição inicial. Repetir o exercício entre 10 e 15 vezes. Começar com peso de 2,3 kg e aumentar gradativamente.

f) Dorsiflexão do Tornozelo. Sentar em uma cadeira com as pernas ligeiramente estendidas, pés afastados na mesma distância do quadril e a fita elástica fixada em torno dos pés. Flexionar o pé direito para cima, pausar e voltar à posição inicial. Selecionar uma resistência de fita elástica de modo a completar 10 a 15 repetições. Repetir com o pé esquerdo.

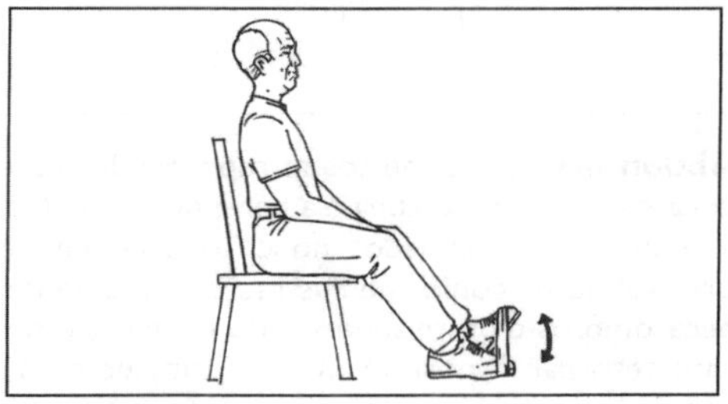

Figura 5.5 Exemplos de exercícios de força para os membros inferiores.

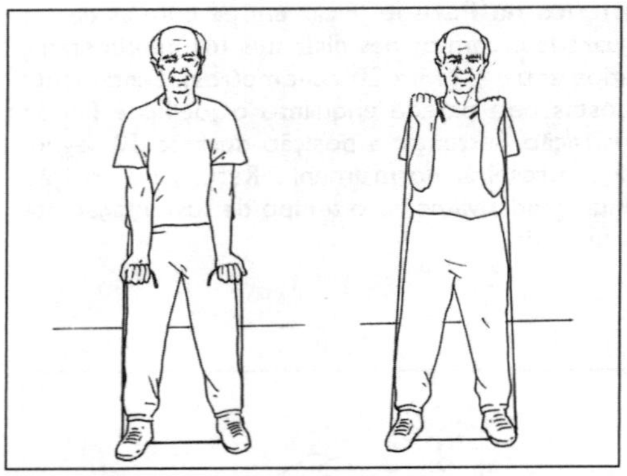

a) Flexão de Cotovelos. Ficar em pé ereto, pés afastados na largura do ombro sobre a parte central de uma fita elástica ou barra, segurar a fita com a palma das mãos conforme ilustração. Flexionar lentamente os braços nos cotovelos elevando apenas os antebraços até os ombros e retornar lentamente à posição inicial. O braço não deve se mover. Selecionar uma resistência de fita elástica de modo a completar 10 a 15 repetições até o ponto de fadiga.

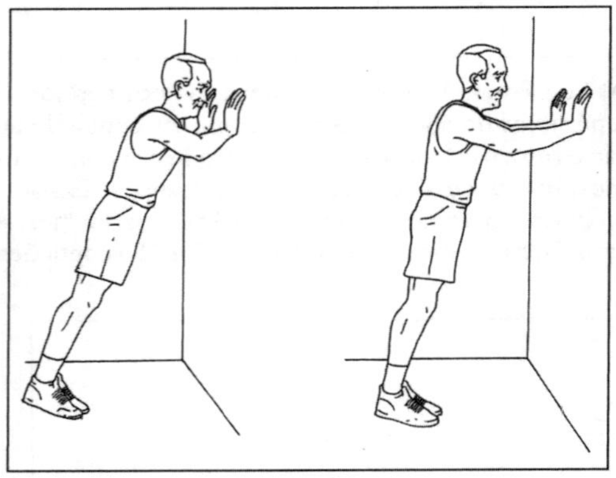

b) Flexão de Braços na Parede. Estender os braços e apoiar as mãos na parede, em afastamento na largura do ombro. Com os braços em extensão total, fletir os cotovelos dirigindo o corpo para a parede. Lentamente, retornar os braços à posição de extensão completa sem travar os cotovelos. Repetir o exercício 10 a 15 vezes. Se for fácil demais, realizar a extensão modificada.

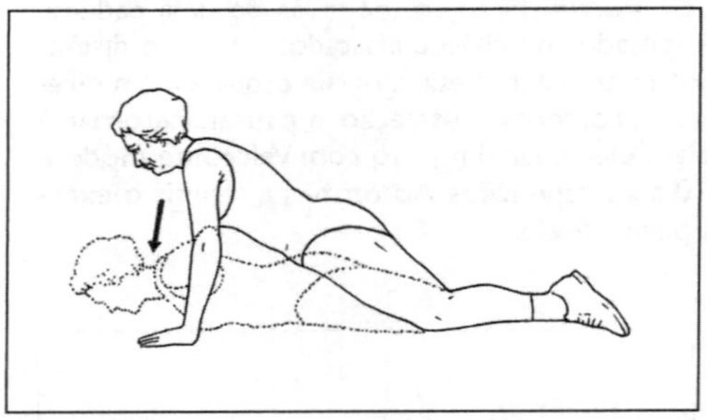

c) Flexão de Braços no Chão. Deitar no chão com o rosto voltado para baixo e as mãos e joelhos afastados na largura do ombro. Manter as costas retas e os braços totalmente estendidos, depois fletir o cotovelo abaixando o corpo de volta ao chão. Completar 10 a 15 repetições.

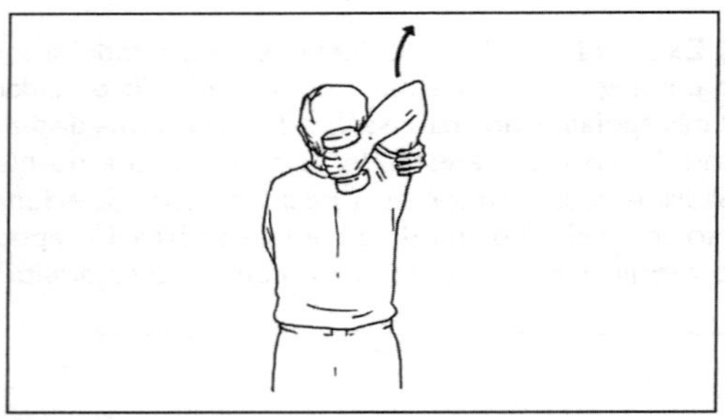

d) Extensão de Cotovelos. Posicionar o braço direito sobre a cabeça com o cotovelo fletido e apontando para o alto com apoio da outra mão conforme ilustração. Lentamente estender o braço em direção ao alto, pausar e lentamente retornar à posição inicial. Selecionar um peso manual de modo a completar 10 a 15 repetições até o ponto de fadiga. Repetir com o braço esquerdo.

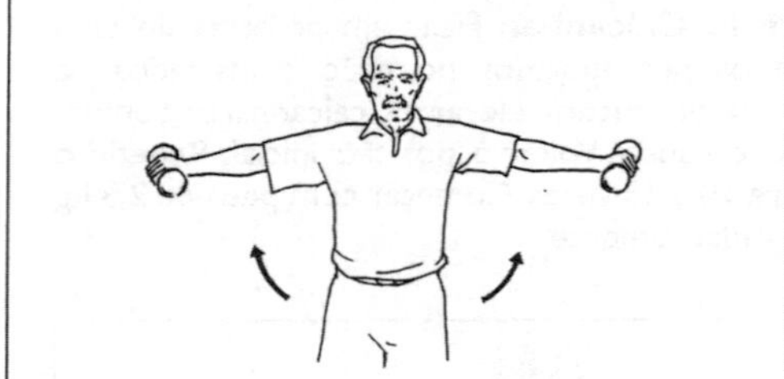

e) Elevação Lateral. Segurando os pesos ao longo do corpo, lentamente elevar os braços até a altura do ombro conforme ilustração, pausar e depois lentamente retornar os braços à posição inicial. Selecionar um peso manual que permita completar 10 a 15 repetições até o ponto de fadiga.

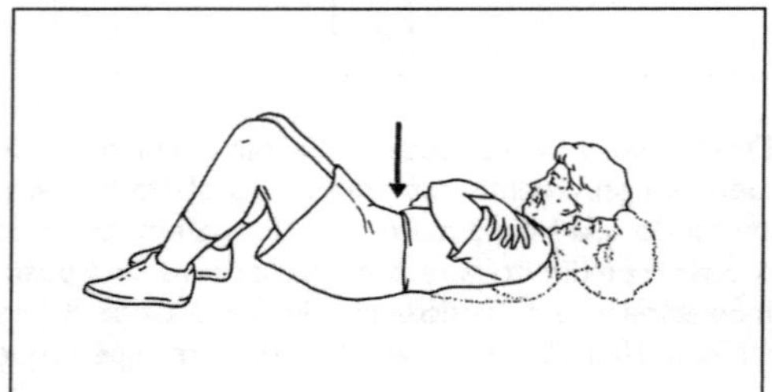

f) Abdominal. Deitar de costas repousando suavemente a cabeça, os ombros, a coluna e a pelve no chão. Fletir os joelhos com os pés apoiados no chão e cruzar os braços sobre o abdome conforme ilustração. Lentamente elevar a cabeça, ombros e parte superior do tronco, pausar e lentamente retornar à posição inicial. Completar o máximo possível de repetições até o ponto de fadiga ou até não conseguir mais executar da forma correta.

Figura 5.6 Exemplos de exercícios de força para os membros superiores.

músculos, inclusive muitos tipos de tarefa doméstica ou de limpeza de quintal, ajuda a manter a força. Se um cliente obteve baixa pontuação em um ou nos dois itens de força do TAFI e quer aumentá-la, precisará seguir uma rotina progressiva de exercícios de resistência.

Em suma, a força aumenta com o aumento gradativo da resistência sobre o músculo, isto é, aplicando-se o princípio da sobrecarga. Sobrecarregar um músculo significa levá-lo a fazer mais do que costuma. Pode-se obter essa sobrecarga por meio do uso de pesos (semelhantes aos pesos usados para o teste de força de braço do TAFI), fitas elásticas, pesos com velcro, aparelhos de exercício projetados para grupos musculares específicos, ou o peso da própria pessoa e a gravidade.

Para aumentar a força de idosos recomenda-se um procedimento envolvendo a realização de 10 a 15 repetições de determinado exercício de força usando-se um peso (resistência) que possa causar fadiga muscular nesse intervalo, sendo que *fadiga* significa incapacidade dos músculos realizarem outra repetição usando a forma adequada. Tomando-se a flexão de cotovelo como exemplo, é possível aumentar a força dos bíceps selecionando um peso que pode ser elevado pelo menos 10 vezes, mas não mais de 15, antes que o músculo atinja o ponto de fadiga que o impede de continuar. Então, à medida que a força muscular aumenta (quando for possível flexionar o braço com o peso mais de 15 vezes antes de ocorrer fadiga), o peso também deve aumentar, impondo sobrecarga ao músculo – para que ele faça mais do que está acostumado a fazer. Esse processo deve ser repetido durante todo o desenvolvimento do programa de força, ou seja, quando a força aumentar a ponto de se fazer mais de 15 repetições sem fadiga, o peso deverá ser substituído por um maior ou a fita elástica deverá ser substituída por uma mais resistente. No caso de aparelhos de ginástica, a sua resistência deverá ser ajustada.

No protocolo de treinamento de força recomendado para idosos consta a realização de, no mínimo, uma (de preferência duas) série de 10 a 15 repetições até o ponto de fadiga para cada um dos principais grupos musculares. Os grupos musculares importantes para os idosos são os exigidos no funcionamento dos membros inferiores (extensores do quadril, adutores e abdutores do quadril, extensores e flexores do joelho e dorsiflexores e flexores plantares do tornozelo), dos membros superiores (bíceps, tríceps, ombros e extensores das costas) e na estabilidade do tronco (abdominais). Os exercícios de força devem ser realizados pelo menos duas vezes por semana com um intervalo mínimo de 48 horas entre as sessões. As Figuras 5.5 e 5.6 fornecem exemplos de vários tipos de exercícios de resistência usando o peso do próprio corpo, aparelhos, pesos de velcro, fitas elásticas e pesos manuais que podem ser usados para aumentar a força dos membros superiores e inferiores de idosos.

Outros exercícios e mais informações sobre treinamento para idosos podem ser encontrados nas referências bibliográficas do Apêndice N.

Diretrizes para Treinamento de Força

- Incluir exercícios de resistência para cada um dos principais grupos musculares.
- Selecionar um peso (ou nível de resistência) que permita a execução de 10 a 15 repetições antes do ponto de fadiga.
- Aumentar o peso ou a resistência ao conseguir completar mais de 15 repetições.
- Realizar, no mínimo, uma série de 10 a 15 repetições para cada grupo muscular.
- Realizar exercício de treinamento de força duas vezes por semana, no mínimo.

Flexibilidade. A flexibilidade é importante para manter a boa postura e reduzir os riscos de lesão e problemas de coluna. Além disso, ela é essencial para o desempenho de tarefas do cotidiano, como amarrar o cadarço do sapato, ajoelhar para pegar objetos do chão, vestir roupas pela cabeça e pentear o cabelo. No TAFI, a flexibilidade dos membros superiores e inferiores é avaliada pelo teste de sentar e alcançar na cadeira e pelo teste de alcançar as costas. Um programa abrangente deve incluir exercícios de flexibilidade para todas as áreas musculares e articulares – tornozelo, joelho, quadril, costas, ombro, tronco e pescoço. Recomenda-se que os idosos incorporem alongamento à sua rotina de exercícios. Antes de fazer exercícios aeróbios ou de alongamento, é importante aquecer primeiramente músculos e articulações caminhando ou fazendo ginástica calistênica leve e depois fazer alguns exercícios de flexibilidade para ajudar a evitar lesões ao tecido corporal. O alongamento deve fazer parte do desaquecimento após as sessões de exercício.

Os exercícios de alongamento devem ser realizados sempre de maneira lenta e gradual, alongando apenas até o ponto de tensão suave, porém, sem dor. Cada alongamento deve ser sustentado por, no mínimo, 5 a 10 segundos e deve ser repetido, no mínimo, duas ou três vezes. O alongamento nunca deve envolver movimentos bruscos nem ultrapassar o ponto de dor. A Figura 4.2 apresenta exemplos de exercícios de alongamento que podem ser usados para aquecimento antes de fazer os testes do TAFI. Outras informações sobre flexibilidade e exemplos de exercícios podem ser encontrados nas referências bibliográficas recomendadas no Apêndice N.

Diretrizes para Exercícios de Flexibilidade e Alongamento

- O alongamento deve ser lento e gradual, sem movimentos bruscos.
- Sustentar cada alongamento por, no mínimo, 5 a 10 segundos e repeti-lo duas ou três vezes.
- O alongamento deve causar tensão suave, porém, sem dor.
- Os exercícios de flexibilidade devem ser realizados em todos os principais grupos musculares e articulares: pescoço, ombros, costas, tronco, quadril, joelhos, tornozelos.
- O alongamento deve ser incluído na rotina diária de exercícios e ser realizado também após o aquecimento dos músculos.

Equilíbrio e Agilidade. Equilíbrio e agilidade são importantes para várias tarefas normais que exigem mobilidade, como caminhada, subir no meio-fio, subir escadas, realizar movimentos rápidos para evitar perigos do ambiente, subir e descer de ônibus no tempo adequado, atravessar a rua antes do sinal vermelho ou atender o telefone ou a porta. No TAFI, o equilíbrio dinâmico e a agilidade são avaliados por meio do teste de levantar e caminhar. A melhora do equilíbrio e da agilidade requer uma abordagem multidimensional que visa à contribuição dos múltiplos sistemas para o controle postural e a velocidade (p. ex., sensorial, motor e cognitivo). Os achados de vários estudos demonstram que, para aumentar o equilíbrio e reduzir o risco de queda, os idosos devem incluir atividades de equilíbrio e coordenação em seus programas de exercício, bem como exercícios aeróbios, de força e de flexibilidade (Province et al., 1995; Rose et al., 1999; Verfaillie et al., 1997).

Os melhores tipos de exercícios para melhorar o equilíbrio e a agilidade são os que requerem o desempenho de várias tarefas motoras em ambientes sensoriais e cognitivos variados. Exemplos dessas atividades, que variam de simples a complexas, incluem sustentar-se sobre um pé só com os olhos abertos e fechados, marcha apoiando primeiramente o calcâneo e depois os artelhos, caminhada sobre superfícies instáveis, como mantas de espuma ou pranchas de equilíbrio, e outras atividades mais complexas que exigem transferências rápidas do peso e coordenação motora (como uma seqüência de passos de dança). Para os idosos com maior índice de aptidão, a execução de seqüências complexas de exercícios com música e o desempenho em várias atividades esportivas que envolvem equilíbrio e coordenação (p. ex., tênis) são ótimas maneiras para manter o equilíbrio e a agilidade.

Diretrizes para Treinamento de Equilíbrio e Agilidade

- Para aumentar o equilíbrio e reduzir o risco de queda, as atividades de equilíbrio e agilidade devem fazer parte da rotina normal de exercícios.
- Para aumentar ainda mais o equilíbrio e a agilidade, a melhor maneira é fazer exercícios que envolvem sistemas múltiplos – p. ex., sensorial, motor e cognitivo.
- Exemplos de atividades que envolvem sistemas múltiplos: equilibrar-se em um pé só com os olhos abertos e fechados, caminhar apoiando o pé no sentido do calcâneo para os artelhos, caminhar sobre superfícies instáveis (mantas de espuma ou pranchas de equilíbrio) e praticar dança aeróbica complexa e atividades esportivas que envolvam coordenação e equilíbrio.

Esta seção do capítulo oferece sugestões para a melhora da aptidão funcional e das pontuações no TAFI. Outras informações sobre programas de exercício para idosos podem ser encontradas nas referências bibliográficas do Apêndice N.

RESUMO

As fichas e tabelas de desempenho especificamente desenvolvidas para o TAFI podem ajudar na interpretação dos escores dos testes. Os dados de um estudo norte-americano de âmbito nacional que envolveu 7 mil idosos de vida independente fornecem os fundamentos para os padrões de desempenho com base em normas e critérios:

1. As tabelas de normas de percentil fornecem classificações por faixa etária e por gênero em todos os itens do teste, permitindo que os indivíduos comparem seus escores com os escores de outros de mesma idade e gênero (ver Apêndice H).
2. Uma tabela com a "faixa normal de escores" fornece uma versão simples dos escores normativos de desempenho, dando apenas as faixas normais (50% centrais) para homens e mulheres em cada item do TAFI (ver Tabelas 5.3 e 5.4).
3. As fichas de desempenho do TAFI fornecem um gráfico dos dados, apresentando as zonas de escore de risco associadas com perda de mobilidade funcional para homens e mulheres separadamente em cada item do teste (ver Figuras 5.2 e 5.3).

Ao interpretar os escores, os usuários do teste não devem esquecer que os padrões de desempenho se baseiam em um grupo selecionado de voluntários idosos de vida independente, habitantes dos Estados Unidos da América, com tendência a serem mais saudáveis e mais ativos do que a maioria da população acima de 60 anos.

A aplicação do TAFI pode ser uma maneira eficaz de motivar os clientes a aumentar sua participação em atividades físicas. Para muitos, só o processo de ser avaliado já constitui um fator de motivação capaz de causar mudanças comportamentais. Os resultados dos testes podem ser usados como base para a definição de metas e elaboração de programas. Para alguns, a motivação pode ser ainda maior se tiverem um diário de atividades para registrar a adesão ao programa e a evolução física. Finalmente, a reavaliação (reaplicação do TAFI em intervalos regulares) é importante para manter a motivação dos clientes e o interesse no nível de atividade física e aptidão.

A recomendação de exercícios específicos para a melhora do desempenho deve levar em conta os seguintes pontos:

- Nível atual de aptidão e necessidades de exercício (com base nos escores do TAFI).
- Objetivos pessoais dos clientes quanto aos exercícios.
- Preferências pessoais dos clientes com relação a exercício e atividade física (p. ex., exercício sozinho, em grupo, em casa, em aula ou em academia).
- Restrições do meio em que vivem os clientes (p. ex., acesso ao local, programas e transporte).
- Recomendações de exercício para idosos com base em dados como os descritos no relatório do Ministério da Saúde norte-americano e na *Position Stand on Exercise and Physical Activity for Older Adults* do ACMS.

É imprescindível reconhecer que o melhor tipo de exercício é o que as pessoas fazem, e é importante que os clientes compreendam que podem aumentar seu nível de atividade e de aptidão de duas maneiras: (1) aumentando a quantidade de atividade física nas rotinas da vida diária e (2) seguindo um programa de exercício estruturado. Embora ambos os tipos tenham suas vantagens e devam ser estimulados, os protocolos do exercício estruturado são necessários porque abordam pontos fracos específicos identificados pelas pontuações do TAFI, sobretudo resistência aeróbia, força muscular, flexibilidade, equilíbrio e agilidade. A discussão sobre programas de exercício não faz parte do objetivo deste livro. Por isso, o Apêndice N apresenta outras referências bibliográficas para ajudar na elaboração de programas de exercício para idosos.

APÊNDICE A

Termo de Consentimento Livre e Esclarecido/Termo de Responsabilidade

Você está sendo convidado a participar dos testes para avaliar sua aptidão física de forma totalmente voluntária. Caso você concorde em participar, será solicitado a realizar uma série de testes destinados a avaliar a força dos membros superiores e inferiores, resistência aeróbia e equilíbrio e agilidade. Essas avaliações envolvem atividades como, caminhar, levantar peso, ficar em pé, marchar e alongar. Os riscos dessas atividades são equivalentes aos riscos de exercício moderado, ou seja, fadiga muscular e dor, entorse e lesão ao tecido mole, lesão esquelética, tontura e desmaio. Além disso, existe o risco de parada cardíaca, acidente vascular cerebral e até morte.

Qualquer um dos problemas abaixo exigirá autorização médica para participar nos testes:

1. Contra-indicação médica para exercícios em virtude de problema(s) clínico(s).
2. Ter sido vítima de insuficiência cardíaca congestiva.
3. Dor articular, dor torácica, tontura ou angina (contração, pressão, dor e sensação de peso no tórax) durante esforço.
4. Hipertensão não-controlada (acima de 140 x 90 mmHg).

Durante a avaliação, você deverá atuar dentro da sua "zona de conforto" e nunca fazer esforço excessivo nem ultrapassar o seu limite de segurança. A pessoa que estiver monitorando a sua avaliação deverá ser avisada caso você sinta algum desconforto ou manifeste algum sintoma físico não-habitual, como falta de ar, tontura, contração ou dor torácica, freqüência cardíaca irregular, dormência, perda de equilíbrio, náusea ou visão borrada. Se você acidentalmente sofrer alguma lesão durante o teste, os administradores do teste não estarão habilitados a lhe oferecer tratamento, salvo os primeiros socorros básicos. Você será orientado a procurar tratamento com o seu médico pessoal, cuja remuneração ficará a seu cargo ou a cargo do seu convênio médico.

A sua participação nos testes poderá ser interrompida a seu critério. Ao assinar este formulário, você declara o seguinte:

1. Li todas as informações contidas neste documento. Fui informado a respeito do propósito do teste e dos possíveis riscos físicos que possa encontrar.
2. Concordo em monitorar minha própria condição física durante o teste. Concordo também em interromper minha participação e informar a pessoa responsável por minha avaliação caso sinta algum desconforto ou manifeste algum sintoma fora do normal.
3. Assumo inteira responsabilidade por todos os riscos de lesão corporal e morte em conseqüência da participação no teste. Em caso de lesão ou doença durante o teste, estou ciente de que deverei procurar meu médico e de que os honorários por seus serviços serão da minha inteira responsabilidade ou do meu convênio.

Minha assinatura abaixo indica que tive oportunidade de perguntar ou responder o que eu quisesse e que de livre e espontânea vontade concordo em participar da avaliação física.

Assinatura ______________________________ Data ____________

Nome em letra de forma ______________________________________

APÊNDICE B

Modelo de Autorização Médica

Seu paciente está interessado em fazer uma bateria de testes projetada para avaliar os parâmetros físicos essenciais associados com mobilidade funcional (força, resistência, flexibilidade, equilíbrio e agilidade). A bateria de testes foi desenvolvida e cientificamente validada por pesquisas realizadas no Ruby Gerontology Center da California State University, Fullerton.

Todos os itens do teste serão administrados por pessoal treinado em todos os procedimentos para atendimento de emergência. Os participantes serão instruídos a se empenhar o máximo possível dentro da sua "zona de conforto" e a nunca se esforçar a ponto de extrapolar os seus limites de segurança. Os técnicos serão instruídos a interromper o teste se em algum momento os participantes mostrarem sinais de tontura, dor, náusea ou fadiga injustificada. Os itens do teste são:

1. Teste de Levantar da Cadeira (número de vezes em 30 segundos).
2. Teste de Flexão de Braço (número de flexões em 30 segundos; peso de 2,2 kg para mulheres e 3,6 kg para homens).
3. Teste de Caminhada de 6 Minutos (número de metros percorridos em 6 minutos – a pessoa poderá descansar quando necessário).
4. Teste de Marcha Estacionária de 2 Minutos (número de passos em 2 minutos).
5. Teste de Sentar e Alcançar os Pés (distância alcançada em direção aos artelhos).
6. Teste de Alcançar as Costas (distância nas costas que as mãos conseguem alcançar).
7. Teste de Levantar e Caminhar (tempo gasto para levantar da cadeira, caminhar 2,5 metros e voltar à cadeira).

Se você conhecer alguma razão médica ou alguma outra razão que impeça a participação do seu paciente no teste de aptidão física, por favor, indique neste formulário. Ao preencher o formulário abaixo, você não estará assumindo nenhuma responsabilidade pela aplicação da bateria de testes.

Em caso de alguma dúvida sobre o teste de aptidão, favor ligar para ____________

_ Não conheço nenhuma razão que impeça a participação do meu paciente.

_ Acredito que meu paciente pode participar, mas precisa de atenção, porque_____
____

____

_ Meu paciente não deve participar dos seguintes testes: ____________
____

____

_ Recomendo que meu paciente NÃO participe do teste.

Assinatura do médico ______________________ Data ____________

Nome do Médico em Letra de Forma ______________________ Fone ____________

Apêndice C

Instruções ao Participante Antes do Teste

Local ______________________________

Data ______________________________

Hora ______________________________

Embora os riscos associados com o teste sejam mínimos, para a sua segurança e para que você obtenha uma boa pontuação, é importante:

1. Evitar atividade física extenuante um ou dois dias antes da avaliação.
2. Evitar o uso excessivo de álcool 24 horas antes do teste.
3. Fazer uma refeição leve uma hora antes do teste.
4. Usar roupas leves e calçados apropriados para atividade física.
5. Trazer um chapéu ou boné e óculos de sol para caminhadas externas, bem como óculos (se necessário) para preenchimento de formulários.
6. Trazer o Termo de Consentimento Livre e Esclarecido/Termo de Responsabilidade e, se for o caso, a Autorização Médica.
7. Informar o administrador do teste de qualquer problema clínico ou medicamentos que possam afetar o desempenho.

Observação: Como parte do teste, você será solicitado a realizar o teste de resistência aeróbia assinalado abaixo:

_ Teste de Caminhada de 6 Minutos em superfície plana para determinar a distância que você é capaz de percorrer em 6 minutos OU

_ Teste de Marcha Estacionária de 2 Minutos para ver quantos passos (marcha) no lugar você consegue realizar em 2 minutos.

Após ter verificado que a sua participação nos testes é isenta de riscos (ver Termo de Consentimento Livre e Informado/Termo de Responsabilidade), você deve praticar o teste aeróbio assinalado acima pelo menos uma vez antes do dia do teste – ou seja, verificar seu desempenho na caminhada de 6 minutos ou na marcha estacionária de 2 minutos. Isso o ajudará a determinar o melhor ritmo para ser usado no dia do teste.

APÊNDICE D

Ficha de Pontuação: Teste de Aptidão Física para Idosos

Data ____________________

Nome ____________________ M ___ F ___ Idade ___ Alt. ______ Peso ____

Item do Teste	Tentativa 1	Tentativa 2	Comentários
1. Teste de Levantar da Cadeira (nº de repetições em 30 seg)	________	N/A	
2. Teste de Flexão de Braço (nº de repetições em 30 seg)	________	N/A	
3. Teste de Marcha Estacionária de 2 Minutos* (nº de passos)	________	N/A	
4. Teste de Sentar e Alcançar os Pés (centímetro mais próximo: +/-)	________	________	Extensão de perna: D ou E
5. Teste de Alcançar as Costas (centímetro mais próximo: +/-)	________	________	Mão sobre o ombro: D ou E
6. Teste de Levantar e Caminhar (centésimo de segundo mais próximo)	________	________	
Teste de Caminhada de 6 Minutos (nº de metros)	________	________	

*Omitir o Teste de Marcha Estacionária de 2 Minutos se for usado o Teste de Caminhada de 6 Minutos.

Ficha de Pontuação: Teste de Aptidão Física para Idosos

Data ____________________

Nome ____________________ M ___ F ___ Idade ___ Alt. ______ Peso ____

Item do Teste	Tentativa 1	Tentativa 2	Comentários
1. Teste de Levantar da Cadeira (nº de repetições em 30 seg)	________	N/A	
2. Teste de Flexão de Braço (nº de repetições em 30 seg)	________	N/A	
3. Teste de Marcha Estacionária de 2 Minutos* (nº de passos)	________	N/A	
4. Teste de Sentar e Alcançar os Pés (centímetro mais próximo: +/-)	________	________	Extensão de perna: D ou E
5. Teste de Alcançar as Costas (centímetro mais próximo: +/-)	________	________	Mão sobre o ombro: D ou E
6. Teste de Levantar e Caminhar (centésimo de segundo mais próximo)	________	________	
Teste de Caminhada de 6 Minutos (nº de metros)	________	N/A	

*Omitir o Teste de Marcha Estacionária de 2 Minutos se for usado o Teste de Caminhada de 6 Minutos.

Apêndice E

Formulário para Relatório de Acidente

Data da Lesão ______________ Horário __________
Dia/Mês/Ano Hora/Minuto

Nome da Pessoa que Sofreu a Lesão ______________________________

Endereço ______________________________

Cidade ______________ Estado __________ CEP __________

Gênero ______ Idade ____ Código de Área e Telefone ______________

Provável causa da lesão ou doença: ___Queda ___Excesso de exposição

___Hiperflexão ___Outras (especificar) ______________________________

___Traumatismo ___Esforço excessivo ___Hiperextensão

Descrever a natureza da lesão/doença com detalhe. (A lesão aconteceu antes, durante ou após a atividade? Como?): ______________________________

____

Verificar o local da lesão/doença: ___Nenhum ___Tórax/costelas ___Mão
___Pescoço/garganta ___Punho ___Abdome ___Orelha ___Cabeça ___Nariz
___Tornozelo ___Cotovelo ___Ombro/clavícula ___Braço ___Face ___Joelho
___Estômago ___Costas (parte superior) ___Dedos/polegar ___Perna ___Dentes
___Costas (parte inferior) ___Pé ___Boca ___Artelhos

___Outros (especificar) ______________________________

Verificar sinal ou sintoma: ___Escoriação ___Mancha ___Perda de função

___Dor ___Dificuldade visual ___Contusão ___Fratura ___Desconforto Pulmonar
___Choque ___Corte ___Desconforto Cardíaco ___Náusea/vômito ___Entorse/distensão
___Luxação ___Lesão interna ___Dormência ___Edema

___Outros (especificar) ______________________________

Quais procedimentos foram adotados? ______________________________

Quem realizou? ______________________________

A pessoa lesada foi para o hospital? ___Sim ___Não

A pessoa lesada passou por consulta médica? ___Sim ___Não

Com quem foi deixada a pessoa lesada? ___Sozinha ___Parente
___Outro (especifique) ______________________________

Assinatura da pessoa que preencheu o formulário ______________ Data ______

Assinatura de testemunha ______________________________ Data ______

APÊNDICE F

Tabela de Conversão de Índice de Massa Corporal (IMC)

Peso (kg)	Altura (m) 1.24	1,29	1,34	1,39	1,44	1,49	1,54	1,60	1,65	1,70	1,75	1,80	1,85	1,90	1,95	2,0	2,05	2,1
29,9	19	18	16	15	14	13	12	12	11	10	10	9	9	8	8	8	7	7
31,7	20	19	18	16	15	14	13	13	12	11	10	10	9	9	8	8	8	7
34,0	22	20	19	17	16	15	14	13	12	12	11	10	10	9	9	9	8	8
35,8	23	21	20	18	17	16	15	14	13	12	12	11	11	10	9	9	9	8
38,1	24	22	21	19	18	17	16	15	14	13	12	12	11	11	10	10	9	9
39,9	26	24	22	20	19	18	17	16	15	14	13	12	12	11	11	10	10	9
41,7	27	25	23	21	20	19	17	16	15	15	14	13	12	12	11	11	10	10
43,9	28	26	24	22	21	20	18	17	16	15	14	14	13	12	12	11	10	10
45,8	29	27	25	23	22	20	19	18	17	16	15	14	13	13	12	12	11	10
48,0	31	28	26	24	23	21	20	19	18	17	16	15	14	13	13	12	11	11
49,8	32	30	27	26	24	22	21	20	18	17	16	15	15	14	13	13	11	11
51,7	33	31	29	27	25	23	22	20	19	18	17	16	15	14	14	13	12	12
53,9	35	32	30	28	26	24	22	21	20	19	18	17	16	15	14	14	13	12
55,7	36	33	31	29	27	25	23	22	21	19	18	17	16	16	15	14	13	13
58,0	37	34	32	30	28	26	24	23	21	20	19	18	17	16	15	15	14	13
59,8	38	36	33	31	29	27	25	23	22	21	20	19	18	17	16	15	14	14
61,6	40	37	34	32	29	28	26	24	23	21	20	19	18	17	16	16	15	14
63,9	41	38	35	33	30	28	27	25	24	22	21	20	19	18	17	16	15	15
65,7	42	39	36	34	31	29	27	26	24	23	22	20	19	18	17	17	16	15
68,0	44	40	37	35	32	30	28	27	25	24	22	21	20	19	18	17	16	15
69,8	45	41	38	36	33	31	29	27	26	24	23	22	20	19	18	18	17	16
71,6	46	43	40	37	34	32	30	28	26	25	24	22	21	20	19	18	17	16
73,9	47	44	41	38	35	33	31	29	27	26	24	23	22	20	19	19	18	17
75,7	49	45	42	39	36	34	32	30	28	26	25	23	22	21	20	19	18	17
78,0	50	46	43	40	37	35	32	30	29	27	25	24	23	22	21	20	19	18
79,8	51	47	44	41	38	36	33	31	29	28	26	25	23	22	21	20	19	18
81,6	52	49	45	42	39	36	34	32	30	28	27	25	24	23	22	21	20	19
83,9	54	50	46	43	40	37	35	33	31	29	27	26	25	23	22	21	20	19
85,7	55	51	47	44	41	38	36	34	32	30	28	27	25	24	23	22	20	20
87,9	56	52	48	45	42	39	37	34	32	30	29	27	26	24	23	22	21	20
89,8	58	53	49	46	43	40	37	35	33	31	29	28	26	25	24	23	21	20
91,6	59	54	50	47	44	41	38	36	34	32	30	28	27	25	24	23	22	21
93,8	60	56	52	48	45	42	39	37	35	33	31	29	27	26	25	24	22	21
95,7	61	57	53	49	46	43	40	38	35	33	31	30	28	27	25	24	23	22
97,9	63	58	54	50	47	44	41	38	36	34	32	30	29	27	26	25	23	22
99,7	64	59	55	51	48	44	42	39	37	35	33	31	29	28	26	25	24	23
101,6	65	60	56	52	49	45	42	40	37	35	33	31	30	28	27	26	24	23
103,8	67	62	57	53	49	46	43	41	38	36	34	32	30	29	27	26	25	24
105,6	68	63	58	54	50	47	44	41	39	37	35	33	31	29	28	27	25	24
107,9	69	64	59	55	51	48	45	42	40	37	35	33	32	30	28	27	26	24
109,7	70	65	60	56	52	49	46	43	40	38	36	34	32	30	29	28	26	25
111,5	72	66	61	57	53	50	47	44	41	39	37	35	33	31	29	28	27	25
113,8	73	67	63	58	54	51	47	45	42	39	37	35	33	32	30	29	27	26
115,6	74	69	64	59	55	52	48	45	43	40	38	36	34	32	31	29	28	26
117,9	76	70	65	60	56	52	49	46	43	41	39	36	34	33	31	30	28	27
119,7	77	71	66	61	57	53	50	47	44	42	39	37	35	33	32	30	29	27
121,5	78	72	67	62	58	54	51	48	45	42	40	38	36	34	32	31	29	28
123,8	79	73	68	63	59	55	52	48	46	43	40	38	36	34	33	31	30	28
125,6	81	75	69	64	60	56	52	49	46	44	41	39	37	35	33	32	30	29
127,9	82	76	70	65	61	57	53	50	47	44	42	40	37	35	34	32	30	29

O IMC é determinado pela intersecção da coluna horizontal (peso), com a coluna vertical, (estatura). A faixa entre 19 e 26 geralmente é considerada saudável. Valores acima ou abaixo da área sombreada estão associados com risco de doença e perda de mobilidade em idades avançadas (American College os Sports Medicine, 1998b; Evans & Rosenberg, 1991; Galanos et al., 1994; Harris et al., 1989; Losonczy et al., 1995; Shephard, 1997).

Apêndice G

Cartazes para Sinalizar as Estações do Teste

1. Teste de Levantar da Cadeira

2. Teste de Flexão de Braço

3a. Altura e Peso

3b. Teste de Marcha Estacionária de 2 Minutos

4. Teste de Sentar e Alcançar os Pés

5. Teste de Alcançar as Costas

6. Teste de Levantar e Caminhar

Teste de Caminhada de 6 Minutos[1]

---

[1]Se o teste de caminhada de 6 minutos for usado para avaliar a resistência aeróbia, omitir o teste de marcha estacionária de 2 minutos. Administrar o teste de caminhada de 6 minutos depois de todos os outros testes.

ESTAÇÃO 1

TESTE DE LEVANTAR DA CADEIRA

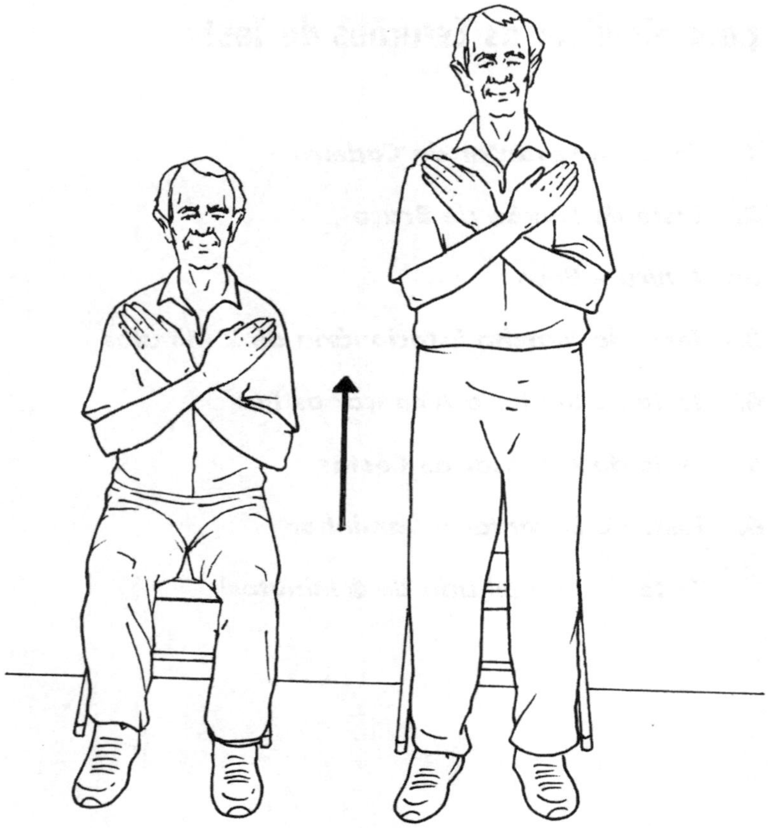

OBJETIVO:

Medir a força dos membros inferiores.

EQUIPAMENTO:

Cadeira de espaldar reto (com 43,18 centímetros de altura de assento); cronômetro.

PROCEDIMENTO:

- Pedir ao participante para se sentar no meio do assento da cadeira com os pés totalmente apoiados no chão e os braços cruzados sobre o tórax.
- Ao sinal de "começar" o participante deve se levantar totalmente da cadeira e voltar à posição totalmente sentada.
- Após uma tentativa para fins de aquecimento e verificação da forma correta, administrar uma tentativa de teste.
- O escore corresponde ao número de vezes que a pessoa conseguiu realizar o movimento completo em 30 segundos.

ESTAÇÃO 2

TESTE DE FLEXÃO DE BRAÇO

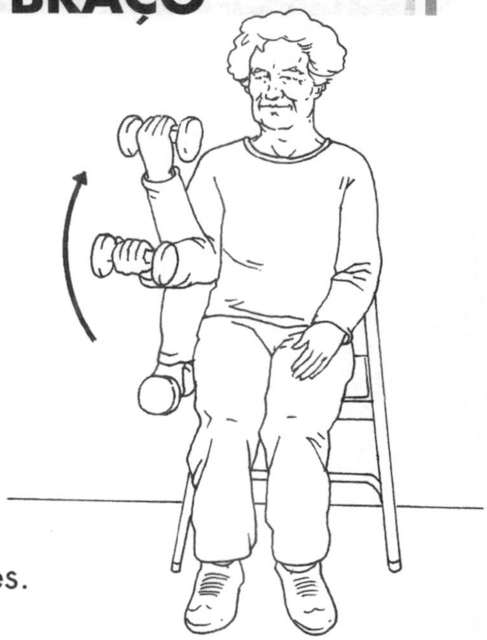

OBJETIVO:

Medir a força dos membros superiores.

EQUIPAMENTO:

Cadeira de espaldar reto ou cadeira dobrável sem braços, cronômetro, pesos de 2,2 kg e de 3,6 kg.

PROCEDIMENTO:

- Pedir ao participante para se sentar na cadeira (ligeiramente mais para o lado dominante) com os pés totalmente apoiados no chão.
- O participante deve segurar o peso ao longo do corpo, perpendicular ao chão. As mãos devem ficar na posição de quem cumprimenta uma pessoa[1].
- Ao sinal "começar" o participante deve flexionar o braço em amplitude total o máximo de vezes que conseguir em 30 segundos. A palma da mão deve girar durante a fase de flexão e depois retornar à posição de cumprimento em extensão. A parte superior do braço deve permanecer imóvel durante todo o teste.
- Após uma ou duas flexões sem peso para verificar a forma correta, administrar uma tentativa de teste.
- O escore corresponde ao número de flexões realizadas em 30 segundos.

---

[1]N.R.: A posição inicial das mãos é com o antebraço em semi-pronação. No início da flexão, o antebraço deve assumir a posição supinada.

ESTAÇÃO 3a

ALTURA E PESO

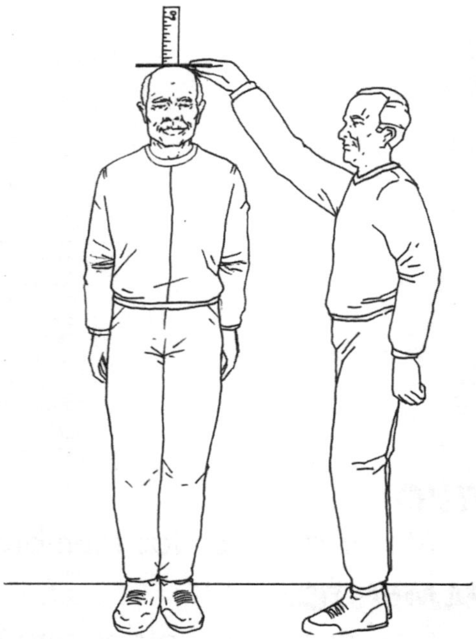

OBJETIVO:

Avaliar o índice de massa corporal (IMC).

EQUIPAMENTO:

Escala, fita métrica de 152,4 centímetros, fita adesiva e régua (ou outro objeto plano para marcar o topo da cabeça).

PROCEDIMENTO: (peso)

- Pedir ao participante para remover casacos ou agasalhos; não remover os sapatos.
- Medir o peso, subtraindo 1 a 2 kg correspondentes aos sapatos.

PROCEDIMENTO: (altura)

- Fixar a fita métrica na parede a 50,8 centímetros do chão.
- Posicionar o participante em pé contra a parede com a parte posterior da cabeça encostada na fita métrica.
- Colocar a régua no topo da cabeça do participante, encostando a sua extremidade na fita métrica.
- O escore corresponde ao número de centímetros da altura indicada na fita métrica mais 50,8 centímetros (distância do chão até o ponto zero da fita métrica).
- Se o participante estiver de sapato, subtrair 2 a 4 centímetros, de acordo com o seu julgamento.

ESTAÇÃO 3b

TESTE DE MARCHA ESTACIONÁRIA DE 2 MINUTOS

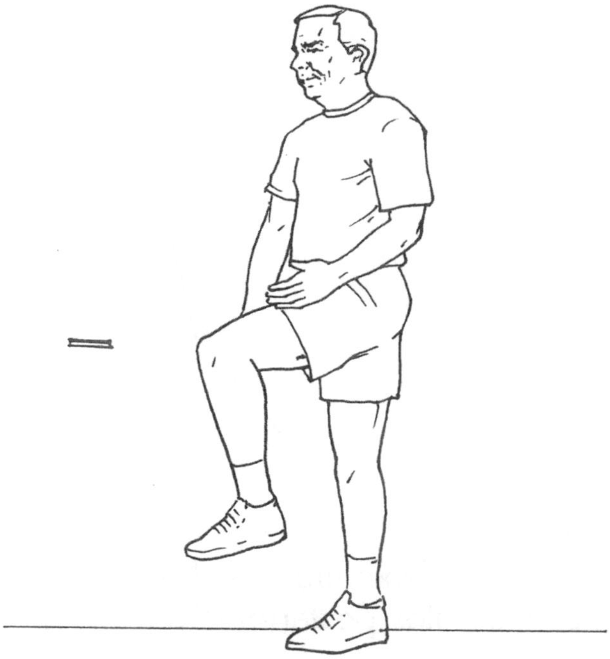

OBJETIVO:

Avaliar a resistência aeróbia.

EQUIPAMENTO:

Contador, cronômetro, fita métrica ou corda com 76,2 centímetros de comprimento, fita adesiva.

PROCEDIMENTO:

- Estabelecer a altura da marcha, usando a fita adesiva para marcar o ponto central entre a patela e a crista ilíaca do participante (osso protuberante do quadril), que pode ser determinado estendendo-se a corda entre o meio da patela e o osso do quadril e depois dobrando-a ao meio.
- Transferir a fita adesiva para uma parede ou o vão de uma porta próxima para ser usada como guia para a altura correta do passo.
- Ao sinal "começar" o participante deve começar a marchar no lugar, elevando um joelho de cada vez até a altura indicada.
- O escore corresponde ao número de passos realizados em 2 minutos (contados a cada vez que o joelho direito atingir a altura marcada).

ESTAÇÃO 4

TESTE DE SENTAR E ALCANÇAR OS PÉS

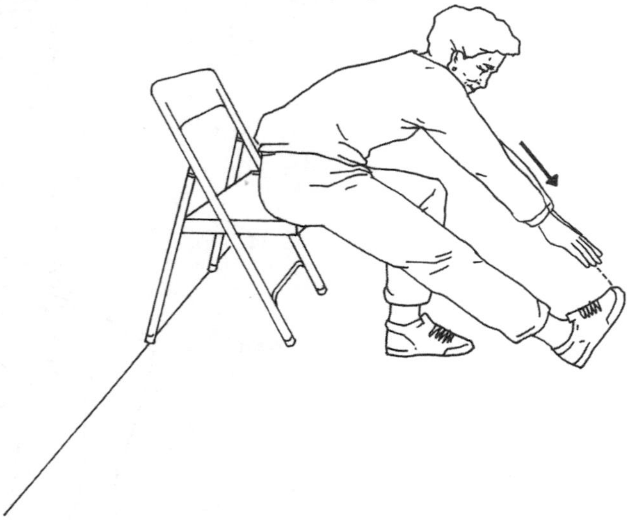

OBJETIVO:

Avaliar a flexibilidade dos membros inferiores (principalmente dos músculos posteriores da coxa).

EQUIPAMENTO:

Cadeira dobrável com altura de assento de 43,18 centímetros que não tombe para frente, régua de 50 centímetros.

PROCEDIMENTO:

- O participante deve sentar-se na beirada da cadeira, sendo que a articulação flexionada da perna deve ficar horizontalmente à cadeira.
- A perna escolhida deve ser estendida na frente do quadril, com o calcâneo apoiado no chão e o tornozelo flexionado a 90°. A outra perna deve ficar flexionada com o pé totalmente apoiado no chão. (A perna escolhida é a que obtiver melhor pontuação).
- Com as mãos sobrepostas e os dedos médios no mesmo nível, o participante deve tentar chegar o mais próximo possível dos artelhos.
- Após praticar duas vezes, administrar duas tentativas e registrar os escores. Registrar escore negativo (-) se os dedos médios não atingirem os artelhos e escore positivo (+) se os dedos médios ultrapassarem os artelhos.
- O joelho da perna estendida deve permanecer em extensão.

ESTAÇÃO 5

TESTE DE ALCANÇAR AS COSTAS

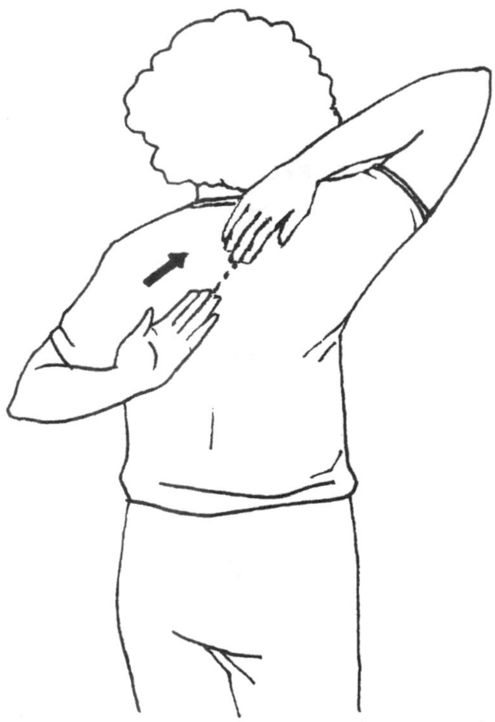

OBJETIVO:

Medir a flexibilidade dos membros superiores.

EQUIPAMENTO:

Régua de 50 centímetros.

PROCEDIMENTO:

- O participante deve passar uma das mãos sobre o ombro para tentar alcançar a outra mão no centro das costas.
- O participante deve treinar antes para determinar a posição preferida (a mão de melhor resultado deve passar sobre o ombro).
- Depois de duas tentativas de aquecimento, administrar duas tentativas de teste, medindo a distância entre os dedos médios.
- Registrar os escores. Escores negativos (-) representam a distância entre os dedos médios; escores positivos (+) indicam o grau de sobreposição. Registrar o melhor resultado.

ESTAÇÃO 6

TESTE DE LEVANTAR E CAMINHAR

OBJETIVO:

Avaliar a agilidade e o equilíbrio dinâmico.

EQUIPAMENTO:

Cadeira dobrável com altura de assento de 43,18 centímetros, cronômetro, fita métrica e cone (ou marcador semelhante).

PROCEDIMENTO:

- O participante deve sentar-se no centro do assento da cadeira, mãos sobre as coxas, um pé ligeiramente à frente do outro, corpo ligeiramente inclinado para a frente.
- Ao sinal "começar" o participante deve levantar-se da cadeira, caminhar o mais rápido possível, contornar o cone colocado a 2,5 metros e retornar à cadeira.
- O cronômetro deve ser acionado exatamente no sinal "começar" e parado no exato momento em que o participante se sentar na cadeira.
- Após uma tentativa para praticar, administrar o teste duas vezes. O escore corresponde à tentativa de melhor resultado. O tempo registrado deve considerar o décimo de segundo mais próximo.

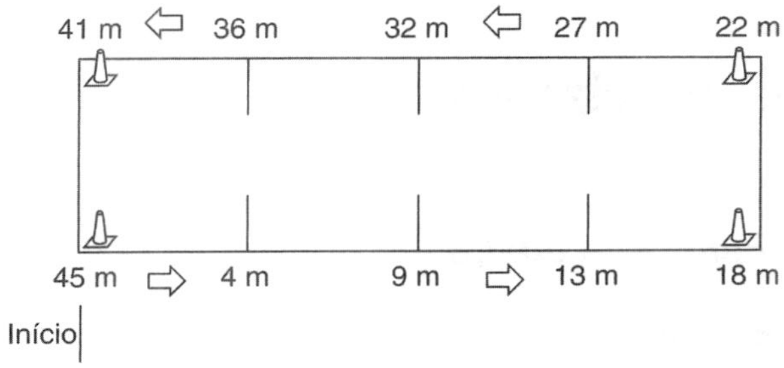

OBJETIVO:

Avaliar a resistência aeróbia.

EQUIPAMENTO:

Fita métrica longa, dois cronômetros, quatro cones, fita adesiva, palitos de sorvete ou fichas e lápis (para contar as voltas percorridas), cadeiras para acomodar os participantes que aguardam sua vez e crachás.

PREPARAÇÃO:

Sinalizar um percurso de 45,7 metros em segmentos de 4,57 metros.

PROCEDIMENTO:

- Distribuir crachás com números para identificação dos participantes.
- Um participante de cada grupo posiciona-se na linha de largada para o teste. Os companheiros que ficam esperando contam as voltas entregando ao participante um palito de sorvete para cada volta completada ou marcando as voltas em uma ficha.
- As largadas devem ter um intervalo de 10 segundos. Ao sinal "começar" os participantes iniciam a caminhada um de cada vez e, depois, andam o mais rápido possível (dentro da sua zona de conforto) tentando percorrer o máximo de voltas em 6 minutos.
- No final de 6 minutos, os participantes devem parar (um de cada vez) e sair do percurso. O escore corresponde ao número de voltas percorridas multiplicado por 45,7 metros, mais o número de metros extras (indicado pelo marcador de 4,57 metros).

APÊNDICE H

Normas de Percentil por Faixa Etária

Teste de Levantar da Cadeira

Teste de Flexão de Braço

Teste de Caminhada de 6 Minutos

Teste de Marcha Estacionária de 2 Minutos

Teste de Sentar e Alcançar os Pés

Teste de Alcançar as Costas

Teste de Levantar e Caminhar

Teste de Levantar da Cadeira (Mulheres)

Classificação de Percentil	60-64	65-69	70-74	75-79	80-84	85-89	90-94
95	21	19	19	19	18	17	16
90	20	18	18	17	17	15	15
85	19	17	17	16	16	14	13
80	18	16	16	16	15	14	12
75	17	16	15	15	14	13	11
70	17	15	15	14	13	12	11
65	16	15	14	14	13	12	10
60	16	14	14	13	12	11	9
55	15	14	13	13	12	11	9
50	15	14	13	12	11	10	8
45	14	13	12	12	11	10	7
40	14	13	12	12	10	9	7
35	13	12	11	11	10	9	6
30	12	12	11	11	9	8	5
25	12	11	10	10	9	8	4
20	11	11	10	9	8	7	4
15	10	10	9	9	7	6	3
10	9	9	8	8	6	5	1
5	8	8	7	6	4	4	0

Adaptado de Rikli e Jones, 1999.

Teste de Levantar da Cadeira (Homens)

Classificação de Percentil	60-64	65-69	70-74	75-79	80-84	85-89	90-94
95	23	23	21	21	19	19	16
90	22	21	20	20	17	17	15
85	21	20	19	18	16	16	14
80	20	19	18	18	16	15	13
75	19	18	17	17	15	14	12
70	19	18	17	16	14	13	12
65	18	17	16	16	14	13	11
60	17	16	16	15	13	12	11
55	17	16	15	15	13	12	10
50	16	15	14	14	12	11	10
45	16	15	14	13	12	11	9
40	15	14	13	13	11	10	9
35	15	13	13	12	11	9	8
30	14	13	12	12	10	9	8
25	14	12	12	11	10	8	7
20	13	11	11	10	9	7	7
15	12	11	10	10	8	6	6
10	11	9	9	8	7	5	5
5	9	8	8	7	6	4	3

Adaptado de Rikli e Jones, 1999.

Teste de Flexão de Braço (Mulheres)

Classificação de Percentil	60-64	65-69	70-74	75-79	80-84	85-89	90-94
95	24	22	22	21	20	18	17
90	22	21	20	20	18	17	16
85	21	20	19	19	17	16	15
80	20	19	18	18	16	15	15
75	19	18	17	17	16	15	13
70	18	17	17	16	15	14	13
65	18	17	16	16	15	14	12
60	17	16	16	15	14	13	12
55	17	16	15	15	14	13	11
50	16	15	14	14	13	12	11
45	16	15	14	13	12	12	10
40	15	14	13	13	12	11	10
35	14	14	13	12	11	11	9
30	14	13	12	12	11	10	9
25	13	12	12	11	10	10	8
20	12	12	11	10	10	9	8
15	11	11	10	9	9	8	7
10	10	10	9	8	8	7	6
5	9	8	8	7	6	6	5

Adaptado de Rikli e Jones, 1999.

Teste de Flexão de Braço (Homens)

Classificação de Percentil	60-64	65-69	70-74	75-79	80-84	85-89	90-94
95	27	27	26	24	23	21	18
90	25	25	24	22	22	19	16
85	24	24	23	21	20	18	16
80	23	23	22	20	20	17	15
75	22	21	21	19	19	17	14
70	21	21	20	19	18	16	14
65	21	20	19	18	18	15	13
60	20	20	19	17	17	15	13
55	20	19	18	17	17	14	12
50	19	18	17	16	16	14	12
45	18	18	17	16	15	13	12
40	18	17	16	15	15	13	11
35	17	16	15	14	14	12	11
30	17	16	15	14	14	11	10
25	16	15	14	13	13	11	10
20	15	14	13	12	12	10	9
15	14	13	12	11	12	9	8
10	13	12	11	10	10	8	8
5	11	10	9	9	9	7	6

Adaptado de Rikli e Jones, 1999.

Teste de Caminhada de 6 Minutos (Mulheres)

Classificação de Percentil	60-64	65-69	70-74	75-79	80-84	85-89	90-94
95	741	734	709	696	654	638	564
90	711	697	673	655	612	591	518
85	690	673	650	628	584	560	488
80	674	653	630	605	560	534	463
75	659	636	614	585	540	512	441
70	647	621	599	568	523	493	423
65	636	607	586	553	508	476	406
60	624	593	572	538	491	458	388
55	614	581	561	524	477	443	373
50	603	568	548	509	462	426	357
45	592	555	535	494	447	409	341
40	582	543	524	480	433	394	326
35	570	529	510	465	416	376	308
30	559	515	497	450	401	359	291
25	547	500	482	433	384	340	273
20	532	483	466	413	364	318	251
15	516	463	446	390	340	292	226
10	495	439	423	363	312	261	196
5	465	402	387	322	270	214	150

Adaptado de Rikli e Jones, 1999.

Teste de Caminhada de 6 Minutos (Homens)

Classificação de Percentil	60-64	65-69	70-74	75-79	80-84	85-89	90-94
95	825	800	779	762	721	710	646
90	792	763	743	716	678	659	592
85	770	738	718	686	649	625	557
80	751	718	698	661	625	596	527
75	736	700	680	639	604	572	502
70	722	685	665	621	586	551	480
65	710	671	652	604	571	532	461
60	697	657	638	586	554	512	440
55	686	644	625	571	540	495	422
50	674	631	612	555	524	477	403
45	662	618	599	539	508	459	384
40	651	605	586	524	494	442	366
35	638	591	572	506	477	422	345
30	626	577	559	489	462	403	326
25	612	562	544	471	444	382	304
20	597	544	526	449	423	358	279
15	578	524	506	424	399	329	249
10	556	499	481	394	370	295	214
5	523	462	445	348	327	244	160

Adaptado de Rikli e Jones, 1999.

Teste de Marcha Estacionária de 2 Minutos (Mulheres)

Classificação de Percentil	60-64	65-69	70-74	75-79	80-84	85-89	90-94
95	130	133	125	123	113	106	92
90	122	123	116	115	104	98	85
85	116	117	110	109	99	93	80
80	111	112	105	104	94	88	76
75	107	107	101	100	90	85	72
70	103	104	97	96	87	81	69
65	100	100	94	93	84	79	66
60	97	96	90	90	81	76	63
55	94	93	87	87	78	73	61
50	91	90	84	84	75	70	58
45	88	87	81	81	72	67	55
40	85	84	78	78	69	64	53
35	82	80	74	75	66	61	50
30	79	76	71	72	63	59	47
25	75	73	68	68	60	55	44
20	71	68	63	64	56	52	40
15	66	63	58	59	51	47	36
10	60	57	52	53	46	42	31
5	52	47	43	45	37	39	24

Adaptado de Rikli e Jones, 1999.

Teste de Marcha Estacionária de 2 Minutos (Homens)

Classificação de Percentil	60-64	65-69	70-74	75-79	80-84	85-89	90-94
95	135	139	133	135	126	114	112
90	128	130	124	126	118	106	102
85	123	125	119	119	112	100	96
80	119	120	114	114	107	95	91
75	115	116	110	109	103	91	86
70	112	113	107	105	99	87	83
65	109	110	104	102	96	84	79
60	106	107	101	98	93	81	76
5	104	104	98	95	90	78	72
50	101	101	95	91	87	75	69
45	98	98	92	87	84	72	66
40	96	95	89	84	81	69	62
35	93	92	86	80	78	66	59
30	90	89	83	77	75	63	55
25	87	86	80	73	71	59	52
20	83	82	76	68	67	55	47
15	79	77	71	63	62	50	42
10	74	72	66	56	56	44	36
5	67	67	67	47	48	36	26

Adaptado de Rikli e Jones, 1999.

Teste de Sentar e Alcançar os Pés (Mulheres)

Classificação de Percentil	60-64	65-69	70-74	75-79	80-84	85-89	90-94
95	8.7	7.9	7.5	7.4	6.6	6.0	4.9
90	7.2	6.6	6.1	6.1	5.2	4.6	3.4
85	6.3	5.7	5.2	5.2	4.3	3.7	2.5
80	5.5	5.0	4.5	4.4	3.6	3.0	1.7
75	4.8	4.4	3.9	3.7	3.0	2.4	1.0
70	4.2	3.9	3.3	3.2	2.4	1.8	0.4
65	3.7	3.4	2.8	2.7	1.9	1.3	-0.1
60	3.1	2.9	2.3	2.1	1.4	0.8	-0.7
55	2.6	2.5	1.9	1.7	1.0	0.4	-1.2
50	2.1	2.0	1.4	1.2	0.5	-0.1	-1.7
45	1.6	1.5	0.9	0.7	0.0	-0.6	-2.2
40	1.1	1.1	0.5	0.2	-0.4	-1.0	-2.7
35	0.5	0.6	0.0	-0.3	-0.9	-1.5	-3.3
30	0.0	0.1	-0.5	-0.8	-1.4	-2.0	-3.8
25	-0.6	-0.4	-1.1	-1.3	-2.0	-2.6	-4.4
20	-1.3	-1.0	-1.7	-2.0	-2.6	-3.2	-5.1
15	-2.1	-1.7	-2.4	-2.8	-3.3	-3.9	-5.9
10	-3.0	-2.6	-3.3	-3.7	-4.2	-4.8	-6.8
5	-4.0	-3.9	-4.7	-5.0	-5.0	-6.3	-7.9

Adaptado de Rikli e Jones, 1999.

Teste de Sentar e Alcançar os Pés (Homens)

Classificação de Percentil	60-64	65-69	70-74	75-79	80-84	85-89	90-94
95	8.5	7.5	7.5	6.6	6.2	4.5	3.5
90	6.7	5.9	5.8	4.9	4.4	3.0	1.9
85	5.6	4.8	4.7	3.8	3.2	2.0	0.9
80	4.6	3.9	3.8	2.8	2.2	1.1	0.0
75	3.8	3.1	3.0	2.0	1.4	0.4	-0.7
70	3.1	2.4	2.4	1.3	0.6	-0.2	-1.4
65	2.5	1.8	1.8	0.7	0.0	-0.8	-1.9
60	1.8	1.1	1.1	0.1	-0.8	-1.3	-2.5
55	1.2	0.6	0.6	-0.5	-1.4	-1.9	-3.0
50	0.6	0.0	0.0	-1.1	-2.0	-2.4	-3.6
45	0.0	-0.6	-0.6	-1.7	-2.6	-2.9	-4.2
40	-0.6	-1.1	-1.2	-2.3	-3.2	-3.5	-4.7
35	-1.3	-1.8	-1.8	-2.9	-4.0	-4.0	-5.3
30	-1.9	-2.4	-2.4	-3.5	-4.6	-4.6	-5.8
25	-2.6	-3.1	-3.1	-4.2	-5.3	-5.3	-6.5
20	-3.4	-3.9	-3.9	-5.0	-6.2	-5.9	-7.2
15	-4.4	-4.8	-4.8	-6.0	-7.2	-6.8	-8.1
10	-5.5	-5.9	-5.9	-7.1	-8.4	-7.8	-9.1
5	-7.3	-7.5	-7.6	-8.8	-10.2	-9.3	-10.7

Adaptado de Rikli e Jones, 1999.

Teste de Alcançar as Costas (Mulheres)

Classificação de Percentil	60-64	65-69	70-74	75-79	80-84	85-89	90-94
95	5.0	4.9	4.5	4.5	4.3	3.5	3.9
90	3.8	3.5	3.2	3.1	2.8	1.9	2.2
85	2.9	2.6	2.3	2.2	1.8	0.8	0.9
80	2.2	1.9	1.5	1.3	0.9	-0.1	-0.1
75	1.6	1.3	0.8	0.6	0.2	-0.9	-1.0
70	1.1	0.7	0.3	0.0	-0.4	-1.6	-1.8
65	0.7	0.2	-0.2	-0.5	-1.0	-2.1	-2.5
60	0.2	-0.3	-0.8	-1.1	-1.6	-2.8	-3.2
55	-0.2	-0.7	-1.2	-1.6	-2.1	-3.3	-3.8
50	-0.7	-1.2	-1.7	-2.1	-2.6	-3.9	-4.5
45	-1.2	-1.7	-2.2	-2.6	-3.1	-4.5	-5.2
40	-1.6	-2.1	-2.6	-3.1	-3.7	-5.0	-5.8
35	-2.1	-2.6	-3.2	-3.7	-4.2	-5.7	-6.5
30	-2.5	-3.1	-3.7	-4.2	-4.8	-6.2	-7.2
25	-3.0	-3.7	-4.2	-4.8	-5.4	-6.9	-8.0
20	-3.6	-4.3	-4.9	-5.5	-6.1	-7.7	-8.9
15	-4.3	-5.0	-5.7	-6.4	-7.0	-8.6	-9.9
10	-5.2	-5.9	-6.6	-7.3	-8.0	-9.7	-11.2
5	-6.4	-7.3	-7.9	-8.8	-9.5	-11.3	-13.0

Adaptado de Rikli e Jones, 1999.

Teste de Alcançar as Costas (Homens)

Classificação de Percentil	60-64	65-69	70-74	75-79	80-84	85-89	90-94
95	4.5	3.9	3.5	2.8	3.2	1.7	0.7
90	2.7	2.2	1.8	0.9	1.2	-0.1	-1.1
85	1.6	1.0	0.6	-0.3	-0.1	-1.2	-2.2
80	0.6	0.0	-0.4	-1.3	-1.2	-2.2	-3.2
75	-0.2	-0.8	-1.2	-2.2	-2.1	-3.0	-4.0
70	-0.9	-1.6	-2.0	-2.9	-2.9	-3.7	-4.7
65	-1.5	-2.2	-2.6	-3.6	-3.6	-4.3	-5.3
60	-2.2	-2.9	-3.3	-4.3	-4.3	-5.0	-6.0
55	-2.8	-3.5	-3.9	-4.9	-5.0	-5.6	-6.6
50	-3.4	-4.1	-4.5	-5.6	-5.7	-6.2	-7.2
45	-4.0	-4.7	-5.1	-6.3	-6.4	-6.8	-7.8
40	-4.6	-5.3	-5.7	-6.9	-7.1	-7.4	-8.4
35	-5.3	-6.0	-6.4	-7.6	-7.8	-8.1	-9.1
30	-5.9	-6.6	-7.0	-8.3	-8.5	-8.7	-9.7
25	-6.6	-7.4	-7.8	-9.0	-9.3	-9.4	-10.4
20	-7.4	-8.2	-8.6	-9.9	-10.2	-10.2	-11.2
15	-8.4	-9.2	-9.6	-10.9	-11.3	-11.2	-12.2
10	-9.5	-10.4	-10.8	-12.1	-12.6	-12.3	-13.3
5	-11.3	-12.1	-12.5	-14.0	-14.6	-14.1	-15.1

Adaptado de Rikli e Jones, 1999.

Teste de Levantar e Caminhar (Mulheres)

Classificação de Percentil	60-64	65-69	70-74	75-79	80-84	85-89	90-94
95	3.2	3.6	3.8	4.0	4.0	4.5	5.0
90	3.7	4.1	4.0	4.3	4.4	4.7	5.3
85	4.0	4.4	4.3	4.6	4.9	5.3	6.1
80	4.2	4.6	4.7	5.0	5.4	5.8	6.7
75	4.4	4.8	4.9	5.2	5.7	6.2	7.3
70	4.6	5.0	5.2	5.5	6.1	6.6	7.7
65	4.7	5.1	5.4	5.7	6.3	6.9	8.2
60	4.9	5.3	5.6	5.9	6.7	7.3	8.6
55	5.0	5.4	5.8	6.1	6.9	7.6	9.0
50	5.2	5.6	6.0	6.3	7.2	7.9	9.4
45	5.4	5.8	6.2	6.5	7.5	8.2	9.8
40	5.5	5.9	6.4	6.7	7.8	8.5	10.2
35	5.7	6.1	6.6	6.9	8.1	8.9	10.6
30	5.8	6.2	6.8	7.1	8.3	9.2	11.1
25	6.0	6.4	7.1	7.4	8.7	9.6	11.5
20	6.2	6.6	7.3	7.6	9.0	10.0	12.1
15	6.4	6.8	7.7	8.0	9.5	10.5	12.7
10	6.7	7.1	8.0	8.3	10.0	11.1	13.5
5	7.2	7.6	8.6	8.9	10.8	12.0	14.6

Adaptado de Rikli e Jones, 1999.

Teste de Levantar e Caminhar (Homens)

Classificação de Percentil	60-64	65-69	70-74	75-79	80-84	85-89	90-94
95	3.0	3.1	3.2	3.3	4.0	4.0	4.3
90	3.0	3.6	3.6	3.5	4.1	4.3	4.5
85	3.3	3.9	3.9	3.9	4.5	4.5	5.1
80	3.6	4.1	4.2	4.3	4.9	5.0	5.7
75	3.8	4.3	4.4	4.6	5.2	5.5	6.2
70	4.0	4.5	4.6	4.9	5.5	5.8	6.6
65	4.2	4.6	4.8	5.2	5.7	6.2	7.0
60	4.4	4.8	5.0	5.4	6.0	6.5	7.4
55	4.5	4.9	5.1	5.7	6.2	6.9	7.7
50	4.7	5.1	5.3	5.9	6.4	7.2	8.1
45	4.9	5.3	5.5	6.1	6.6	7.5	8.5
40	5.0	5.4	5.6	6.4	6.9	7.9	8.8
35	5.2	5.6	5.8	6.6	7.1	8.2	9.2
30	5.4	5.7	6.0	6.9	7.3	8.6	9.6
25	5.6	5.9	6.2	7.2	7.6	8.9	10.0
20	5.8	6.1	6.4	7.5	7.9	9.4	10.5
15	6.1	6.3	6.7	7.9	8.3	9.9	11.1
10	6.4	6.6	7.0	8.3	8.7	10.5	11.8
5	6.8	7.1	7.4	9.0	9.4	11.5	12.9

Adaptado de Rikli e Jones, 1999.

APÊNDICE I

Formulário de Perfil Pessoal

Nome ______________________ Data do Teste: ____________

Idade ____ M ____ F ____

Item do Teste	Escore	Classificação* Abaixo da média ← 25° % … 75° % → Acima da média (Normal)	Classificação por percentil†	Comentários
Levantar da Cadeira (n° de repetições)		____ ____ ____		
Flexão de Braço (n° de repetições)		____ ____ ____		
Caminhada de 6 Minutos (metros) ou **Marcha Estacionária de 2 Minutos*** (n° de passos)		____ ____ ____		
Sentar e Alcançar os Pés (n° de centímetros: +/-)		____ ____ ____		
Alcançar as Costas (n° de centímetros: +/-)		____ ____ ____		
Levantar e Caminhar (n° de segundos)		____ ____ ____		
Índice de Massa Corporal (ver tabela de IMC)	Alt ___ Peso ___	IMC ______	≤ 18 Subpeso, pode significar perda de massa muscular ou óssea 19-26 Faixa saudável ≥ 27 Sobrepeso, pode causar aumento de risco de incapacidade/doença	

*As categorias de classificação podem ser determinadas a partir das Tabelas 5.3 e 5.4; são ilustradas nos gráficos de desempenho (ver Figuras 5.2 e 5.3).

† As classificações por percentil são determinadas com base nas tabelas do Apêndice H.

APÊNDICE J

Gráficos de Desempenho

Teste de Levantar da Cadeira

Teste de Flexão de Braço

Teste de Caminhada de 6 Minutos

Teste de Marcha Estacionária de 2 Minutos

Teste de Sentar e Alcançar os Pés

Teste de Alcançar as Costas

Teste de Levantar e Caminhar

a. Levantar da Cadeira – Mulheres
(Força dos membros inferiores)

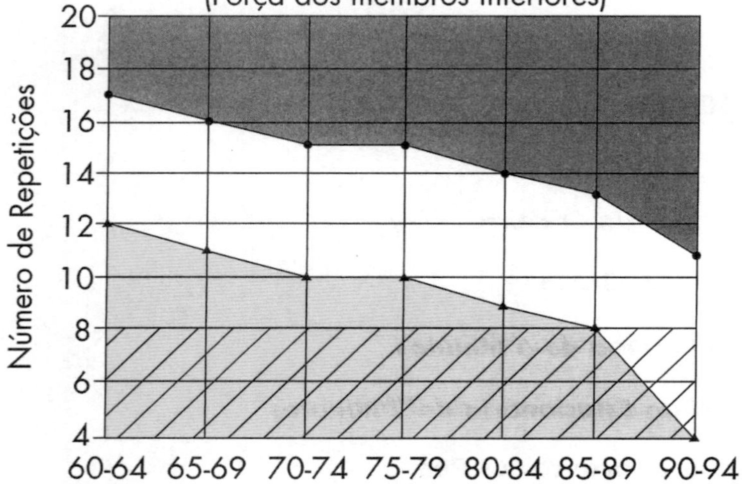

a. Levantar da Cadeira – Homens
(Força dos membros inferiores)

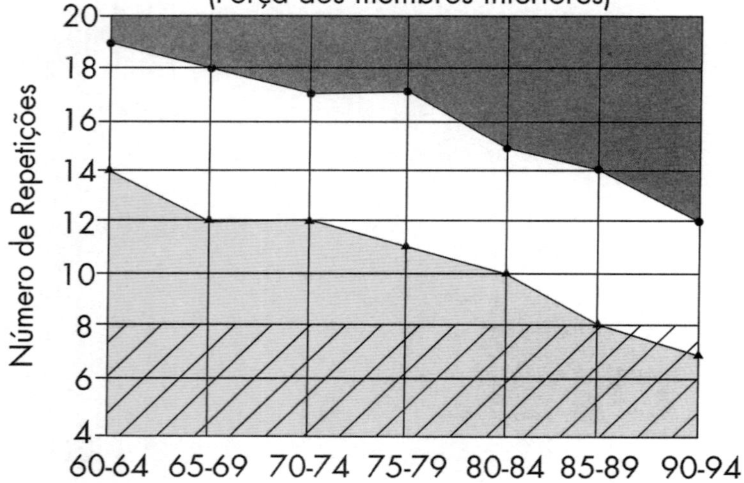

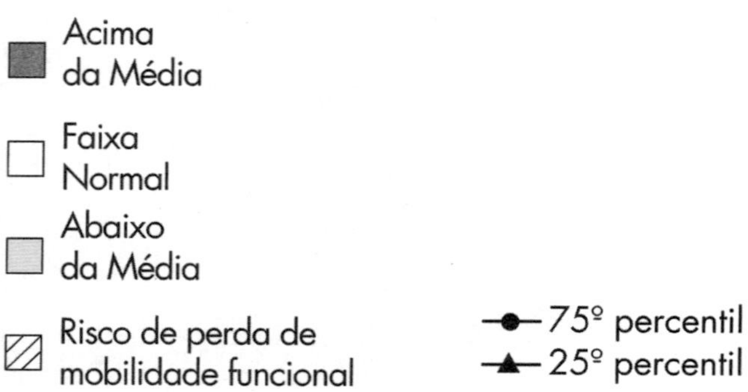

b. Flexão de Braço – Mulheres
(Força dos membros superiores)

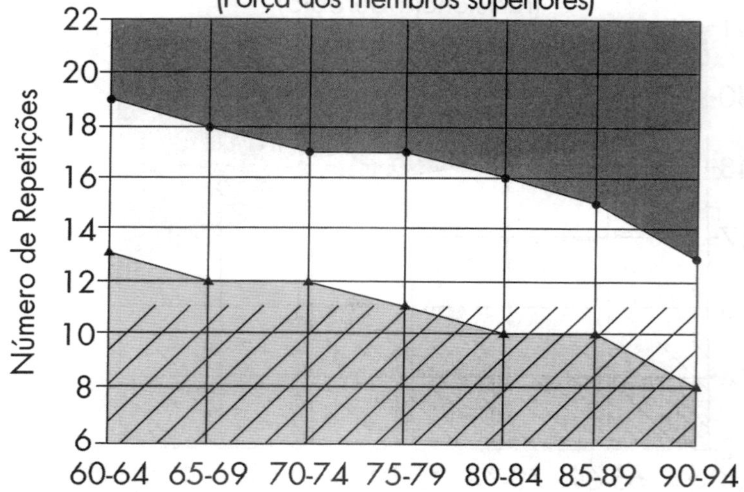

b. Flexão de Braço – Homens
(Força dos membros superiores)

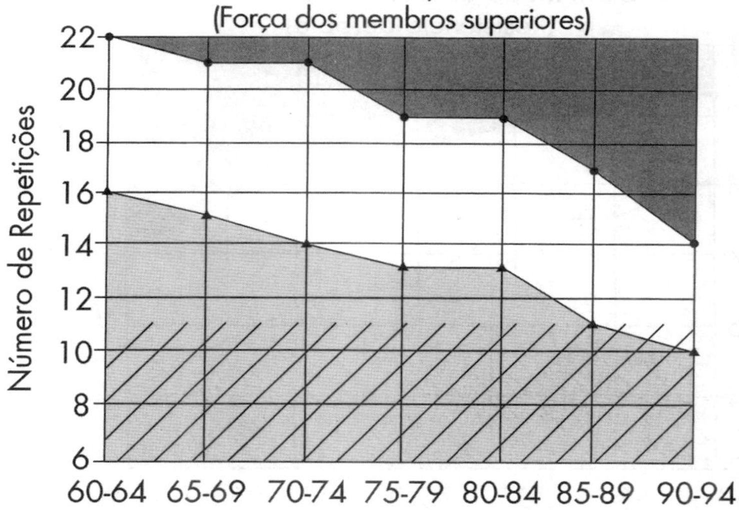

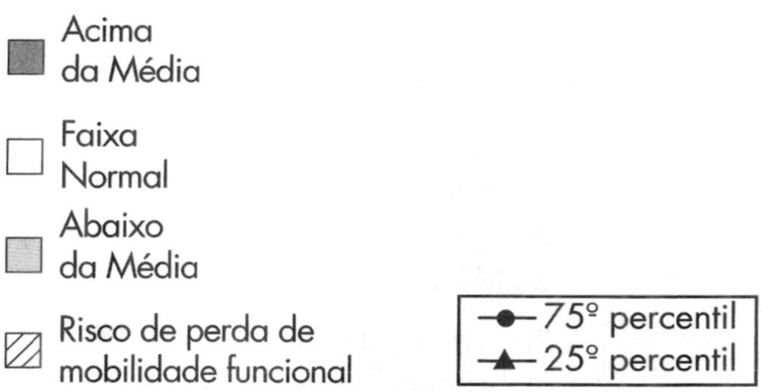

c. Caminhada de 6 Minutos – Mulheres
(resistência aeróbia)

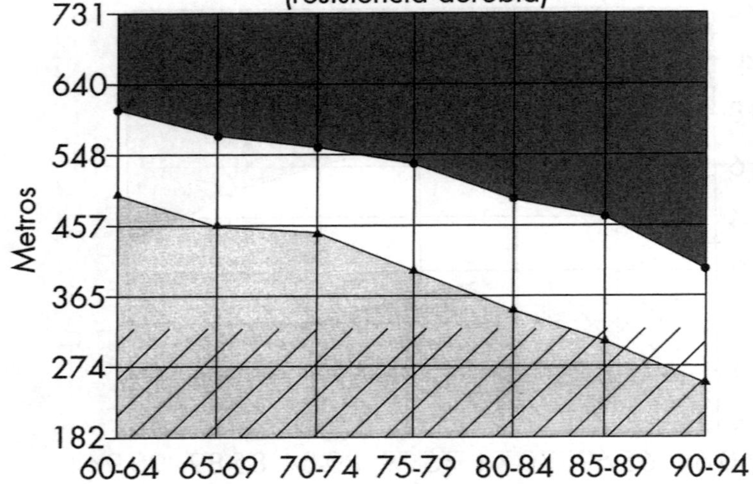

c. Caminhada de 6 Minutos – Homens
(Resistência aeróbia)

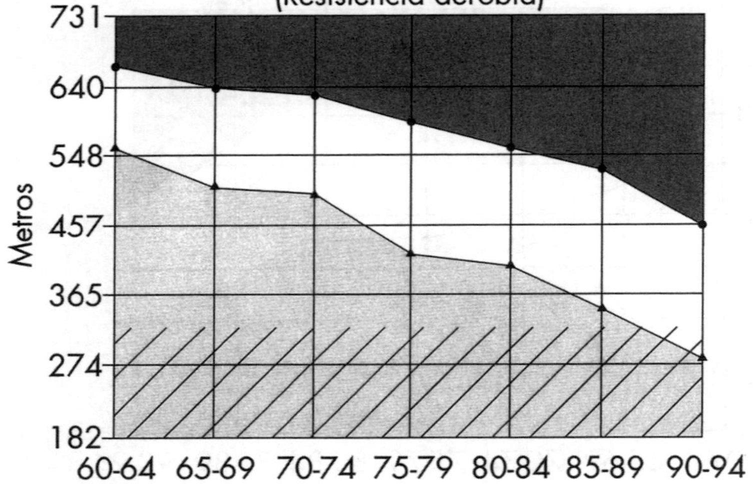

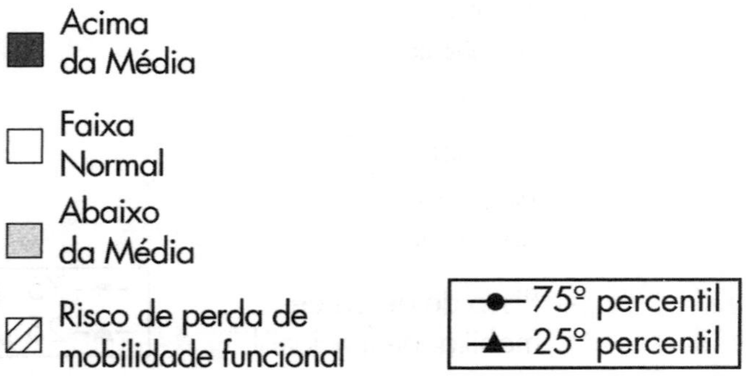

d. Marcha Estacionária de 2 Minutos – Mulheres
(Resistência aeróbia)

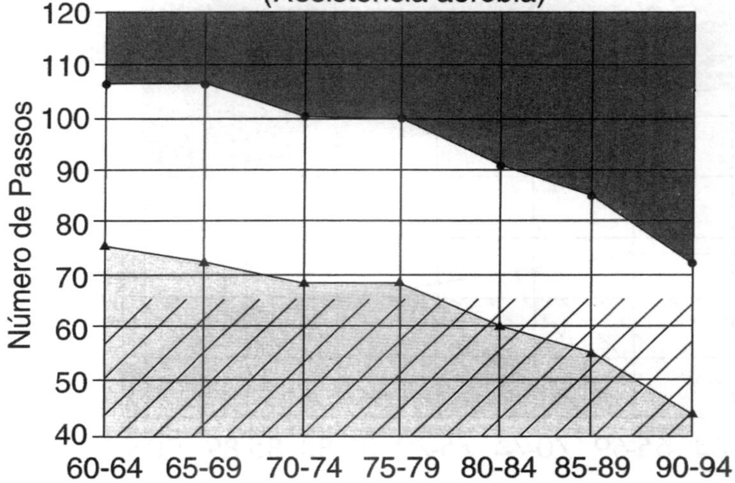

d. Marcha Estacionária de 2 Minutos – Homens
(Resistência aeróbia)

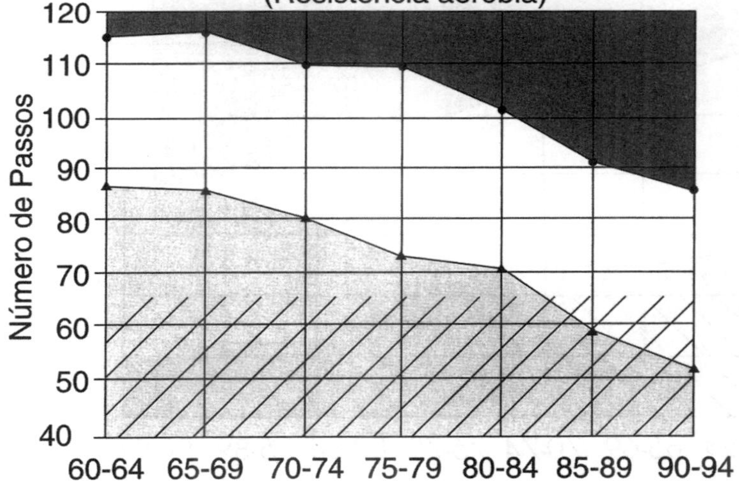

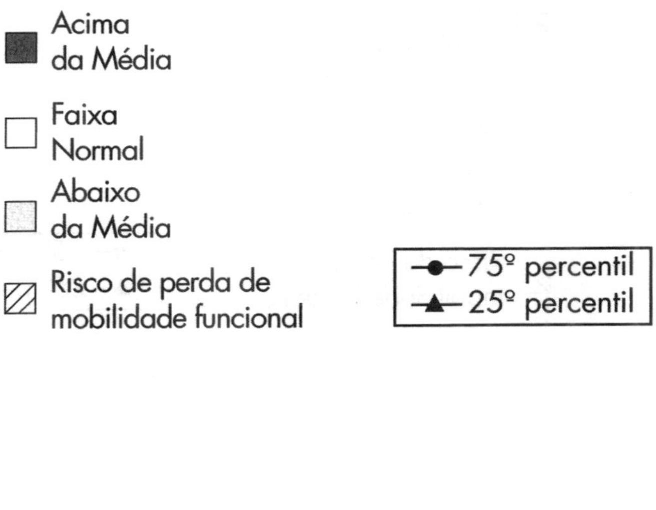

e. Sentar e Alcançar os Pés – Mulheres
(Flexibilidade dos membros inferiores)

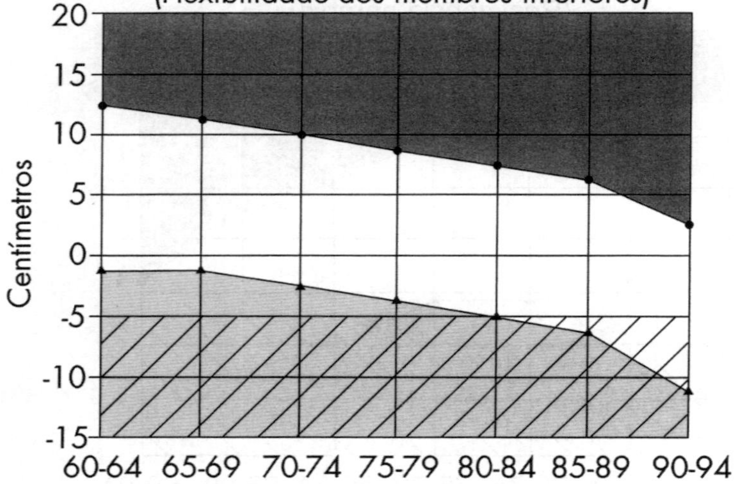

e. Sentar e Alcançar os Pés – Homens
(Flexibilidade dos membros inferiores)

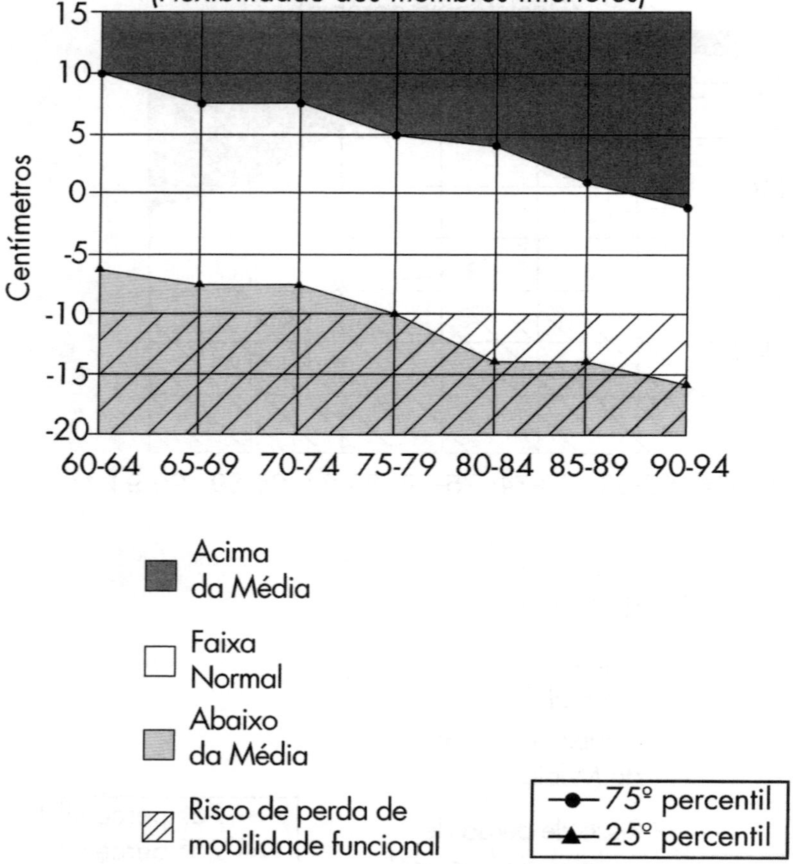

f. Alcançar as Costas – Mulheres
(Flexibilidade dos membros superiores)

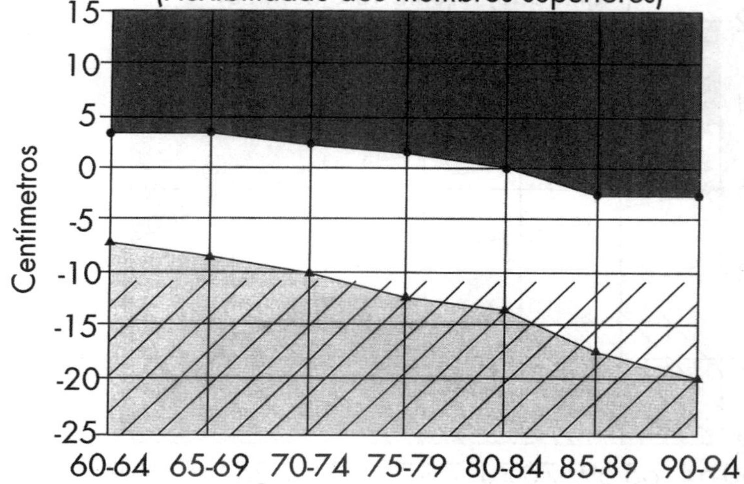

f. Alcançar as Costas – Homens
(Flexibilidade dos membros superiores)

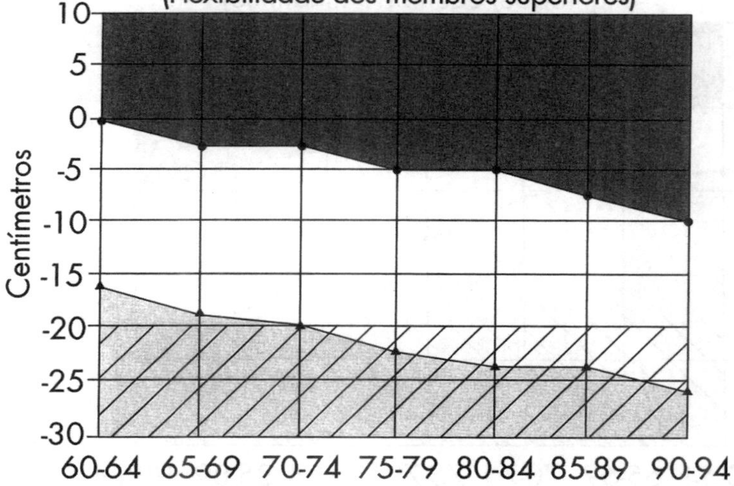

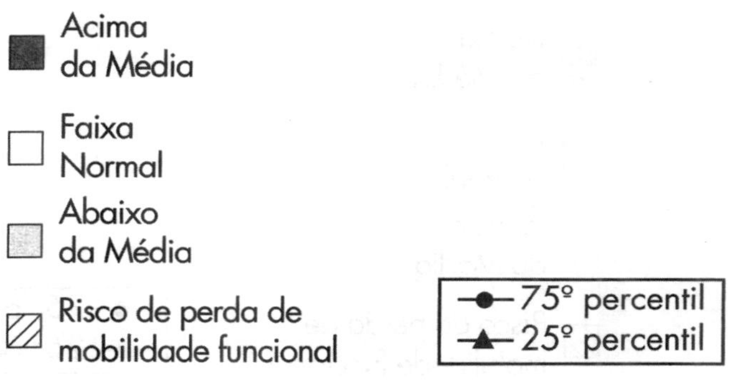

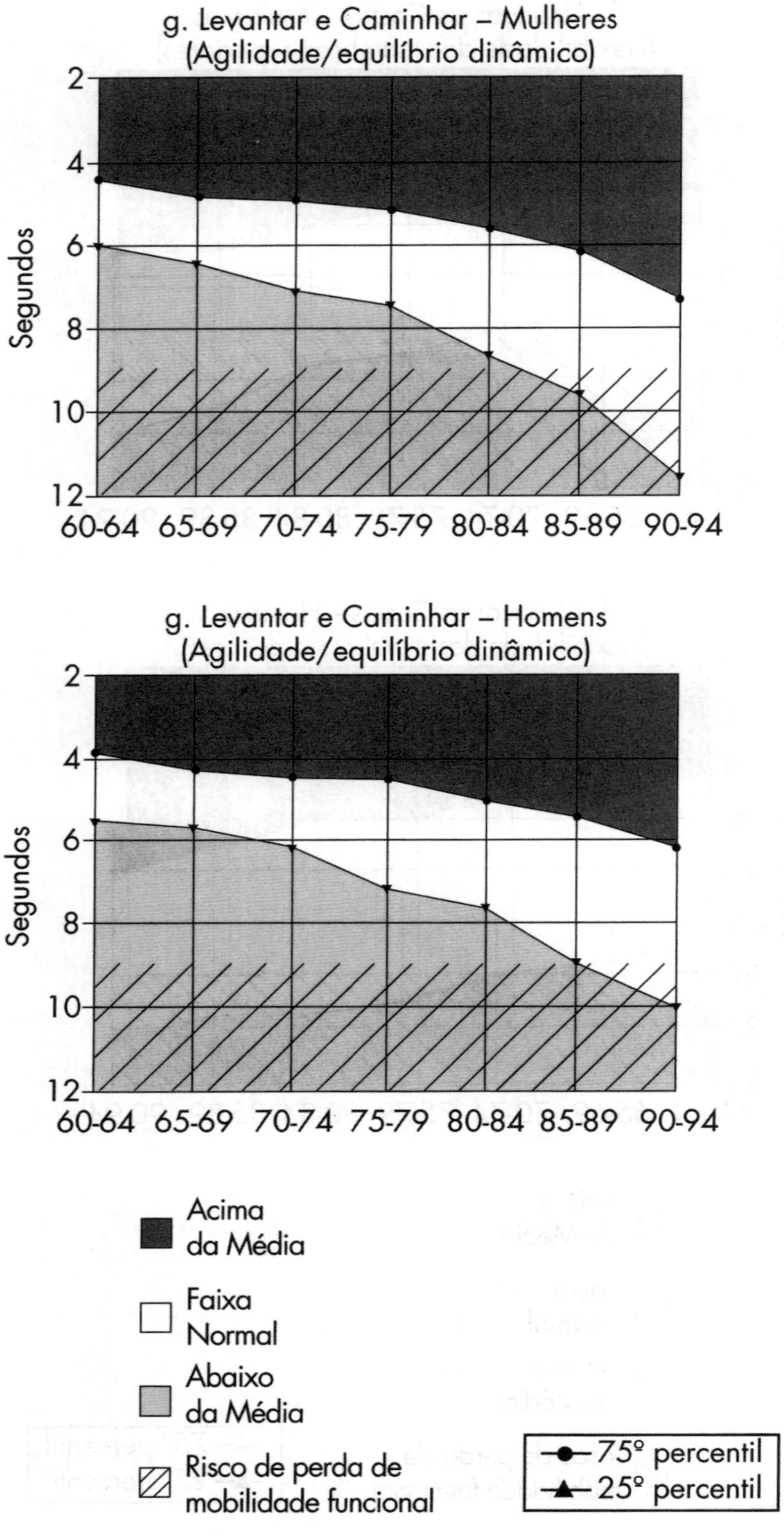
g. Levantar e Caminhar – Mulheres
(Agilidade/equilíbrio dinâmico)
Segundos
2
4
6
8
10
12
60-64 65-69 70-74 75-79 80-84 85-89 90-94
g. Levantar e Caminhar – Homens
(Agilidade/equilíbrio dinâmico)
Segundos
2
4
6
8
10
12
60-64 65-69 70-74 75-79 80-84 85-89 90-94
Acima da Média
Faixa Normal
Abaixo da Média
Risco de perda de mobilidade funcional
75º percentil
25º percentil

APÊNDICE K

Metas Pessoais/Planos de Atividade

Passo 1. Descrever no mínimo uma meta de longo prazo que possa ser alcançada com o aumento da quantidade de exercício. As metas podem ser específicas, como melhores pontuações na caminhada de 6 minutos do TAFI de 457 para 548 metros ou perda de 4,5 kg antes do casamento da neta no próximo verão. As metas podem ser mais gerais, como o aumento da participação em atividade física moderada para 30 a 40 minutos diários durante a maior parte dos dias da semana.

Meta de Longo Prazo ou Principal Objetivo do Exercício: ______________

Passo 2. Descrever em um plano de atividade quinzenal *metas de curto prazo* que sejam realistas e que levem à conquista das metas de longo prazo. Ser específico em relação ao planejamento das atividades e à programação proposta.

Atividade	Dias/Horários
______________	______________
______________	______________
______________	______________
______________	______________
______________	______________

Passo 3. Descrever os obstáculos que possam impedir a realização dos planos e as possíveis estratégias para vencê-los.

Obstáculo	Estratégia para Vencê-los
______________	______________
______________	______________
______________	______________
______________	______________
______________	______________

Fase 4. Formalizar o compromisso com o plano acima assinando na linha abaixo. Discutir os planos com um amigo ou instrutor de exercício. Pedir que o amigo ou instrutor assine como testemunha e que se disponha a verificar o andamento do programa ao menos uma vez por semana.

Assinatura do Participante ______________ Data ________

Assinatura da Testemunha ______________ Data ________

APÊNDICE L

Ficha de Atividades

Semana de ______________________ Nome ______________________

Registro de minutos por dia	Segunda	Terça	Quarta	Quinta	Sexta	Sábado	Domingo
Atividade do estilo de vida: Indicar qualquer tarefa doméstica, atividade no quintal, atividade recreativa, atividade esportiva etc; de nível moderado. Se a atividade física for de baixa intensidade, acrescentar exercício estruturado (ver abaixo).							
Exercício Estruturado: ***Exercício aeróbio*** - caminhada em ritmo rápido, *jogging*, exercício aeróbio, ciclismo, esteira etc. (Necessidade de 20 a 30 minutos 3 a 5 vezes por semana.)							
Exercício de força - pode-se usar fita elástica, pesos manuais, aparelhos de peso ou ginástica calistênica. (Trabalhar os músculos dos membros superiores e inferiores no mínimo 2 vezes por semana.)							
Totais Diários: O participante está conseguindo fazer 30 a 40 minutos de exercício moderado por dia?							
Igualmente Importante: ***Flexibilidade/alongamento*** – alongar todas as áreas musculares e articulares 2 a 3 vezes por semana, se possível, todos os dias.							
Atividades de agilidade/ equilíbrio – especialmente importante para os que apresentam problema de equilíbrio.							

APÊNDICE M

Faixa Normal de Escores para Mulheres*

	60-64	65-69	70-74	75-79	80-84	85-89	90-94
Teste de Levantar da Cadeira (nº de repetições)	12–17	11–16	10–15	10–15	9–14	8–13	4–11
Teste de Flexão de Braço (nº de repetições)	13–19	12–18	12–17	11–17	10–16	10–15	8–13
Teste de Caminhada de 6 Minutos** (nº de metros)	498–603	457–438	438–562	397–534	352–493	310–466	251–402
Teste de Marcha Estacionária de 2 Minutos (nº de passos)	75-107	73-107	68-101	68-100	60-90	55-85	44-72
Teste de Sentar e Alcançar os Pés (centímetro mais próximo: +/-)	-1,2–+12,7	-1,2–+11,4	-2,5–+10,1	-3,8–+8,8	-5,0–+7,6	-6,3–+6,3	-11,4–+2,5
Teste de Alcançar as Costas[†] (centímetro mais próximo: +/-)	-7,6–+3,8	-8,8–+3,8	-10,1–+2,5	-12,7–+1,2	-13,9–+0,0	-17,7–-2,5	-20,3–-2,5
Teste de Levantar e Caminhar (segundos)	6,0–4,4	6,4–4,8	7,1–4,9	7,4–5,2	8,7–5,7	9,6–6,2	11,5-7,3

Faixa Normal de Escores para Homens*

	60-64	65-69	70-74	75-79	80-84	85-89	90-94
Teste de Levantar da Cadeira (nº de repetições)	14–19	12–18	12–17	11–17	10–15	8–14	7–12
Teste de Flexão de Braço (nº de repetições)	16–22	15–21	14–21	13–19	13–19	11–17	10–14
Teste de Caminhada de 6 Minutos** (nº de metros)	557–672	512–640	498–621	429–585	406–553	347–521	278–457
Teste de Marcha Estacionária de 2 Minutos (nº de passos)	87–115	86–116	80–110	73–109	71–103	59–91	52–86
Teste de Sentar e Alcançar os Pés[†] (centímetro mais próximo: +/-)	-6,3–+10,1	-7,6–+7,6	-7,6–+7,6	-10,1–+5,0	-13,9–+3,8	-13,9–+1,2	-16,5–1,2
Teste de Alcançar as Costas[†] (centímetro mais próximo: +/-)	-16,5–+0,0	-18,0–-2,5	-20,3–-2,5	-22,8–-5,0	-24,1–-5,0	-24,1–-7,6	-26,6–-10,1
Teste de Levantar e Caminhar (segundos)	5,6–3,8	5,9–4,3	6,2–4,4	7,2–4,6	7,6–5,2	8,9–5,5	10,0–6,2

*Define-se a faixa normal de escores para mulheres como a porcentagem central (50%) de cada faixa etária. Os escores acima da faixa são considerados "acima da média" e os abaixo são considerados "abaixo da média".

** Os escores são arredondados para os cinco metros mais próximos.

[†]Os escores são arredondados para o centímetro mais próximo.

APÊNDICE N

Sugestões de material de referência sobre Programação de Exercício para Idosos

Livros

Allen, Lynn, Editor. 1999. *Active Older Adults.* Champaign, IL: Human Kinetics.

Clark, Janie. 1992. *Full Life Fitness: A Complete Exercise Program for Mature Adults.* Champaign, IL: Human Kinetics.

Cotton, Richard T., Editor. 1998. *Exercise for Older Adults: ACE's Guide for Fitness Professionals.* American Council on Exercise.

Evans, William and Irwin H. Rosenberg. 1991. *Biomarkers: The 10 Determinants of Aging You Can Control.* New York: Simon & Schuster.

National Institute on Aging, Baltimore. n.d. *Exercise: A Guide from the National Institute on Aging.* Publication No. NIH 98-4258.

Nelson, Miriam E. 1998. *Strong Women Stay Young.* New York: Bantam Books.

Osness, Wayne H., Editor. 1998. *Exercise and the Older Adult.* Dubuque, IA: Kendall/ Hunt.

Van Norman, Kay A. 1995. *Exercise Programming for Older Adults.* Champaign, IL: Human Kinetics.

Wescott, W.L. and T.R. Baechle. 1999. *Strength Training for Seniors.* Champaign, IL: Human Kinetics.

Vídeos

Fitness Forever: The Exercise Program for Healthy Aging, featuring Nancy Swayzee, MES (Fitness Forever, 1998, 800-985-5185).

Movin' Out: Senior Style, featuring Laura Gladwin, MS (Peak Productions, 1991, 800-446-2322, ext. 414).

Sit and Be Fit, featuring Mary Ann Wilson, RN (Sit and Be Fit, 1991, 509-448-9438).

Sites da Internet

AAHPERD (American Alliance for Health, Physical Education, Recreation and Dance)—**www.aahperd.org**

ACE (American Council on Exercise)—**www.acefitness.com**

ACSM (American College of Sports Medicine)—**www.acsm.org**

AFAA (Aerobics & Fitness Association of America)—**www.afaa.com**

IDEA (International Dance Exercise Association)—**www.ideafit.com**

ISAPA (International Society for Aging and Physical Activity)—**www.isapa.org**

Keiser Institute on Aging—**www.keiserinstituteonaging.com**

50-Plus Fitness Association—**www.50plus.org**

Apêndice O

Conversões de Medidas

Para converter medidas do padrão norte-americano para o padrão métrico, usar essas tabelas de conversão. Multiplicar a medida do padrão norte-americano pelo fator de conversão adequado usando-se todas as casas decimais.

Peso

Para passar de	Para	Multiplicar por
libras (lb)	quilogramas (kg)	0,453592

Comprimento

Para passar de	Para	Multiplicar por
polegadas (in)	centímetros (cm)	2,540005
pés (ft)	metros (m)	0,3048006
jardas (yd)	metros (m)	0,91440183
milhas (mi)	quilômetros (km)	1,60935

Referências Bibliográficas

Ainsworth, B.E., Montoye, H.J., & Leon, A.S. (1994). Methods of assessing physical activity during leisure and work. In C. Bouchard, R.J. Shephard, & T. Stephens (Eds.), *Physical activity, fitness, and health* (pp. 146-159). Champaign, IL: Human Kinetics.

Alexander, N.B., Schultz, A.B., & Warwick, D.N. (1991). Rising from a chair: Effects of age and functional ability on performance biomechanics. *Journal of Gerontology: Medical Sciences, 46,* M91-M98.

Alliance for Aging Research. (1999). *Independence for older Americans: An investment for our nation's future.* Washington, DC: Alliance for Aging Research.

American Academy of Orthopaedic Surgeons. (1966). *Joint motion: Method of measuring and recording.* Edinburgh: Livingstone.

American College of Sports Medicine. (1991). *Guidelines for exercise testing and prescription* (4th ed.). Philadelphia: Lea and Febiger.

American College of Sports Medicine. (1995). *Guidelines for exercise testing and prescription.* Philadelphia: Lippincott Williams & Wilkins.

American College of Sports Medicine. (1997). *Exercise management for persons with chronic diseases and disabilities.* Champaign, IL: Human Kinetics.

American College of Sports Medicine. (1998a). ACSM Position Stand on Exercise and Physical Activity for Older Adults. *Medicine and Science in Sports and Exercise, 30,* 992-1008.

American College of Sports Medicine. (1998b). *ACSM's resource manual for guidelines for exercise testing and prescription.* Philadelphia: Lippincott Williams & Wilkins.

American College of Sports Medicine. (2000). *Guidelines for exercise testing and prescription.* (6th edition.) Philadelphia: Lippincott Williams & Wilkins.

American Psychological Association. (1985). *Standards for educational and psychological tests.* Washington, DC: American Psychological Association.

Badley, E.M., Wagstaff, S., & Wood, P.H.N. (1984). Measures of functional ability (disability) in arthritis in relation to impairment of range of joint movement. *Annals of Rheumatic Disease, 43,* 563-569.

Baumgartner, T.A., & Jackson, A.S. (1999). *Measurement for evaluation in physical education and exercise science* (6th ed.). Boston: McGraw-Hill.

Bell, R.D., Hoshizaki, B., & Collins, M.L. (1983). *The post 50 "3-S" physical performance test.* Victoria, BC: R.E. & P. Holdings.

Bittner, V., Weiner, D.H., Yusuf, S., Rogers, W.J., McIntyre, K.M., Bangdiwala, S.I., Kronenberg, M.W., Kostis, J.B., Kohn, R.M., Guillotte, M., Greenberg, B., Woods, P.A., & Bourassa, M.G. (1993). Prediction of mortality and morbidity with a

6-minute walk test in patients with left ventricular dysfunction. *Journal of the American Medical Association, 270*, 1702-1707.

Bohannon, R.W. (1995). Sit-to-stand test for measuring performance of lower extremity muscles. *Perceptual and Motor Skills, 80,* 163-166.

Booth, F.W., Gordon, S.E., Carlson, C.J., & Hamilton, M.T. (2000). Waging war on modern chronic diseases: Primary prevention through exercise biology. *Journal of Applied Physiology, 88*, 774-787.

Borg, G. (1998). *Borg's perceived exertion and pain scales.*

Bouchard, C., Shephard, R.J., & Stephens, T. (1994). *Physical activity, fitness, and health*. Champaign, IL: Human Kinetics.

Boyd, M., & Zizzi, M. (1999). Strength, functional gains, and wellness perception in healthy older adults participating in the Vigor Weight Training Program. *Journal of Aging and Physical Activity, 7,* 299-330.

Bravo, G., Gauthier, P., Roy, P., Tessier, D., Gaulin, P., Dubois, M., & Peloquin, L. (1994). The functional fitness assessment battery: Reliability and validity data for elderly women. *Journal of Aging and Physical Activity, 2*, 67-79.

Brouha, L. (1943). A step test: A simple method of measuring physical fitness for muscular work in young men. *Research Quarterly, 14,* 31-36.

Brown, M., Sinacore, D.R., & Host, H.H. (1995). The relationship of strength to function in the older adult. *Journal of Gerontology, 50A* (Special Issue), 55-59.

Buchner, D.M. (1995). Clinical assessment of physical activity in older adults. In L.Z. Rubenstein, D. Wieland, & R. Bernabei (Eds.), *Geriatric assessment technology: The state of the art* (pp. 147-159). Milano: Editrice Kurtis.

Buchner, D.M., Guralnik, J.M., & Cress, M.E. (1995). The clinical assessment of gait, balance, and mobility in older adults. In L.Z. Rubenstein, D. Wieland, & R. Bernabei (Eds.), *Geriatric assessment technology: The state of the art* (pp. 75-89). Milano: Editrice Kurtis.

Cailliet, R. (1988). *Low back pain syndrome*. Philadelphia: Davis.

Chakravarty, K., & Webley, M. (1993). Shoulder joint movement and its relationship to disability in the elderly. *Journal of Rheumatology, 20,* 1359-1361.

Chandler, J.M., & Hadley, E.C. (1996). Exercise to improve physiologic and functional performance in old age. *Clinics in Geriatric Medicine, 12*, 761-784.

Cooper Institute for Aerobics Research. (1999). *The Fitnessgram test administration manual* (2nd ed.). Champaign, IL: Human Kinetics.

Cooper, K.H. (1968). A means of assessing maximal oxygen intake. *Journal of the American Medical Association, 203*, 135-138.

Cooper, K.H. (1995). Anything that I may do for you? Keynote presentation at annual conference of the American Alliance for Health, Physical Education, Recreation and Dance. Portland, OR.

Cotten, D.J. (1971). A modified step test for group cardiovascular testing. *Research Quarterly, 42*, 91-95.

Cress, M.E., Buchner, D.M., Questad, K.A., Esselman, P.C., deLateur, B.J., & Schwartz, R.S. (1996). Continuous-scale physical functional performance in a broad range of older adults. *Archives and Physical Medicine and Rehabilitation, 77,* 1243-1250.

Cress, M.E., Thomas, D.P., Johnson, J., Kasch, F.W., Cassens, R.G., Smith, E.L., & Agre, J.C. (1991). Effect of training on $\dot{V}O_2$max, thigh strength, and muscle morphology in septuagenarian women. *Medicine and Science in Sport and Exercise, 23*, 752-758.

Csuka, M., & McCarty, D.J. (1985). Simple method for measurement of lower extremity muscle strength. *American Journal of Medicine, 78*, 77-81.

DiPietro, L. (1996). The epidemiology of physical activity and physical function in older people. *Medicine and Science in Sports and Exercise, 28*, 596-600.

Disch, J., Frankiewicz, R., & Jackson, A. (1975). Construct validation of distance run tests. *Research Quarterly, 46*, 169-176.

Dugas, E.W. (1996). *The development and validation of a 2-minute step test to estimate aerobic endurance in older adults*. Unpublished master's thesis, California State University, Fullerton.

Evans, W., & Rosenberg, I.H. (1991). *Biomarkers: The 10 determinants of aging you can control.* New York: Simon & Schuster.

Evans, W.J. (1995). Effects of exercise on body composition and functional capacity of the elderly. *Journal of Gerontology, 50A*, 147-150.

Fenstermaker, K.L., Plowman, S.A., & Looney, M.A. (1992). Validation of the Rockport Fitness Walking Test in females 65 years and older. *Research Quarterly for Exercise and Sport, 63*, 322-327.

Fiatarone, M.A., & Evans, W.J. (1993). The etiology and reversibility of muscle dysfunction in the aged. *Journal of Gerontology, 44*, 77-83.

Fiatarone, M.A., Marks, E.C., Ryan, N.D., Meredith, C.N., Lipsitz, L.A., & Evans, W.J. (1990). High-intensity strength training in nonagenarians: Effects on skeletal muscle. *Journal of the American Medical Association, 263*, 3029-3034.

Fiatarone, M.A., O'Neill, E.F., Ryan, N.D., Clements, K.M., Solares, G.R., Nelson, M.E., Roberts, S.B., Kehayias, J.J., Lipsitz, L.A., & Evans, W.J. (1994). Exercise training and nutritional supplementation for physical frailty in very elderly people. *New England Journal of Medicine, 330*, 1769-1775.

Fried, L.P., Ettinger, W.H., Lind, B., Newman, A.B., & Gardin, J. (1994). Physical disability in older adults: A physiological approach. *Journal of Clinical Epidemiology, 47*, 747-760.

Galanos, A.N., Peiper, C.F., Cornoni-Huntley, J., Bales, C.W., & Fillenbaum, G.G. (1994). Nutrition and function: Is there a relationship between body mass index and the functional capabilities of community dwelling elderly? *Journal of the American Geriatric Society, 42*, 368-373.

Gill, T.M., Williams, C.S., Richardson, E.D., & Tinetti, M.E. (1996). Impairments in physical performance and cognitive status as predisposing factors for functional dependence among nondisabled older persons. *Journal of Gerontology: Medical Sciences, 51A*, M283-M288.

Gill, T.M., Williams, C.S., & Tinetti, M.E. (1995). Assessing risk for the onset of functional dependence among older adults: The role of physical performance. *Journal of the American Geriatric Society, 43*, 603-609.

Golding, L., Myers, C., & Sinning, W. (1989). *Y's way to physical fitness* (3rd ed.). Champaign, IL: Human Kinetics.

Grabiner, M.K., Koh, T.J., Lundin, T.M., & Jahnigen, D.W. (1993). Kinematics of recovery from a stumble. *Journal of Gerontology, 48*, M97-M102.

Gross, J., Fetto, J., & Rosen, E. (1996). *Musculoskeletal examination*. Cambridge: Blackwell Science.

Guralnik, J.M., Ferrucci, L., Simonsick, E.M., Salive, M.E., & Wallace, R.B. (1995). Lower-extremity function in persons over the age of 70 years as a predictor of subsequent disability. *New England Journal of Medicine, 332*, 556-561.

Guralnik, J.M., Simonsick, E.M., Ferrucci, L., Glynn, R.J., Berkman, L.F., Blazer, D.G., Scherr, P.A., & Wallace, R.B. (1994). A short physical performance battery assessing lower extremity function: Association with self-reported disability and prediction of mortality and nursing home admission. *Journal of Gerontology, 49*, M85-M94.

Guyatt, G.H., Sullivan, M.J., Thompson, P.J., Fallen, E.I., Pugsley, S.O., Taylor, D.W., & Berman, L.B. (1985a). The 6-minute walk: A new measure of exercise capacity in patients with chronic heart failure. *Canadian Medical Association Journal, 132*, 919-923.

Guyatt, G.H., Thompson, P.J., Berman, L.B., Sullivan, M.J., Townsend, M., Jones, N.L., & Pugsley, S.O. (1985b). How should we measure function in patients with chronic heart and lung disease. *Journal of Chronic Disabilities, 38*, 517-524.

Hagberg, J., Graves, J., Limacher, M., Woods, D., Cononie, C., Leggett, S., Gruber, J., & Pollock, M. (1989). Cardiovascular responses of 70-79 year old men and women to exercise training. *Journal of Applied Physiology, 66*, 2589-2594.

Hagberg, J.M. (1994). Physical activity, fitness, health, and aging. In C. Bouchard, R. Shephard, & T. Stephens (Eds.), *Physical activity, fitness, and health: International proceedings and consensus statement* (pp. 993-1005). Champaign, IL: Human Kinetics.

Harris, T., Kovar, M.G., Suzman, R., Kleinman, J.C., & Feldman, J.J. (1989). Longitudinal study of physical ability in the oldest-old. *American Journal of Public Health, 79*, 698-702.

Haskell, W.L., & Phillips, W.T. (1995). Exercise training, fitness, health, and longevity. In D.L. Lamb, C.V. Gisolfi, & E. Nadel (Eds.), *Perspectives in exercise and sports medicine: Exercise in older adults* (Vol. 8, pp. 11-52). Carmel, IN: Cooper.

Hoppenfeld, S. (1976). *Physical examination of the spine and extremities*. Norwalk, CT: Appleton & Lange.

Hubert, H.B., Bloch, D.A., & Fries, J.F. (1993). Risk factors for physical disability in an aging cohort: The NHANES I epidemiologic followup study. *Journal of Rheumatology, 20*, 480-488.

Hubley-Kozey, C.L., Wall, J.C., & Hogan, D.B. (1995). Effects of a general exercise program on passive hip, knee, and ankle range of motion of older women. *Topics in Geriatric Rehabilitation, 10*, 33-44.

Hurley, B.F., & Hagberg, J.M. (1998). Optimizing health in older persons: Aerobic or strength training? In J. Holloszy (Ed.), *Exercise and sport science reviews* (Vol. 26, pp. 61-89). Baltimore: Williams & Wilkins.

Jackson, A.S., Beard, E.F., Wier, L.T., Ross, R.M., Stuteville, J.E., & Blair, S.N. (1995). Changes in aerobic power of men, ages 25-70 years. *Medicine and Science in Sports and Exercise, 27*, 113-120.

Jackson, A.S., Wier, L.T., Ayers, G.W., Beard, E.F., Stuteville, J.E., & Blair, S.N. (1996). Changes in aerobic power of women, ages 20-64 yr. *Medicine and Science in Sports and Exercise, 28*, 884-891.

Jackson, A.W., & Baker, A.A. (1986). The relationship of the sit and reach test to criterion measures of hamstring and back flexibility in young females. *Research Quarterly for Exercise and Sport, 57*, 183-186.

Jackson, A.W., & Langford, N.J. (1989). The criterion-related validity of the sit-and-reach test: Replication and extension of previous findings. *Research Quarterly for Exercise and Sport, 60*, 384-387.

James, T.W. (1999). *The 30-second arm curl test as an indicator of upper body strength in older adults.* Unpublished master's thesis, California State University, Fullerton.

Johnston, J. (1999). *Validation of a 2-minute step-in-place test relative to treadmill performance in older adults.* Unpublished master's thesis, California State University, Fullerton.

Jones, C.J., & Rikli, R.E. (1999). Physical decline in older adults as a function of age, gender, and physical activity level. *Medicine and Science in Sports and Exercise, 31*, S379.

Jones, C.J., Rikli, R.E., & Beam, W.C. (1999). A 30-s chair-stand test as a measure of lower body strength in community-residing older adults. *Research Quarterly for Exercise and Sport, 70*, 113-119.

Jones, C.J., Rikli, R.E., Max, J., & Noffal, G. (1998). The reliability and validity of a chair sit-and-reach test as a measure of hamstring flexibility in older adults. *Research Quarterly for Exercise and Sport, 69*, 338-343.

Judge, J.O. (1993). Functional importance of muscular strength. *Topics in Geriatric Rehabilitation, 8*, 38-50.

Kaplan, G.A., Strawbridge, W.J., Camacho, T., & Cohen, R.D. (1993). Factors associated with change in physical functioning in the elderly: A six-year prospective study. *Journal of Aging and Health, 5*, 140-153.

Kendall, F.P., McCreary, E.K., & Provance, P.G. (1993). *Muscles: Testing and function* (4th ed.). Baltimore: Williams & Wilkins.

Kline, G.M., Porcari, J.P., Hintermeister, R., Freedson, P.S., Ward, A., McCarron, R.F., Ross, J., & Rippe, J.M. (1987). Estimation of $\dot{V}O_2max$ from a one-mile track walk, gender, age, and body weight. *Medicine and Science in Sports and Exercise, 19*, 253-259.

Kohrt, W., Malley, M., Goggan, A., Spina, R., Ogawa, T., Ehsani, A., Bourey, R., Martin, W., & Holloszy, J. (1991). Effects of gender, age, and fitness level on response of $\dot{V}O_2max$ to training in 60-71 yr olds. *Journal of Applied Physiology, 71*, 2004-2011.

Konczak, J., Meeuwsen, H.J., & Cress, M.E. (1992). Changing affordances in stair climbing: The perception of maximum climbability in young and old adults. *Journal of Experimental Psychology: Human Perception and Performance, 18*, 691-697.

Lacroix, A.Z., Guralnik, J.M., Berkman, L.F., Wallace, R.B., & Satterfield, S. (1993). Maintaining mobility in late life II: Smoking, alcohol consumption, physical activity, and body mass index. *American Journal of Epidemiology, 137*, 858-869.

Lawrence, R., & Jette, A.M. (1996). Disentangling the disablement process. *Journal of Gerontology: Social Sciences, 51B*, 5173-5182.

Liemohn, W., Snodgrass, L.B., & Sharpe, G.L. (1988). Unresolved controversies in back management—A review. *Journal of Orthopaedic and Sports Physical Therapy, 9*, 239-244.

Losonczy, K.G., Harris, T.B., Cornoni-Huntley, J., Simonsick, E.M., Wallace, R.B., Cook, N.R., Ostfeld, A.M., & Blazer, D.G. (1995). Does weight loss from middle age to old age explain the inverse weight mortality relation in old age? *American Journal of Epidemiology, 141*, 312-321.

MacRae, P., Feltner, M., & Reinsch, S. (1994). A 1-year exercise program for older women: Effects on falls, injuries, and physical performance. *Journal of Aging and Physical Activity, 2*, 127-142.

MacRae, P.G., Lacourse, M., & Moldavon, R. (1992). Physical performance measures that predict faller status in community-dwelling older adults. *Journal of Occupational and Sports Physical Therapy, 16*, 123-128.

Magee, D.J. (1992). *Orthopedic physical assessment.* Philadelphia: W.B. Saunders.

McArdle, W.D., Katch, F.I., Pechar, G.S., Jacobson, L., & Ruck, S. (1972). Reliability and interrelationships between maximal oxygen intake, physical work capacity and step-test scores in college women. *Medicine and Science in Sports, 4*, 182-186.

McCartney, N., Hicks, A.L., Martin, J., & Webber, C. (1996). A longitudinal trial of weight training in the elderly: Continued improvements in year 2. *Journal of Gerontology, 51*(B).

McMurdo, M.E., & Rennie, L. (1993). A controlled trial of exercise by residents of old people's homes. *Age and Aging, 22*, 11-15.

Miotto, J.M., Chodzko-Zajko, W.J., Reich, J.L., & Supler, M.M. (1999). Reliability and validity of the Fullerton Functional Fitness Test: An independent replication study. *Journal of Aging and Physical Activity, 7*, 339-353.

Morey, M.C., Cowper, P.A., Feussner, J.R., Dipasquale, R.C., Crowley, G.M., & Sullivan, R.J. (1991). Two-year trends in physical performance following supervised exercise among community-dwelling old veterans. *Journal of the American Geriatric Society, 38*, 549-554.

Morey, M.C., Pieper, C.F., & Cornoni-Huntley, J. (1998). Physical fitness and functional limitations in community-dwelling older adults. *Medicine and Science in Sports and Exercise, 30*, 715-723.

Nagi, S.Z. (1965). Some conceptual issues in disability and rehabilitation. In M.B. Sussman (Ed.), *Sociology and rehabilitation* (pp. 100-113). Washington, DC: American Sociological Association.

Nagi, S.Z. (1991). Disability concepts revisited: Implication for prevention. In A.M. Pope & A.R. Tarlov (Eds.), *Disability in America: Toward a national agenda for prevention* (pp. 309-327). Washington, DC: National Academy Press.

Nelson, M., Fiatarone, M., Morganti, C., Trice, E., Greenberg, R., & Evans, W. (1994). Effects of high-intensity strength training on multiple risk factors for osteoporotic fractures. *Journal of the American Medical Association, 272*, 1909-1914.

Nichols, J.F., Hitzelberger, L.M., Sherman, J.G., & Patterson, P. (1995). Effects of resistance training on muscular strength and functional abilities of community-dwelling older adults. *Journal of Aging and Physical Activity, 3*, 238-250.

Osness, W.H., Adrian, M., Clark, B., Hoeger, W., Rabb, D., & Wiswell, R. (1996). *Functional fitness assessment for adults over 60 years.* Dubuque, IA: Kendall/Hunt.

Paffenbarger, R.S.J., Blair, S.N., Lee, I.M., & Hyde, R.T. (1993). Measurement of physical activity to assess health effects in free-living populations. *Medicine and Science in Sports and Exercise, 25*, 60-70.

Paterson, D.H., Cunningham, D.A., Koval, J.J., & St. Croix, C.M. (1999). Aerobic fitness in a population of independently living men and women ages 55-86 years. *Medicine & Science in Sports & Exercise,* 21, 1813-1820.

Patterson, P., Wiksten, D.L., Ray, L., Flanders, C., & Sanphy, D. (1996). The validity and reliability of the back saver sit-and-reach test in middle school girls and boys. *Research Quarterly for Exercise and Sport, 64*, 448-451.

Peloquin, L., Gauthier, P., Bravo, G., Lacombe, G., & Billiard, J. (1998). Reliability and validity of the 5-minute walking field test for estimating $\dot{V}O_2$ peak in elderly subjects with knee osteoarthritis. *Journal of Aging and Physical Activity, 6*, 36-44.

Pendergast, D.R., Fisher, N.M., & Calkins, E. (1993). Cardiovascular, neuromuscular, and metabolic alterations with age leading to frailty. *Journal of Gerontology, 48* (Special Issue), 61-67.

Podsiadlo, D., & Richardson, S. (1991). The timed "up and go": A test of basic functional mobility for frail elderly persons. *Journal of the American Geriatric Society, 39*, 142-148.

Province, M.A., Hadley, E.C., Hornbrook, M.C., Lipsitz, L.A., Miller, J.P., Mulrow, C.D., Ory, M.G., Sattin, R.W., Tinetti, M.E., & Wolf, S.L. (1995). The effects of exercise on falls in elderly patients. A pre-planned meta-analysis of the FICSIT trials. *Journal of the American Medical Association, 273*, 1341-1347.

Pyka, G., Lindenberger, E., Charette, S., & Marcus, R. (1994). Muscle strength and fiber adaptations to a year-long resistance training program in elderly men and women. *Journal of Gerontology, 49*, M22-M27.

Rakowski, W., & Mor, V. (1992). The association of physical activity with mortality among older adults in the longitudinal study of aging (1984-1988). *Journal of Gerontology, 47*, M122-M129.

Rikli, R.E., & Edwards, D. (1991). Effects of a three-year exercise program on motor function and cognitive processing speed in older women. *Research Quarterly for Exercise and Sport, 62*, 61-67.

Rikli, R.E., & Jones, C.J. (1997). Assessing physical performance in independent older adults: Issues and guidelines. *Journal of Aging and Physical Activity, 5*, 244-261.

Rikli, R.E., & Jones, C.J. (1998). The reliability and validity of a 6-minute walk test as a measure of physical endurance in older adults. *Journal of Aging and Physical Activity, 6*, 363-375.

Rikli, R.E., & Jones, C.J. (1999a). Development and validation of a functional fitness test for community-residing older adults. *Journal of Aging and Physical Activity, 7*, 127-159.

Rikli, R.E., & Jones, C.J. (1999b). Functional fitness normative scores for community-residing adults, ages 60-94. *Journal of Aging and Physical Activity, 7*, 160-179.

Rikli, R.E., & Jones, C.J. (2000). Physical activity level, fitness, and functional ability of community-residing older adults. *Medicine and Science in Sports and Exercise, 32*, 218.

Rikli, R.E., Jones, C.J., Beam, W.B., Duncan, S.J., & Lamar, B. (1996). Testing versus training effects on 1RM strength measures in older adults. *Medicine and Science in Sports and Exercise, 28*, S153.

Rose, D.J., Jones, C.J., Dickin, C., Lemon, N., & Bories, T. (1999). The effect of a community-based balance and mobility training program on functional performance and balance-related self-confidence in older adults with a history of falls. *Journal of Aging and Physical Activity, 7*, 265-266.

Safrit, M.J., & Wood, T.M. (1995). *Introduction to measurement in physical education and exercise science.* St. Louis: Mosby-Year Book.

Schoenfeld, D.E., Malmrose, L.C., Blazer, D.G., Gold, D.T., & Seeman, T.E. (1994). Self-rated health and mortality in the high-functioning elderly—A closer look at healthy individuals: MacArthur field study of successful aging. *Journal of Gerontology, 49*, M109-M115.

Schroeder, J. (1995). A comprehensive survey of older adult exercise programs in two California communities. *Journal of Aging and Physical Activity, 3*, 290-298.

Seeman, T.E., Berkman, L.F., Charpentier, P.A., Blazer, D.G., Alpert, M.A., & Tinetti, M.E. (1995). Behavioral and psychosocial predictors of physical performance: MacArthur Studies of Successful Aging. *Journal of Gerontology, 50*, M177-M183.

Seeman, T.E., Charpentier, P.A., Berkman, L.F., Tinetti, M.E., Guralnik, J.M., Albert, M., Blazer, D., & Rowe, J.W. (1994). Predicting changes in physical performance in a high-functioning elderly cohort: MacArthur Studies of Successful Aging. *Journal of Gerontology, 49*, M97-M108.

Select Committee on Aging, U. S. House of Representatives. (1992). *Aging research: Benefits outweigh the costs* (Publication No. 102-871). Washington, DC: U.S. Government Printing Office.

Shephard, R.J. (1997). *Aging, physical activity, and health*. Champaign, IL: Human Kinetics.

Simonsick, E.M., Lafferty, M.E., Phillips, C.L., Mendes de Leon, C.F., Kasl, S.V., Seeman, T.E., Fillenbaum, G., Hebert, P., & Lemke, J.H. (1993). Risk due to inactivity in physically capable older adults. *American Journal of Public Health, 83*, 1443-1450.

Sperling, L. (1980). Evaluation of upper extremity function in 70-year-old men and women. *Scandinavian Journal of Rehabilitative Medicine, 12*, 139-144.

Spirduso, W.W. (1995). *Physical dimensions of aging*. Champaign, IL: Human Kinetics.

Starkey, C., & Ryan, J.L. (1996). *Evaluation of orthopedic and athletic injuries*. Philadelphia: Davis.

Steele, B. (1996). Timed walking tests of exercise capacity in chronic cardiopulmonary illness. *Journal of Cardiopulmonary Rehabilitation, 16*, 25-33.

Stewart, A.L., Hays, R.D., Wells, K.B., Rogers, W.H., Spritzer, K.L., & Greenfield, S. (1994). Long-term functioning and well-being outcomes associated with physical activity and exercise in patients with chronic conditions in the Medical Outcomes Study. *Journal of Clinical Epidemiology, 47*, 719-730.

Stump, T., Clark, D.O., Johnson, R.J., & Wolinsky, F.D. (1997). The structure of health status among Hispanic, African American, and White older adults. *The Journals of Gerontology, 52B* (Special Issue), 49-60.

Tinetti, M.E., Speechley, M., & Ginter, S.F. (1988). Risk factors for falls among elderly persons living in the community. *New England Journal of Medicine, 319*, 1701-1707.

Tinetti, M.E., Williams, T.F., & Mayewski, R. (1986). Fall risk index for elderly patients based on number of chronic conditions. *American Journal of Medicine, 80*, 429-434.

U.S. Bureau of the Census. (1996). *Sixty-five plus in the United States: Current population reports* (P23-190). Washington, DC: U.S. Department of Commerce.

U.S. Department of Health and Human Services. (1990). *Healthy People 2000: National health promotion and disease prevention objectives* (PHS 91-50213). Washington, DC: U.S. Government Printing Office.

U.S. Department of Health and Human Services. (1991). *Physical frailty: A reducible barrier to independence for older Americans.* (NIH91-397). Washington, DC: U.S. Government Printing Office.

U.S. Department of Health and Human Services. (1996). *Physical activity and health: A report of the surgeon general.* Atlanta: U.S. Department of Health and Human

Services, Centers for Disease Control and Prevention, National Center for Chronic Disease Prevention and Health Promotion.

U.S. Department of Health and Human Services. (1999). *Healthy People 2000 Review, 1998-99* (PHS 99-1256). Washington, DC: U.S. Government Printing Office.

U.S. Department of Housing and Urban Development. (1999). *Housing our elders.* Washington, DC: Office of Policy Development and Research.

Verfaillie, D.F., Nichols, J.F., Turkel, E., & Hovell, M.F. (1997). Effects of resistance, balance, and gait training on reduction of risk factors leading to falls in elders. *Journal of Aging and Physical Activity, 5*, 213-228.

Warren, B.J., Dotson, R.G., Nieman, D.C., & Butterworth, D.E. (1993). Validation of a 1-mile walk test in elderly women. *Journal of Aging and Physical Activity, 1*, 13-21.

Winnick, J.P., & Short, F.X. (1999). *The Brockport physical fitness test manual.* Champaign, IL: Human Kinetics.

ÍNDICE REMISSIVO

Observação: as letras *f* e *t* em itálico após o número da página indicam figuras e tabelas, respectivamente.

U

V

W

X

Y

Z

Sobre as Autoras

Roberta E. Rikli

Roberta E. Rikli, PhD, leciona na California State University, em Fullerton, onde também dirige o departamento de cinesiologia e promoção da saúde. É co-fundadora do *LifeSpan Wellness Program* de Fullerton.

Nos últimos 20 anos, Roberta Rikli tem se dedicado à avaliação do desempenho físico, sobretudo de idosos. Publicou inúmeros trabalhos e fez mais de 100 apresentações nos EUA, Alemanha, França, Finlândia, China e Japão. Faz parte do conselho editorial de três periódicos científicos e é revisora de vários outros.

Roberta Rikli é membro de diversas organizações, tais como International Society for Aging and Physical Activity, American Alliance for Health, Physical Education, Recreation and Dance (AAHPERD), American College of Sports Medicine (ACSM) e American Academy for Kinesiology and Physical Education.

Atualmente, ela vive em Orange, Califórnia, e pratica caminhada, tênis e golfe.

C. Jessie Jones

C. Jessie Jones, PhD, é professora do departamento de cinesiologia e promoção da saúde da *California State University*, em Fullerton, faz parte da diretoria do Center for Successful Aging de Fullerton.

Jessie Jones é conhecida mundialmente por sua atuação na área de pesquisas, projetos de programas, desenvolvimento de currículos e treinamento de profissionais da ciência do exercício e envelhecimento. Ministra aulas de aptidão física a idosos e há mais de 15 anos realiza treinamentos para instrutores que pretendem atuar nessa mesma área médica. Possui vários trabalhos publicados e fez várias apresentações no mundo todo.

Jessie Jones é membro de associações como Gerontological Society of America, California Council for Gerontology and Geriatrics, American Alliance for Health, Physical Education, Recreation and Dance (AAHPERD) e American College of Sports Medicine (ACSM).

Jones vive em Orange, Califórnia, onde pratica caminhada, golfe e dança.